# Teach Yourself
# HAITIAN
# *Creole*
# Two Volume Bundle

## Yeral E. Ogando

**Teach Yourself Haitian Creole Two Volume Bundle**

© Yeral E. Ogando, -2016
Publisher: Christian Translation LLC
www.christian-translation.com

Printed in the USA
Cover Design by SAL media

ISBN 13: 978-0-9966873-8-6
ISBN 10: 0-9966873-8-6

# Teach Yourself

# HAITIAN
# Creole

## Yeral E. Ogando

# ACKNOWLEDGEMENTS

I am very thankful to God for giving me the opportunity to write this book: Teach Yourself Haitian Creole; which is dedicated to God first of all.

To my beloved daughters Yeiris and Tiffany Ogando. Without their and patience it would not have been possible to finish this work.

Also to my dear father, Hector Ogando, my dear aunt, Nelly Ogando, my beloved mom, and grandmother Seferina.

Additionally, I want to dedicate this work to all of those who desire and want to improve themselves in life. Especially to my brother in Christ, "Fre Lazard Medilien", for his collaboration; he has reviewed this work and has contributed to its creation.

This work has been inspired by all of you, to provide you with an easy and understandable tool for your quick learning.

This work is composed of 10 lessons. Just remember that in Creole, all words have the stress in the last syllable, and there is only one acute accent mark over the letter e (è) and sometimes over the letter o (ò), in other words, those accentuated in the last syllable.

The key to learning this language is to learn many verbs in the four or five main tenses, in addition to acquiring a great amount of vocabulary.

Practice what you learn; this will give you an

opportunity to see your growth.

I invite you to study the content of this book, and you will see the results in a very short time.

Dr. Yeral E. Ogando

# Table Of Contents

# INTRODUCTION To Volume One

## How to be Successful in Learning Creole

1.      Dedicate 20 minutes daily to study, instead of a couple of hours a week. It is much more effective to spend no more than 20 or 30 minutes a day studying Creole.

2.      Return to the previous lessons and review the words and language structures until the topics that seemed difficult become easy.

3.      Pronounce the words and phrases out loud and listen to the MP3 Audio when you can. *CHECK THE BONUS PAGE FOR MP3 AUDIO DOWNLOADING.*

4.      Take advantage of every opportunity to practice the language. Try to meet native speakers so that you can practice with them, or practice with your classmates; it is always more beneficial to speak to a native speaker and listen to the accents and the pronunciations directly from a native.

5.      Do not worry about making mistakes. What is most important is to communicate and interact with the little you have learned, you could be surprised at how well you can make yourself understood. Do not forget that you are learning a new language; therefore, you do not know everything about it, it is logical to make mistakes. As a matter of fact, the best

way to learn is making mistakes and having those mistakes corrected. If you already knew Creole, you would not be studying it. DO NOT BE ASHAMED TO SPEAK...

## SYMBOLS AND ABBREVIATIONS

**Audio Smbol**: This indicates that the MP3 Audio download is needed for this section

**Dialogue Symbol**: This indicates dialogue

**Exercises Symbol**: This indicates exercises

**Grammar Symbol**: This indicates grammar or explanations

**History and Culture Symbol**: This indicates cultural or historic country information. Credit goes to Wikipedia for much of this informatin

**A little More Symbol:** This indicates we have added a little more information to the lesson.

# Bonjou – Good Morning

## In this unit you will learn

- How to read the Creole Alphabet
- How to read any text in Creole
- How to say good morning

### Before your start

You might think that learning Creole will be difficult, but you will be surprised to see how fast you can learn to recognize words. To be able to learn Creole you will have to follow the sequence given in this course, focusing on the first two lessons, which will give you the foundation for a better learning.

If you still have not downloaded your MP3 Audio files, check our BONUS PAGE for the DOWNLOAD.

Creole has some sounds that will be new to your ears. You will need the MP3 to practice the pronunciation of words. If you listen carefully and repeat the words clearly, you will be soon pronouncing the words correctly.

I recommend that you always read out loud, so you can listen to yourself and compare the pronunciation with the one in the MP3 Audio.

Remember to check the **Pronunciation Guide.**

Do not forget that it is more effective to study a few minutes a day than to attempt to study a big portion occasionally. Your concentration will be best taken advantage of with 20 minutes of daily study.

### The Creole Alphabet

We have divided the **Creole Alphabet** in 3 different sections: consonants, vowels and consonants & combinations.

### Consonants and how they sound in English

| | | |
|---|---|---|
| B | sounds like... in **B**oy | Bèl |
| D | sounds like... in **D**avid | Devwa |
| F | sounds like... in **F**rank | Frè |
| G | sounds like... in **G**argoyle | Genyen |
| J | sounds like... in Job | Jezi |
| K | sounds like... in **C**at | Kay |
| L | sounds like... in **Larry** | Limyè |
| M | sounds like... in **M**arry | Manman |
| N | sounds like... in **Nancy** | Nasyon |
| P | sounds like... in **Paul** | Papa |
| R | *is not pronounced like the English R | |
| | Rat – Ris - Ras | |
| S | sounds like... in Sam | Silvouplè |
| T | sounds like... en Tom | Travay |
| V | *sounds like... en Vet | Vrè |
| Z | *sounds like... en Zebra | Zepol |

## Vowels and how they sound in English

| | | |
|---|---|---|
| A | sounds like… in **Apple** | Ankò |
| E | sounds like… in **G**et | Espesyal |
| I | sounds like… in **See** | Istwa |
| O | sounds like… in **Ph**o**to** | Otel |
| OU | *sounds like… in Put | Oumenm |

## Special Cases

Ch      This letter sounds like the English SH or the French CH. Cheve – Chatiman – Kochon.

V       sounds like… in Vet, but differentiating it from B, its sound is similar to the F. Verite – Vlope.

N       when the N is at the end of the sentence, its sound is nasal, almost mute. Maten – Tonton. If it is duplicated at the end of the word, then it will sound as regular N. Konprann.

R       please pay special attention to the sound of this letter, practice the sound until it sounds the same as in the MP3 Audio's pronunciation. Prete – Diri.

Z       this sound is similar to the s sound, but it is stronger, please pay attention to its pronunciation. Zeb – Ze

## Pronunciation and combinations chart

| | | | | |
|---|---|---|---|---|
| Ba | Be | Bi | Bo | Bou (w) |
| Bla | Ble | Bli | Blo | Blou (w) |
| Bra | Bre | Bri | Bro | Brou (w) |
| | | | | |
| Da | De | Di | Do | Dou (w) |
| | | | Dlo | |

| Dra | Dre | Dri | Dro | Drou (w) |
|-----|-----|-----|-----|----------|

| Cha | Che | Chi | Cho | Chou (w) |
|-----|-----|-----|-----|----------|

| Fa | Fe | Fi | Fo | Fou (w) |
|-----|-----|-----|-----|----------|
| Fla | Fle | Fli | Flo | |
| Fra | Fre | Fri | Fro | Frou (w) |

| Ga | Ge | Gi | Go | Gou (w) |
|-----|-----|-----|-----|----------|
| Gla | Gle | Gli | Glo | Glou (w) |
| Gra | Gre | Gri | Glo | Grou (w) |

| Ja | Je | Ji | Jo | Jou (w) |
|-----|-----|-----|-----|----------|

| Ka | Ke | Ki | Ko | Kou (w) |
|-----|-----|-----|-----|----------|
| Kla | Kle | Kli | Klo | Klou (w) |
| Kra | Kre | Kri | Kro | |
| La | Le | Li | Lo | Lou (w) |

| Ma | Me | Mi | Mo | Mou (w) |
|-----|-----|-----|-----|----------|

| Na | Ne | Ni | No | Nou (w) |
|-----|-----|-----|-----|----------|

| Pa | Pe | Pi | Po | Pou (w) |
|-----|-----|-----|-----|----------|
| Pla | Ple | Ple | Plo | Plou (w) |
| Pra | Pre | Pri | Pro | Prou (w) |

| Ra | Re | Ri | Ro | Rou (w) |
|-----|-----|-----|-----|----------|

| Sa | Se | Si | So | Sou (w) |
|-----|-----|-----|-----|----------|

| Ta | Te | Ti | To | Tou (w) |
|-----|-----|-----|-----|----------|

| | | | | |
|---|---|---|---|---|
| Tra | Tre` | Tri | Tro | Trou (w) |
| Va | Ve | Vi | Vo | Vou (w) |
| Vla | Vle | | Vlo | |
| | Vre | Vri | | |
| Za | Ze | Zi | Zo | Zou (w) |
| Wa | We | Wi | Wo | Wou (w) |
| | Ye | | Yo | You (w) |

## Reading practice

Anba – Under
Bonè – Early
Bourik – Donkey
Chamo – Camel
Dlo - Water
Famasi – Pharmacy - Drugstore
Gri de pen – Toaster
Jansiv – Gums
Lèd – Ugly
Mayi – Corn
Nen – Nose
Pòt – Door
Rich - Rich
Sèt - Seven
Tris - Sad
Vrè – True
Ye – Yesterday

Zouti – Tool / utensil
Pri - Price
Mouton – Lamb / sheep
Anplwaye – To employ / employee
Diri – Rice

## Common Expressions

Bonjou – Good morning / good day
Bonswa – Good evening
Bon Nwit - Good night
Mwen grangou – I am hungry
Mwen swaf – I am thirsty
Sa kap fèt – How are you?
Nap boule – Fighting / Struggling
Mwen rele – I am/ my name is
Bondye beni w – God bless you

Congratulations! Now you can read Creole, you are ready to go to the second lesson.

Remember to review the words you have learned in Creole, read them out loud and practice them.

Review their pronunciation in the MP3 Audio if you are not sure of the pronunciation.

Then read the words in English and see if you can remember its meaning in Creole.

Do not worry if you do not know them perfectly "Practice makes perfect."

# Kouman Ou Ye – How are you

## In this unit you will learn

- How to greet
- How to use the personal pronouns
- Meet the family members

## Creole words for this lesson:

Bonjou – Good morning or Good Day – Hello

Mesyè – Sir

Madmwazel – Miss

Kouman -How*

Ou – You

Yè – To be*

Jodi-a – Today

Mwen – I

Trè byèn – Very well

Mèsi – Thanks

E – And

Ou Menm – Yourself

Eskize'm – Excuse me

Rele – To call

Se – To be*

Frè – Brother

Mesi Anpil – Thank you very much

Padkwa – You are welcome

Nap we yon lòt lè – See you later

Ok, pa gen pwòblem – Ok, no problem


## Dialogue One

**Mari:** Bonjou Mesyè

**Jan:** Bonjou Madmwazel, kouman ou yè?

**Mari:** mwen pa pi mal, mèsi, e ou menm?

**Jan:** mwen trè byen, mèsi

**Mari:** eskize'm mesyè, kouman w rele?

**Jan:** Madmwazel, mwen se frè Lazard.

**Mari:** mèsi anpil mesyè

**Jan:** padkwa

**Mari:** nap we yon lòt lè

**Jan:** ok, pa gen pwòblem, n'ap we ankò

**Mari:** Ok.


*Kouman – How? Kijan is also used to say "how". You can say Kouman or Kijan either way.

Yè – To be. This voice of the to be verb is only used at the end of the sentence, never at the beginning or in the middle.

Se – To be. This is the voice of the verb "To be" that would be used in the middle or at the beginning of a sentence.


## Dialogue Two

**Pòl:** Bonjou Madanm, kouman ou yè ?

**Cheri:** Bonjou Mesyè, m trè byèn mèsi, e ou menm?

**Pòl:** byèn, mesi madanm. Mwen isit avèk sè mwen

**Cheri:** oh! Kouman ou yè, madmwazel?

**Bèl:** mwen pa santi m byèn jodi-a.

**Cheri:** kisa ou genyen?

**Bèl:** mwen menm, mwen pa gen anyen, men pitit mwen byen mal

**Cheri:** kisa li genyen?

**Bel:** li genyen lafyèv depi de jou

**Cheri:** mwen regret sa, madmwazel, mwen swete l fè myè.

**Bèl:** ok, mèsi madanm, abyentò.

**Pòl:** pase bon jounen madanm

**Cheri:** mesi anpil pou vizit-la.

## More Words:

Madanm – Madam

Isit – Here

Avèk – With*

Sè mwen – My Sister

Pa – Negative form

Santi – To feel

Kisa – what

Genyen-Gen – To have

Anyen – Nothing

Men – But

Pitit mwen – My son

Mwen regret sa – I am sorry

Abyentò – See you soon

Pase bon jounen – Have a good day

Pou – For / By *

Vizit-la – The visit

*Avèk – With. Some times you will hear Avè without the K at the end, some other times you will see AK, they are all different voices for Avè.

Pou – for / by. As we have seen, it means both For and By; however, when one wants to make a distinction between one and the other, then one should use Pou when one means For and PA when one means By.

## Grammar Notes

**Personal Pronouns:** In Creol there are two forms for the personal pronouns. The complete form and the contracted one.

It is important to point out that in Creole using the complete form is a common as the contracted one.

| Complete Form | Contracted Form |
|---|---|
| Mwen – I | M |
| Ou – You | W |
| Li – He / She / It | L |
| Nou – We / You (plural) | N |
| Yo – They | Y |

As we can see, there are only five personal pronouns in Creole, compared to English.

Li: you will know when it refers to he or she by the context of the sentence, conversation or person we are referring to. Review DIALOGUE TWO…

**Compound Pronouns:** They are widely used in Creole and they are made with the complete form of the personal pronoun and the particle "MENM" which by itself means, self. Remember to never use them with the contracted form of the pronoun.

Mwen Menm – Myself
Ou Menm – Yourself
Li Menm – Himself / Herself
Nou Menm – Ourselves / Yourselves
Yo Menm – Themselves

Sometimes in Creole, when you want to emphasize a point, you repeat the particle "Menm" twice. For example: Mwen menm menm…

## Ability

The particles "KAPAB, KAP & KA" are used to express the ability or lack of ability, to do something,

| | |
|---|---|
| Kapab, kap o ka | Capable or to be capable, to be able to do something |
| Mwen kapab pale kreyòl | I can speak kreyòl |
| Nou pa ka ale | We cannot go |
| Mwen pa ka Domi | I cannot sleep |

## Negative

To make the negative form just place the particle "PA" before the verb.

| | |
|---|---|
| Mwen wè yon moun | I see a man |
| Mwen pa wè yon moun | I do not see a man |
| Mwen pa janm wè moun yo | I never see them (men) |
| Mwen pa wè anyen | I do not see anything |
| Mwen pa wè pesonn | I do not see anybody |
| Mwen poko wè yon moun | I do not see anybody yet |
| Pa janm | Never |
| *Poko* | *Yet (it does not use pa)* |

## Practice Makes Perfect

1. Translate the following sentences to English
a. Mwen ka domi
b. Poukisa ou pa ka ale ?
c. Kisa ou genyen
d. Mwen menm, mwen trè byèn
e. Kijan w yè madanm?

2. Translate the following sentences to Creole

f. I never sleep
g. Why do they not speak?
h. We do not talk yet
i. What does she have?
j. I am so so

# ▥ Culture and History

Creole or Haitian Creole is one of the two official languages spoken in Haiti, it is also spoken in the Bahamas, Canada, Cayman Islands (British Overseas Territory), Dominican Republic, French Guiana (French Overseas Department), Guadalupe (French Overseas Department), Puerto Rico (Associated Free State), United States, Venezuela, France, Cuba, Belize – Dominica, Martinique, Mauritius – Reunion – Saint Lucia – Saint Vincent and the Grenadines - Seychelles – Virgin Islands

It is structurally based in French, but it is mixed with languages from West Africa, such as the Wolof and some Gbe languages. It also shows influence from other African tongues, such as Fon, Ewe, Kikongo, Yoruba and Igbo; also from Arabic, Spanish, Taino and English.

The history of Haitian Creole is uncertain. The first known reference to Creole is found in the French text of "Voyage d'un Suisse dans différentes colonies d'Amérique pendant la dernière guerre" by Justin Girod-Chantrans, Swiss, edited in 1785 and re-edited in 1786.

**A Little More** – Meeting the Family 🔒
Fanmi-a – The Family
Papa - Dad
Manman - Mom
Mari – Spouse – Husband
Madanm – Spouse – Wife
Gason – Son – Man

23

Fi – Daughter
Frè - Brother
Sè - Sister
Tonton - Uncle
Tant - Aunt
Kouzen – Cousin (male)
Kouzin – Cousin (female)
Ti bebè-a – The Baby (male)
Ti moun-nan – The Baby (female)
Ti Gason – Boy
Ti Fi – Girl
Jenn Moun – Young man
Jenn Fi – Young woman
Gran Moun Gason – Old man
Gran Moun Fanm – Old woman
Fanm - Woman
Granmè – Grandmother
Granpè – Grandfather

# Mwen Konprann Kreyòl – I Understand Creole

## In this unit you will learn

- How to show your knowledge of Creole
- The correct use of verbs and their conjugation
- The different nationalities

## Creole words for this lesson:

Eske – Question Word (Interrogative)
Pale – To speak
Kreyòl – Creole
Wi – Yes
Yon ti kras – A little
Poukisa – Why
Ka – Can / to be able to
Paske – Because
Manke – To miss
Pratik – Practice
Avè-w – With you
Telefon – Telephone
Dakò – Agreed
Nimewò mwen – My number
Repete – To repeat

Silvouplè – Please*
Asireman – Sure / of course
Pita – Later

## Dialogue One

| | |
|---|---|
| **Lazard:** | Bonjou madanm, eske w pale kreyòl? |
| **Tiffany:** | Bonjou mesyè, wi, mwen pale yon ti kras |
| **Lazard:** | poukisa se yon ti kras? |
| **Tiffany:** | paske m manke pratik, eske m ka pratike avè-w? |
| **Lazard:** | non, m pa ka pratike avè-w kounye-a, men si m gen telefon ou, n'ap ka pratike. |
| **Tiffany:** | Eh! Byen men nimewò pam 809-333-3222 |
| **Lazard:** | dakò madanm, nimewò mwen se 809 222 2121. |
| **Tiffany:** | eske ou ka repete nimewò-a, silvouplè? |
| **Lazard:** | asireman madanm, nimewò-a se 809 222 2121. |
| **Tiffany:** | ok, m'ap rele w pita |
| **Lazard:** | Dakò… |

*Silvouplè – please. You can also use Tanpri, only that this latter one conveys a meaning of begging or request in a deeper way than Silvouplè.

## Dialogue Two

**Robè:** Bonjou madanm, mwen se frè Robè, sè mwen rele m pou m ede-w

**Milann:** Bonjou frè Robè, mwen se Milann,
anchante...

**Robè:** anchante madanm, eskize'm madanm, ou se dominikèn ?

**Milann:** wi, mwen se dominikèn.

**Robè:** kisa w ta renmen m fè pou w ?

**Milann:** mwen rantre isit pou premyè fwa,
m ta renmen vizite chandmas.

**Robè:** ok, annou prann randevou pita, apati de senk è.

**Milann:** ok, dako frè Robè, a senkè.

**Robè:** dakò madanm, m'ap la senk minit
avan...

**Milann:** dakò Robè, m'ap la alè.

## More Words:

Robè – Robert
Ede – To help
Dominiken - Dominican
Ta renmen – Would like
Fè – Do - Make
Rantre – Enter – Get in
Premyè fwa – First time

Vizite – To visit

Chandmas*- Main park in Haiti

Annou pran – Let us take

Randevou – Appointment

Apati – From

Senk è – 5

Map-la – I will be there

Minit - Minute

Avan – Before

### Grammar Notes

**The verb and its conjugation – present tense.**

The wonderful thing about the Creole language is that the verbs do not change, similarly to English. The verb stays in its infinite form in all tenses and subjects; to form the different grammar tenses, just a particle is added, what it is important is to emphasize than in Creole, all verbs are regular verbs, there are no irregular verbs.

### Present Tense

Pale    -        to speak

Mwen pale – I speak

Ou pale – You speak

Li pale – He speaks / She speaks

Nou pale – We speak / You (plural) speak

Yo pale – They speak

You see how easy it is to conjugate and use the verb in Creole, as we said before, it never changes, it is always in its infinitive form.

It is important to point out that the particle "ESKE" is used to make questions and it is placed at the beginning of the sentence.

The particle "PA" is used to make the negative form of any sentence; it is always used before the verb to create the negative form.

**Example:**
Eske ou pale kreyol?        Wi, mwen pale kreyol
Non, mwen pa pale kreyol

**Interrogation**
Eske ou pale kreyol? Do you speak Creole?
**Affirmative**
Mwen pale kreyol. I speak Creole.
**Negative**
Mwen pa pale kreyol. I do not speak Creole.

## List of Verbs

| | |
|---|---|
| **Achte** | To buy |
| **Aksepte** | To accept |
| **Ale** | To go |
| **Ansenye** | To teach |
| **Antre** | To enter –Get in |
| **Bay** | To give |
| **Blese** | To wound |
| **Bliye** | To forget |
| **Bwè** | To drink |

| | |
|---|---|
| **Bwose** | To brush |
| **Chante** | To sing |
| **Chifonnen** | To wrinkle |
| **Chita** | To sit |
| **Danse** | To dance |
| **Dekonpoze** | To break down |
| **Depanse** | To spend |
| **Desann** | To descend |
| **Diminye** | To decrease |
| **Dòmi** | To sleep |
| **Ekonomize** | To economize /save |
| **Ekri** | To write |
| **Eksite** | To get excited |
| **Etidye** | To study |
| **Fè** | To do |
| **Fè mal** | To hurt (ache) |
| **Fenmen** | To close |
| **Fimen** | To smoke |
| **Fini** | To finish |
| **Foule** | To hurt oneself |
| **Goute** | To savor |
| **Indispoze** | To faint |
| **Jwenn** | To find |
| **Kalme** | To calm down |
| **Kanpe** | To stand |
| **Kenbe** | To grab/ hold |
| **Kite** | To let / allow |
| **Komanse** | To begin |
| **Konprann** | To comprehend, understand |
| **Kouche** | To recline / Lie |
| **Kouri** | To run |
| **Kriye** | To cry |

| | |
|---|---|
| **Lave** | To wash |
| **Leve** | To lift – Get up |
| **Li** | To read |
| **Mache** | To walk |
| **Mande** | To ask |
| **Manje** | To eat |
| **Mete** | To put/ introduce |
| **Monte** | To go up/ get on |
| **Mouri** | To die |
| **Mouye** | To wet |
| **Ogmante** | To increase |
| **Ouvri** | To open |
| **Pase** | To pass / to iron |
| **Pati** | To leave |
| **Pèdi** | To lose |
| **Penyen** | To comb |
| **Rayi** | To hate |
| **Refize** | To refuse/deny/reject |
| **Rele** | To call |
| **Renmen** | To love/ like |
| **Repoze** | To rest |
| **Resevwa** | To receive |
| **Rete** | To stay / Remain |
| **Retire** | To retire – take out |
| **Reveye** | To wake up |
| **Revini** | To improve / Revive |
| **Ri** | To laugh |
| **Rive** | To arrive |
| **Santi** | To smell / Feel |
| **Seche** | To dry |
| **Sonje** | To remember |
| **Sòti** | To go out/get out |

| | |
|---|---|
| **Tande** | To listen |
| **Touche** | To touch |
| **Vann** | To sell |
| **Vini** | To come |
| **We** | To see |
| **Wete** | To remove |

## Practice Makes Perfect

1. Complete the blanks with the corresponding verb

a. Mwen _____ kreyòl

b. Yo vle _____ Jezi

*Speak*             *Accept*

c. Eske ou _____ ?

d. Li vle _____

*Hurt*             *Die*

e. Yo pa _____ ansenye kreyòl

f. Nou pa ka _____ Pastè-a

*Want*             *Forget*

2. Make the following sentences into questions

a. Mwen ka pale kreyòl

b. Li pa vle manje

c. Nou dwe ale

d. Ou bezwen lajan

e. Li konprann espanyol

3. Change the following sentences to the negative or positive form, accordingly

a. Mwen pale espanyol trè byèn

b. Nou bezwen ale kounye-a

c.      Ou pa ka konprann kreyòl

d.      Li pa vle etidye espanyol

e.      Yo ka li kreyòl

## 🏛 Culture and History

The Republic of Haiti or Haiti, is a country in the Caribbean, on the west side of the Hispaniola Island, it borders on the East with the Dominican Republic. Its total area is 27,750 km² (10,714 sq mi) and its capital is Port-au-Prince. Haiti is an old French colony, it was the second American country to declare its independence, in 1804, before the United States. Haiti is remembered in the annals of Human History for being the first case in which enslaved people abolished the slavery system in an autonomous and lasting way, setting a definite precedent for the end of slavery in the world.

On December 5th, 1942, Christopher Columbus arrived to the Hispaniola, part of what will be called the West Indies and the island became part of the Spanish empire. Before the arrival of the Spanish, the ethnic groups of Arawak, Caribbean and Taínos inhabited it; its population was estimated to be o 300,000 inhabitants.

In the unpopulated zones of the west area, buccaneers started settling, they were men who lived from beef and wild pig hunting, fur commerce and tobacco plantation; as well as the filibusters, both of French origin. They first occupied the Turtle Island and later, because of these populations France reclaimed the west part of the island. In 1967, with the Treaty of Ryswick, Spain ceded this part of the island to France, becoming the French Saint Domingue.

Towards the middle of the XVIII century, the colonial Haiti, occupied by France under a hard and cruel slavery system, had a population of 300,000 slaves and just 12,000 free people, white and mulattos mainly.

The long emancipation process was led by François Dominique Toussaint-Louverture, who between 1793 and 1802 led the Haitian revolution with sagacity; confronting the Spanish, the English and the French; until his capture, exile and death in France.

In 1803, Jean Jacques Dessalines defeats definitely the French troops, in the Battle of Vertierre and in 1804 declares the independence of Haiti, proclaiming himself Emperor. In 1822, the Haitian troops invaded the east part of the Hispaniola island (Dominican Republic), which would recover its independence in 1844. The great political instability of the country was used as a pretext for the United States to invade it in 1915 and exercise absolute control through it until 1934.

In 1957, François Duvalier was chosen as President. He was known popularly as "Papa Doc". He had a dictatorship, and in 1964 he proclaimed himself as president for life. His son Jean-Claude Duvalier (Nené Doc) succeeded him in 1971. In January 1986 a popular insurrection forced him to exile and the army took control, through the formation of a Governing Council, headed by General Henri

Namphy.

In January 1988 Leslie François Manigat became president, but Namphy, who was overthrown by Prosper Avril, deposed him in July of the same year. After a provisional presidency of Ertha Pascal Trouillot deposed by coup d'état, Jean-Bertrand Aristide became the elected president, since February 1991. He was also deposed, after a deep internal crisis in 2004, which included violent episodes that ended by the occupancy of Haiti by the "Blue Helmets" from the ONU. In 2006, René Préval was the elected president of the country.

## A Little More – Nationalities

| | |
|---|---|
| Afriken | African |
| Alman | German |
| Ameriken | American |
| Arab | Arab |
| Ayisyen | Haitian |
| Chinwa | Chinese |
| Dominiken | Dominican |
| Ebrè | Hebrew |
| Espanyol | Spanish |
| Fransè | French |
| Grek | Greek |
| Italyèn | Italian |
| Japonè | Japanese |
| Potigè | Portuguese |
| Ris | Russian |
| Women | Roman |

Travay 4:12 Se li menm sèl ki ka bay delivrans paske Bondye pa bay non okenn lòt moun sou latè ki kapab delivre nou.

## Nan Biwò – At the Office

In this unit you will learn

• How to communicate in the office
• How to say that something belongs to you
• The animals, the body parts

**Creole words for this lesson:**
We – See
Kimoun - Who*
Kiyes - We can also say Who
Kap mande – Is asking
Mekanisyen – Mechanic
Mennen – To take, bring, carry
Machin nan – Auto, machine – car - vehicle
Li okipe – He is busy
Kle-a – Key
Bay- To give
Plezi – Pleasure
Janti - Gentle
Bon jounen – Good day

## Dialogue One

**Jan:** Bonjou madanm, eske m ka we
mesyè Jan?

**Cheri:** kimoun k'ap mande pou li?

**Jan:** Mwen se mekanisyen vwati li, e
m mennen machin-nan pou li...

**Cheri:** Eskize'm, machin kimoun?

**Jan:** Machin mesyè Jan pol la.

**Cheri:** Ah-ah! mesyè Jan pol, ok. Dakò,
eh! li okipe kounye-a.

**Jan:** men kle-a, bay mesyè Jan pol li
pou mwen, silvouplè?

**Cheri:** avèk plezi...

**Jan:** mesi madanm, ou trè janti, bon
jounen.

**Cheri:** mesi mesyè, bon jounen...

## Dialogue Two

**Chef:** Bonjou Alba:

**Sekrete:** Bonjou mesyè Jan, kouman ou
yè?

**Chef:** mwen byèn, mesi. Eske ou gen
kèk
nouvèl pou mwen?

**Sekrete:** wi, mesyè. Mekanisyen– an te
kite kle-a pou w, men li ansanm
ak resi-a.

**Chef:** ok, mesi... mwen pa disponib

|            |                                          |
|------------|------------------------------------------|
|            | pandan karant senk mini.                 |
| **Sekrete:** | dakò mesyè Jan, eskize'm, e si toutfwa se ta madanm ou? |
| **Chef:**  | eh-eh! m pa konnen...                     |

**More Words:**

Sekretè – Secretary
Chèf - Boss
Kèk – Some
Nouvèl - News
Te kite – I left
Men li – Here it is
Ansanm – Together
Resi – Receipt / invoice
Disponib -Available
Pandan – While
Karant senk - 45
Toutfwa – Always / every time*
Si se ta madanm w – if it was your wife
M pa konnen – I do not know

*Toutfwa – always / each time. Do not confuse this word with the word "toujou", which means for ever; while Toutfwa conveys a meaning of every time or each time, being finite, not eternal.

### Grammar Notes

**Possession:** to express possession in Creole you just have to place the object possessed before its possessor.

Lakay mwen – my house

Madanm ou – your wife

## Possessive Pronouns

These are placed after the object that is possessed or at the end of the sentence.

Pam – mine
Paw – yours
Pali (Pal) – his / hers / its
Panou – ours / yours
Payo – theirs

## Examples:

Sa-a se lakay li – that is his house or her house
Lakay pal – his house or her house
Sa-a se machin mwen – that is my car (auto)
Machin pam – my car
Sa-a se liv li – that is his or her book
Liv pal – his or her book

## Impersonal Pronoun

When you are not referring to a person, place or thing, then use the impersonal pronoun *LI.*

| | |
|---|---|
| *L'p* fè lapli | It is raining |
| **Li fè nwa** | It is dark |
| *Li fè bon tan* | *It is nice weather* |
| *Li fè fret* | It i*s cold* |
| *Van an ap vante* | *It is windy* |
| *Syèl la ble* | *The sky is blue* **Li** |

| | |
|---|---|
| *fè fre* | *It is cool* |
| *Li fè cho* | *It is hot* |
| *L'ap fè nej* | *It is snowing* |
| *Tan an maske* | *It is cloudy* |
| *Tan an move* | *It is bad weather* |
| *Tan an kalm* | *The weather is calm* |
| *Tan an bèl* | *It is a nice temperature* |

## Prepositions of Place

| | |
|---|---|
| An / Nan | On, over |
| An dedan /Dedan | Inside |
| Anba | Under |
| Anfas | In front |
| Antravè | Through |
| Devan | Ahead |
| Dèyè | Behind |
| Deyò | Outside |
| Kote / Bò kote | Next |
| Lwen | Far |
| Pami | Through / In the middle |
| Pre | Close |

## Prepositions of manner, cause

| | |
|---|---|
| Avèk / Ak | With |
| Kont | Against |
| Men | But |
| Poutèt / Petèt | Maybe |
| San | Without |

| | |
|---|---|
| Sof | Except |
| A-mwens-ke | Unless |
| Komsi | So |
| Olye | Instead of |
| Paske | Because |
| Pou | For |
| Alo | Then |
| Anmwe/ Ed | Aid/ Help |
| Banm Zorèy | be quiet |
| Kisa | What |
| Lapè | Peace |
| Trankil | Quiet |
| Silans | Silence |

## Practice Makes Perfect

1. Translate the following phrases into Creole
a. My car
b. This is his house
c. Her house
d. That is my wife
e. Josue's book
f. My book
2. Translate the following phrases into English
a. Syèl-la blè
b. Li fè bon
c. Li fè frèt
d. Lap fè lapli
e. Li fè nwa

f.     Li fè chò

## 🏛 Culture and History

This is a summary of the chronological Haitian history:

Before 1492: Native settlements, mainly of the Arawak, Caribbean and Taino cultures.

1492: Arrival of Christopher Columbus to the island.

1517: Authorization of the draft of slaves by Charles I, from Spain; and introduction of African slaves in the American continent.

1697: Separation of the island between France and Spain under the Treaty of Ryswick.

1685: Black Code is enacted under Louis XIV.

1790: Colonial Assembly promoted by the white colonists.

1791: Slaves Revolt.

1793: Release of slaves from Saint -Domingue by commissioners Sonthonax and Polverel.

1794: General abolition of slavery by the Convention.

1801: A constitution was proclaimed under Toussaint Louverture.

1802: Friendship Pact with England. Leclerc expedition.

1804: Haiti Independence. Jean Jacques Dessalines, first ruler and emperor.

1806: Henri Christophe succeeds Jacques I as ruler

and king (until his suicide in 1820).

1822: Haiti invades the East part of the Santo Domingo island.

1826: Recognition of independence by France, against an indemnification of 150 million

Francs in gold.

1844: Haiti loses control over the East part. Dominican Republic Independence.

1847: Faustino I Soulouque takes the presidency and then the imperial throne until 1859.

1915-34: Military US occupation.

1957: Election of François Duvalier.

1971: Jean-Claude Duvalier succeeds his father on April 22nd.

1986: Jurisdiction and exile of Jean-Claude Duvalier (February 7, 1986)

1988: Leslie Manigat (February 7th, 1988 – June 20th, 1988). (Candidate to the presidential election in 2006).

1988: Henri Namphy (June 20th, 1988 – September 18th, 1988).

1988: Prosper Avril (September 18th, 1988 – March 10th, 1990)

1990: Ertha Pascal-Trouillot (March 18th, 1990 – February 7th, 1991).

1990: Election of Jean-Bertrand Aristide (victim of an army coup on September 30th, 1991. After three years in exile, she returns to the country on October 15th, 1994 to finish her term).

1996: Election of René Garcia Préval (February 7th, 1996 – February 7th, 2001).

2001: Election of Jean-Bertrand Aristide.

2004: Deposition and forced exile of Jean-Bertrand Aristide. Establishment of interim government.

2004: Boniface Alexandre (provisional president from February 29th of this year to May 14th, 2006).

2006: Election of René Préval.

Haiti is ruled by presidents, with a president elected popularly and a National Assembly. However, some are of the opinion that is managed by an authoritarian government in reality. The constitution was introduced in 1987 and it is based on the constitutions of the United States and France. After being suspended by several years, it was completely reinstated in 1994.

Aristide assumed power in 2001 in a second term, after winning elections that were questioned both internally and by the international community. The economic situation and corruption caused demonstrations and disturbances against Aristide on February 29th, 2004; and as the crisis is generalized, it ends with the resignation of the president Jean-Bertrand Aristide.

The presidential elections in Haiti in 2006, were done to substitute the interim government of president Boniface Alexandre and first minister Gerard Latortue, who obtained their positions after Jean-Bertraand Aristide was overthrown in 2004. The elections were observed y organized by the ONU. The winner was René Préval pro-Aristide.

**A Little More** – The Animals

Bèf                                    Cow

| | |
|---|---|
| Kochon | Pork / Pig |
| Chwal | Horse |
| Zèb | Zebra |
| Kodenn | Turkey |
| Bourik | Donkey |
| Chamo | Camel |
| Elefan | Elephant |
| Kabrit | Goat |
| Mouton | Sheep |
| Chyen | Dog |
| Chat | Cat |
| Lyon | Lion |
| Tig | Tiger |
| Koulèv | Snake |
| Rat | Rat |
| Sourit | Mouse |
| Poul | Chicken |
| Lou | Bear |
| Kana | Duck |

## Body Parts

| | |
|---|---|
| Tèt | Head |
| Cheve | Hair |
| Fwon | Forehead |
| Je | Eyes |
| Souci | Eye brows |
| Popye | Eye lids |
| Nen | Nose |
| Bouch | Mouth |
| Lèv | Lips |
| Dan | Teeth |

| | |
|---|---|
| Jansiv | Gums |
| Lang | Tongue |
| Figi | Face |
| Zorèy | Ear |
| Manton | Chin |
| Kou | Neck |
| Zepol | Shoulders |
| Anbabra | Arm pits |
| Bra | Arms |
| Men | Hands |
| Dwèt | Fingers |
| Zong | Finger nails |
| Lestonmak | Stomach |
| Pwatrin | Breast / chest |
| Vant | Belly (waist) |
| Kè | Heart |
| Jenou | Knees |
| Jam | Legs |
| Talon Pye | Hee |
| Pye | Feet |
| Zòtey | Toes |
| Zong pye | Toe nails |
| Bwos dan | Tooth brush |
| Pat | Tooth paste |
| Bwos cheve | Hair Brush |
| Penyen | Comb |
| Savon | Soap |
| Chanpou | Shampoo |
| Sevyet | Towel |
| Sevyet men | Hand towel |
| Zepeng cheve | Bobby pin |
| Sechwa | Dryer |

| Krèm pou bab | Shaving cream |
|---|---|
| Razwa | Razor |
| Odè / Pafem | Perfume |
| Losyon | Cologne |
| Fa | Lipstick |

Ebrè 10:12

Men, Kris la pou tèt pa l' fè yon sèl ofrann san pou tout peche yo, yon ofrann san ki bon pou tout tan. Apre sa, li chita sou bò dwat Bondye.

# Nan Lopital – At The Hospital

## In this unit you will learn

* How to visit the doctor
* How to say when you are sick
* Speak in past tense and gerund

## Creole words for this lesson:

Bonswa – Good evening This greeting is used always after 5 or six p.m.

Rive – To arrive

Lopital jeneral – General Hospital

Tèlman – So much

Lwen – Far

Vle – To want

Bis –Bus

Oubyèn – Or

A pyè – On foot

M vle prann l a pyè – I will go by foot

Dwè - Should

Mache – To walk

Direkteman – Direct- directly

Jiska – Until

Ri – Street

Vire – To turn

Goch – Left

Premyè kafou – First traffic light

Tounen – Return / come back

Dwat – Straight / right

Travesè – To cross

Anfas – In front of

Sou men goch ou – To your left

M pa fin konprann – I cannot understand

Adrès la – The address

Gen lè m pito pran – In that case I prefer to take

Sèlman - Only

Potay leogan* - A bus station in Haiti

Chofè-a- The driver

Depose – To deposit

Devan – In front

Pasyans ou – Your patience

Kenbe – To maintain / keep

Bon vwayaj – Have a good trip

## Dialogue One

**Alba:**    Bonswa mesyè, eske ou ka di m
        kouman m ka rive
        lopital jeneral?

**Lazard:**    bonswa madanm, lopital jeneral la
        pa tèlman lwen; eske ou vle pran
        bis oubyèn a pyè?

**Alba:**    m vle pran l a pyè…

**Lazard:**    ok… ou dwe mache direkteman
        jiska ri lanteman, vire a goch
        nan
        premyè kafou, ou tounen a dwat,

50

|        |                                                      |
|--------|------------------------------------------------------|
|        | ou travesè premyè ri anfas, e lopital la sou men goch ou. |
| **Alba:** | mesyè mwen regret sa, m pa fin konprann adrès la. Gen lè pito m pran yon bis. Ki bis kap mennen m dikekteman? |
| **Lazard:** | trè byèn, sèlman pran yon bis ki pral potay leogan e mande chofè-a pou l depose w devan lopital jeneral. |
| **Alba:** | mèsi anpil mesyè pou pasyans ou, kenbe sa-a nan poch w. |
| **Lazard:** | ok, mèsi e bon vwayaj… |

Potay leogan – A central, high traffic bus station area in Haiti, where you can find transportation to any part of the country.

## Dialogue Two

|        |                                                      |
|--------|------------------------------------------------------|
| **Sekrete:** | Bonjou madanm, kisa w vle m fè pou w? |
| **Madanm:** | mwen ta renmen doktè Jak wè m. |
| **Sekrete:** | konsiltasyon an senk san goud, si w gen asirans se twasan goud. |
| **Madanm:** | mwen pa gen asirans. Vwala |

madanm senksan goud.

**Sekrete:** w'ap we doktè-a aprè karant senk minit.

**Madanm:** se twòp tan madanm, m prese...

**Sekrete:** si ou prese ale, wap tounen aprè trant minit.

**Madanm:** Ok, eske m ka ale avèk senk san goud mwen?

**Sekrete:** m pa kwe sa madanm, m gen tan fè kat pou ou.

**Madanm:** ok, m' espere, lè m tounen m jwenn doktè ap tann mwen...

**Karant senk minit aprè...**

**Sekretè:** antre madanm...

**Madanm:** Bonjou doktè, ou konnen m'pa santi byèn, m' kwe m malad...

**Dokte:** kisa w santi madanm?

**Madanm:** tèt fè mal, lafyèv, grip e m pa ka domi...

**Doktè:** eske ou santi tèt vire, Eske w-ap touse?

**Madanm:** wi, m santi tout sentòm sa-yo.

**Doktè:** ah-ah ! bon ! ou reyelman malad madanm.

Bwè anpil dlo, m-ap ba w kèk grenn, aspirin... bwè anpil ji e tounen nan sèt jou...

**Madanm:** mèsi doktè pou konpreyansyon w, na we nan sèt jou.

**Doktè:** ok madanm, pwochen jedi si Dyè vle.

**More Words:**

Konsilte – To consult

Doktè - Doctor

Konsiltasyon – Consultation

Senk san goud –500 goud

Asirans –Insurance

Twa san goud – 300 goud

Aprè –After

Twòp tan – Too much time

M prese – I am in a hurry

Ale – To go

Wa tounen – You will return

Trant mini – 30 minutes

Kat ou – Your card

Kwè – To believe

M' espere – I wait

Jwenn – To find

Tann – To wait

Antre – To enter

Konnen – To know

Malad - sick

Tèt fè mal – my head hurts

*Maladi – Disease, illness*

*Goj fè mal – Sore throat*

*Vant fè mal – Stomachache*

*a m krase – I broke an arm*

Lafyèv – Fever

Grip –Flu

Dòmi – To sleep

Tèt vire – Dizziness

Touse – To cough

Tout – Everything

Sentòm – Symptom
Reyelman – Really
Bwè – To drink
Anpil – Too much
Dlo – Water
Grenn – Pill
Aspirin – Aspirin
Ji – Juice
Sèt jou – 7 days
Konpreyansyon – Comprehension
Jedi – Thursday
Si Dyè vle – Lord willing *
Pwòchen – Next
*Mwen koupe tèt mwen – I cut myself*
*Mal dan – toothache*
*Malozye – pain in the eyes*
*Mwen blese tèt mwen – I hurt myself*
*Mwen gen yon rim – I have a cold*

*Si Dyè vle – Lord willing. It can also be said Bondyè, instead of Dyè.

### 📖 Grammar Notes

We have learned to use the verbs in present tense, we have realized how easy it is to work with the verbs in Creole; as we said before, the verbs never change. In this unit we will see the present progressive or gerund and the simple or perfect past.

## Progressive Present – Gerund

This tense is known is English by the "ing" ending. In Creole, adding the particle "AP" to the pronoun or noun forms the "ing"; it is worth noting that with this tense, the contracted pronoun form is always used.

M ap – pale – I am speaking
W ap – pale – You are speaking
L ap – pale - He / she is speaking
N ap – pale – We are speaking / You are speaking
Y ap – pale – They are speaking
Example:
Eske w ap pale avèk mwen? Wi, m ap pale avèk ou menm.
Non, mwen p-ap pale avèk w

Note the construction when a negative form is used... mwen p-ap pale avèk w

## Simple Past Tense or Perfect Past Tense

This tense is used adding the particle "TE" to the noun or pronoun...

Mwen te pale – I spoke or I have spoken
Ou te pale – You spoke or You have spoken
Li te pale – He spoke or He has spoken / She spoke or She has spoken
Nou te pale – We spoke or We have spoken / You spoke or You have spoken

Yo te pale – They spoke or They have spoken

Eske ou te pale avèk papa m ye swa ? Wi, m' te pale avèk papa-w ye swa.

Non, m' pat pale avèk papa-w ye swa.

¿Did you speak to my dad last night ? Yes, I spoke to your dad last night.

No, I did not speak to your dad last night...

Note the construction of the negation ... pat pale, this is a contraction, since you can use both the contracted form or the normal way, which would be, pa te pale... usually the contraction is used more often.

### Practice Makes Perfect

1.  Fill in the blanks with the gerund

a.  M' _____ avè-w

I am speaking

b.  L' _____ dlo

I am drinking

c.  N' _____ travay

We are searching

d.  Y' _____ byèn

They are thinking

e.  W' _____ mizik

You are studying

2.  Fill out the blanks with the simple past tense or perfect past tense

a.  Mwen _____ avèk ou ye swa

Spoke

b.  Nou _____ travay

We have not changed

56

c.       Eske ou _____ madanm mwen?
Have you seen
d.       Ou_____ asepte sitirasyon sa-a
Has not wanted
e.       Li _____ lakay mwen
Did not sleep
f.       Eske ou _____ jedi swa lakay m?
Came

## 🏛 Culture and History

Flag of Haiti

The flag of Haiti was adopted on February 25th, 1986, but its design goes back to the beginning of the XIX century. It is a flag made of two horizontal bands, of the same size, the top one is blue and the bottom one is red. Initially the blue band was black. In the center, there is a white rectangle, and inside of it is the coat of arms. The civil flag does not have the coat of arms.

The coat of arms is made of a palm tree crowned with the Phrygian cap in the colors of the national flag. At the feet of the palm tree there is a drum and on each side of it, three rifles with bayonets, the same number of national flags and diverse armaments, with two prominent cannons one on each side.

## A Little More –

### The 7 Days Of The Week

| | |
|---|---|
| Lend | Monday |
| Madi | Tuesday |
| Mekredi | Wednesday |
| Jedi | Thursday |
| Vandredi | Friday |
| Samdi | Saturday |
| Dimanch | Sunday |

### The Colors

| | |
|---|---|
| Nwa | Black |
| Blan | White |
| Blè | Blue |
| Vè | Green |
| Wouj | Red |
| Woz | Pink |
| Mawon | Brown |
| Jonn | Yellow |
| Gri | Gray |

Efesyen 2:8

Se paske li renmen nou kifè li delivre nou, nou menm ki mete konfyans nou nan li. Sa pa soti nan nou menm menm, se yon kado Bondye ban nou.

# Vwayaj Pou Ayiti – Trip to Haiti

## In this unit you will learn

- How to plan a trip
- To look for useful information
- Use future and conditional tense in Creole

## Creole words for this lesson:

Ayiti – Haiti

Lannen – The year

Planifikasyon – Plan / planning

Imajine – To imagine

Vwayaj – Trip

Manyifik – Magnificent

Mete – To place / to enter / to put

Konbyèn – How much

Koute – To cost

Viza - Visa

Twa mwa – Three months

Sis mwa – Six months

Avyon – Plane

Pi bon – Better

Chè – Expensive

Sa- a se trè rapid – Fast

Okontre – The opposite

Bon machè – cheap *
Sonje – To remember
Pri – Price
Peyè – To Pay
Ale-retou – Round trip *
Dwann nan – Customs
Anbasad ayisyen – Haitian Embassy
Enfomasyon – Information
Resevasyon – Reservation
Janvyè – January
Senmen – Week
Planifyè – To plan
Agenda - Agenda
Konsa – So / like that/ that way
Plizyè – Several
Fwa – Time / Occasion
Yon anè – One year
Dola - Dollar
Ameriken – American

*Ale-retou – Round trip. This expression is frequently used in tourism and travel terms.

## Monologue One 🔒

Mwen ta renmen ale an Ayiti lannen k'ap vini; men sa mande anpil planifikasyon pou m ale la... map imajine yon vwayaj manyifik...

Mwen dwe mete viza, konbyèn sa koute? Eske mwen dwe pran yon viza twa mwa, sis mwa ou viza douz mwa? Non, m pito yon viza douz mwa, konsa m ka vwayaje plizyè fwa an Ayiti pandan yon anè...

mwen kwè li koute 200 dola ameriken. Eske m dwe pran avyon ou bis... avyon pi bon, men li koute chè, yo te di m li pran 35 mini pou l rive laba, sa-a se trè rapid... okontre bis la pi bon mache, li koute 75 dola ameriken ale-retou... mwen pa sonje pri yo peyè nan dwann-nan... mwen dwe ale nan ambasad ayisyen pou m mande enfomasyon.

Mwen pral fè resevasyon pou janvyè pwòchen; senmen pwòchen mwen dwe planifye agenda avèk pastè-yo...mwen pa sonje trè byèn sak te pase lane denye, paske m te planifye pou m ale an Ayiti, men mwen pat kapab ale... ah ! kounye-a m sonje...

## Monologue Two 🔒

Vwayaj pam se denmen, mwen konn abityè pale avèk kèk zanmi ayisyen sou Ayiti, finalman lè a rive... mwen pito fè malet depi jodi-a, paske machin-nan ap sòti a 10è nan maten...

Nan estasyon bis nan

Atansyon, atansyon, pasaje pou Ayiti machin-nan gen pou sòti nan senk minit, tanpri pran machin nimewo twa...

Bis nimewò twa... ki kote li yè? Oh! Vwala...

Ajan: tikè, silvouplè. Mèsi, kite m aranje malet yo... men tikè pou malet-yo, ou kapab monte kounye-a... bon vwayaj...

Mwen gen mizik pou m tande pandan vwayaj la, mwen gen kamera pou foto. Bis la pran 7è de tan pou l rive. Mwen ansanm ak mobil mwen pou m ka kominike ak zanmi m yo pandan long vwayaj sa-a.

M'ap sipriyè Bondye pou l ka pwoteje-n pandan

61

vwayaj sa-a...

Papa Bondyè ki nan syèl-la mwen ba-w remèsiman pou opotinite sa-a ke ou ban mwen, mwen mande w pou gide nou, pwoteje nou, e ke Sentespri w gide chofè-a. Ede nou rive an byèn, mwen lage lavi n nan men W. Senyè Jezi fe nou gras, se nan non w nou mande tout sa. AMEN...

## More Words:

Denmen- Tomorrow
Konn abityè pale – I tend to talk / I use to talk
Zanmi - Friend
Sou Ayiti – About Haiti
Finalman – Finally
Lè-a – The time
Pito – To prefer
Malet – Suitcase
Depi – Since
Sòti – To go out/get out
Estasyon – Station
Fè lapèl – To call *
Prale – To go (future)*
Atansyon – Attention
Pasaje – Passenger
Tanpri – Please
Tikè - Ticket
Kite m – Allow me / let me
Aranje – To solve - organize
Monte – To go up / get on
Bis – bus
Bon vwayaj – Have a good trip
Mizik - Music

Tande – To listen
Kamera – Camera
Mobil mwen – My cell phone
Kominike – To communicate
Long – Long
Sipriyè – To pray / To implore
Gide – To guide
Syèl-la – Heaven
Remèsiman – Gratitude
Opotinite – Opportunity
Mande – To ask
Pwoteje – To protect
Sentespri-a – Holy Spirit*
Chofè – Driver
Lage – To Leave / place / deliver / put
Men – Hand
Senyè – Mister / Lord
Gras – Grace

*Fè lapèl – To call. The verb Fè has a wide use in Creole. Fè lapel means, literally, to make call, which would be the same that using the verb rele. Creole gives you the advantage that if you do not remember a verb, you can make it by using the verb Fè plus the action.

**Example.**
Fè manje – kwit.
Sentespri-a – Holy Spirit. It can also be said Lespri Sen.

### 📖 Grammar Notes

As we have said before, to form different tenses in Creole we just have to add the corresponding particle to the tense you wish to express.

### Future 🔒

This tense if formed by adding the particle "PRAL" to the noun or pronoun.

Mwen pral pale – I will speak
Ou pral pale – Your will speak
Li pral pale – He / She will speak
Nou pral pale – We will speak / You will speak
Yo pral pale – They will speak
Eske ou pral pale ak li denmen? Wi, mwen pral pale avè-l denmen.
Non, mwen pa pral pale avèk li denmen

### Conditional 🔒

This tense if formed adding the particle "TA" to the pronoun or noun.

Mwen ta renmen – I would like
Ou ta renmen – You would like
Li ta renmen – He would like / She would like
Nou ta renmen – We would like / You would
                                    like

Yo ta renmen – They would like

Eske ou ta renmen pale avè-m? Wi, m ta renmen pale avè w

Non, mwen pa ta (pat) renmen pale avè w.

Note the contracted form in negative, this is identical to the simple or compound past; it is best to use the complete form in the conditional tense to avoid confusion.

## Conditional Sentences

To form this type of clause, the particle "TE" is used in the first part of the sentence, and the particle "TAP" on the second one.

Si mwen te konnen sa, mwen pa tap fè l. If I had known, I would not have done it

Si w te fè sa m te di, ou pa tap bezwen vini jodi-a If you would have done what I told you, you would not have to come today.

*Mwen ta renmen*          *I would like*

*Mwen ta ka*              *I could*

## Habitual Actions

To express actions of habits or that we normally do, the particle "KONN ABITYE" is used.

M' konn abitye – I am used to

Ou konn abitye – You are used to

Li konn abitye – He is used to / She is used to

Nou konn abitye – We are used to / You are
used to

Yo konn abitye – They are used to

Li konn abitye fè lapli chak prentan –
It usually rains each Spring / It is
usual that it rains every Spring

## Preference Actions

To express an action of choice or preference, we use the particle "PITO".

M' pito dlo ke kola – I prefer water to Coca
Cola

Mwen ta renmen maje, men mwen pito bwe dlo
I would like to eat, but I
rather drink water

## Practice Makes Perfect

1.  Translate the following sentences to
    English

a.  Mwen pral vwayaje denmen

b.  Eske ou pral fini travay lendi
    pwochenn ?

c.  Li pral pase vakans li lakay mwen

d.  Yo pral ranje sitirasyon sa-a

e.  Mwen pa pral fè w okènn favè

66

2. Translate the following sentences to Creole
a. I would like to study English
b. I would not speak to her
c. Could you help me?
d. We would not talk to them
e. She would like to find a job
3. Fill in the blanks with the Corresponding particle
a. Lapli _____ tombe
Is used to
b. Mwen _____ dlo ke kola
Prefer
c. Mwen _____ ale legliz
I am used to / accustomed to
d. Madanm mwen _____ fè manje chak jou
Is used to/ accustomed to

## 🏛 Culture and History

**Haiti Geography**

Haiti covers the third part of the island The Hispaniola, to the west of Dominican Republic and between the Caribbean Sea and the North Atlantic Ocean. The geographic coordinates of Haiti are 72° 25′ West longitude and 19° 00′ North latitude. The total area is 27,750 km², of which 27,560 km² is land and 190 km² is water. Haiti has 1,771 km of beach and 360 km of border with the Dominican Republic.

The lowest point in Haiti is at sea level. Its highest

point is the Chaine de la Selle at 2,680 m. There are no navigable rivers. The largest lake is the Etang Saumâtre, a large mass of salt water located in the South region, It occupies the west part of the Hispaniola island, in the Caribbean or Sea of the Antilles, which it shares with the Dominican Republic. It is distinguished by two Peninsulas (the one of Saint-Bicholas, to the north, and the Tiburon one, to the South) they form the Gonaïves gulf. Among other islands that belong to Haiti, we find that there are the Gonaïves and Turtle one. Mountains, strongly eroded by deforestation, cover most of the ground. Between those mountains there are four important plains. The subsoil produces bauxite.

**Weather**

The weather in Haiti is tropical. The rainiest season goes from April to June and from October to November and frequently, the country is victim of tropical storms and cyclones.

On September 18th, 2004, hurricane Jeanne reached Haiti. A week later, the approximate results were more than 1160 deaths and some 1250 missing people.

The effects of this storm worsened the already difficult life conditions of the country, since it left 170,000 without food or water.

The weather is tropical on the coast and cold in the mountains. The heat decreases thanks to the sea breezes.

# A Little More–

## The Twelve Months of the Year

| | |
|---|---|
| Janvye | January |
| Fevriye | February |
| Mas | March |
| Avril | April |
| Me | May |
| Jen | June |
| Jiyè | July |
| D'aout | August |
| Septanm | September |
| Oktob | October |
| Novanm | November |
| Desanm | December |

## The Four Seasons of the Year

| | |
|---|---|
| Prentan | Spring |
| Etè | Summer |
| Otòn | Autumn |
| Ivè | Winter |

## Weather Expressions

| | |
|---|---|
| Douvanjou | Dawn |
| Lanjelis | Twilight |
| Maten | Morning |
| Apremidi | Afternoon |
| Aswè | Evening |
| Midi | Noon |

| | |
|---|---|
| Minwi | Midnight |
| La jounen | Day |
| Lannwit | Night |
| Jodia | Today |
| Aswè a | Tonight |
| Yè | Yesterday |
| Denmen | Tomorrow |
| Avan-yè | Day before yesterday |
| Apredenmen | Day after tomorrow |
| Maten an | This morning |
| Avan | Before |
| Kounye- a | Now |
| Apre | After |
| Pase | Past |
| Prezan | Present |
| Fiti | Future |
| Bonè | Early |
| Ta | Late |
| Pi bonè | Earlier |
| Pi ta | Later |
| Nan maten | In the morning |
| Nan aswè | At night |
| Senmen pase-a | Last week |
| Senmèn pwochen | Next week |

Matyè 3:2
Li t'ap di: Tounen vin jwenn Bondye. Paske, Bondye ki
wa nan syèl la ap vin pran pouvwa a nan men l'.

# Nan Otel La – At The Hotel

## In this unit you will learn

- How to make a reservation
- Preparations for a vacation
- Know the numbers, articles

## Creole words for this lesson:

Avril – April

Kilè - When

Chanm doub – Double Room

Yon moman silvouple – One moment please

Gade – To check

Sistèm – System

Disponibilite – Availability

Reseve – To reserve

Asepte – To accept

Kat de kredit – Credit card

Non – Name

Eple – To Spell

Resevasyon – Reservation

Dejà - Already

Apremidi - Afternoon

Check-in – Entry or check-in*
Check-out – Exit or check-out*
Midi – Noon
Chwazi – To choose / To pick
Vakans – Vacation
*Check-in and Check-out are worldwide used terms at hotels to indicate the entrance and exit.

### Dialogue One

Ring... ring... ring ... ring...

**Resepsyonis:** otel ayisyen, bonjou, kijan m ka ede-w?

**Kliyan:** bonjou, se nan otel ayisyen an m rele la?

**Resepsyonis:** wi, mesyè, se li menm... kijan m Ka ede-w?

**Kliyan:** mwen ta renmen fe yon resevasyon pou de moun.

**Resepsyonis:** absoliman, ki dat ou ta renmen fè li?

**Kliyan:** de jou nan avril-la...

**Resepsyonis:** ki dat silvouple?

**Kliyan:** madi 5 jiska jedi 7 avril... mwen a renmen rezève yon chanm pou yon koup

**Resepsyonis:** yon moman silvouple...kite m gade systèm-nan...

**Kliyan:** dakò, mèsi anpil

**Resepsyonis:** mèsi mesyè pou pasyans ou, nou gen disponibilite pou dat sa-a.

Pri-a se 200 dola ameriken pou chak moun pou de nwit…eske ou ta renmen fè resèvasyon kounye-a ?

**Kliyan:** wi, madmwazel, eske otel-a asepte kat de kredit?

**Resepsyonis:** wi, mesyè, ban mwen enfòmasyon yo …

**Kliyan:** non pam se Yeral Ogando e madanm mwen se Alba Iris…

**Resepsyonis:** mèsi mesyè, eskize'm, men kijan ou eple "Yeral"?

**Kliyan:** Y-E-R-A-L

**Resepsyonis:** mèsi anpil, resevasyon dejà fè… chanm nan ap prè a 3è e lè sòti-a se a midi…

**Kliyan:** mèsi anpil, ou trè janti. N'a wae nan mwa avril-la.

**Resepsyonis:** n'a we mesyè e mèsi paske w chwazi nou pou pase vakans ou…

**Kliyan:** se te yon plezi… bòn jounen

**Resepsyonis:** bon jounen mesyè Yeral…

## Dialogue Two

**Kliyan:** bonjou madanm, mwen te fè yon resevasyon pou yon chanm doub, men nimewo konfimasyon 325 eske m ka we chanm-nan, silvouple?

73

**Ajan:** wi, ou kapab

**Kliyan:** mwen regret sa-a madanm, men chanm-nan twòp lwen…mwen ta renmen yon chanm ki bay sou lanmè. Eske gen yon disponib?

**Ajan:** fok mwen cheke mesyè, men nou gen yon tren ki mennen w nan pisin oubyen nan plaj-la tou, li pase chak 15 mini, li gratis e lap travay 24 sou 24…

**Kliyan:** mwen pito gen yonn avèk bon isaj

**Ajan:** mwen ka jwenn yonn pou-w, men rantre-a se a 3è…

**Kliyan:** kilè-l ye la?

**Ajan:** li midi edmi…men plan otel-la, ou met ale manje e tounen a 3è…

**Kliyan:** dakò, mèsi anpil. N'a we pita..

**A twazè…**

**Kliyan:** bonjou madmwazel, mwen vin chache kle chanm mwen an…

**Ajan:** ou se mesyè Yeral, pa vrè ?

**Kliyan:** Wi, men paspò-a…

**More Words:**
Regret – To regret
Twòp – Too much*
Lanmè - Sea
Disponib - Available
Fòk - Must
Trenn – Train

Pisin - Pool
Plaj - Beach
Chak - Each
Travay – Work / To work
Gratis - Free
Bel isaj – Good view
Jwenn – To find
Kilè li ye – What time is it
Plan - Map
Met ale – May go
Kle – Key
Se vrè – It is true
Paspò - Passport

*Twòp – Too much. Sometimes you will hear this word without the P at the end (twò) and that is also accepted.

## Grammar Notes

**Sè: To be.** Generally this verb is implied only and it is not used except in the following situations:

| | |
|---|---|
| Mwen fatige | I am tired. |
| Yo nan mache | They are in the market |

Note: to make questions, or interrogations, **yè** is placed at the end.

| | |
|---|---|
| Ki kote yo ye? | Where are they? |
| Kote w ye? | Where are you? |

## Present Tense with the Verb "Se"

| | |
|---|---|
| Li se fre mwen | He is my brother |
| Li se sè mwen | She is my sister |
| Eske ou se zanmi mwen? | Are you my friend? |
| Wi, mwen se zanmi ou | Yes, I am your friend |

No, mwen pa zanmi ou, mwen se lenmi ou

                No, I am not your friend, I am your enemy.

| | |
|---|---|
| Eske granpapa m tris? | Is my grandfather sad? |

Non, granpapa m pa tris

                No, my grandfather is not sad

| | |
|---|---|
| Li kontan. | He is happy |

This verb is only used in the present tense, never in any other tense, for any other tense you just use the appropriate particle.

| | |
|---|---|
| Eske ou te la yè swa? | Were you there yesterday night? |
| Wi, mwen te la yè swa | Yes, I was there yesterday night |

Non, mwen pa te (pat) la yè swa

                No, I was not there yesterday night

**We use the verb SE if:**

1. **The predicate is a noun**

76

| | |
|---|---|
| Jan se yon jadinye | John is a Gardener |
| Mwen se yon pwofesè | I am a teacher |
| Yo se doktè | They are doctors |

## 2. 🔒 When the subject is sa (This, that)

| | |
|---|---|
| Sa se bon | That is good. |
| Sa se pa bon | That is not good |
| Sa se move | That is bad |
| Sa se byen | That is good |

## 3. 🔒 Emphatic statements with ye – are placed at the end of the sentence to give it emphasis.

| | |
|---|---|
| Se ayisyen mwen ye | It is Haitian that I am |
| Se dominiken nou ye | It is Dominicans that we are |

## 4. 🔒 Sentences without a name for the subject.

| | |
|---|---|
| Se yon machin | It is a car. |
| Se yon radyo | It is a radio |
| Se yon matla | It is a mattress |
| Se yon televisyon | It is a TV |

## Articles

LA is added when it ends in any consonant, except for the words that end with an n or m.

| | |
|---|---|
| Lèt | Letter |
| yon lèt | A letter |
| Lèt la | The letter |
| lèt yo | The letters |

**After words that end with n, m, nm, nn, gn, ng, instead of la, NAN is added to them**

| | |
|---|---|
| Chanm | Room / bedroom |
| Yon chanm | A room / a bedroom |
| Chanm nan | The room / the bedroom |
| Chanm yo | The rooms / the bedrooms |
| Chyen | Dog |
| Yon chyen | A dog |
| Chyen an | The dog |
| Chyen yo | The dogs |

**If the words end in a vowel, we add A after them**

| | |
|---|---|
| Ri | Street |
| Yon ri | A street |
| Ri a | The street |
| Ri yo | The streets |

**To the words that end in a nasal vowel, we add AN**

| | |
|---|---|
| Maten | Morning |
| Maten an | The morning |

*As you will have noticed, the plural of the articles, or the words is YO.*

*Likewise you must have noticed that the indefinite article is Yon. The plural for it is kèk.*

| | |
|---|---|
| Yon chyen | A dog |
| Kèk chyen | Some dogs |

| | |
|---|---|
| Yon moun | A man |
| Kèk moun | Some men |

**Noun**

Nouns do not have a gender in Creole, unlike in English.

| | |
|---|---|
| Bèf | Cow |
| Poul | Chicken |

**Their plural is with Yo, as we have indicated previously.**

| | |
|---|---|
| Bèf yo | The cows |
| Poul yo | The chickens |

## Cardinal Numbers

1.  En / Yon
2.  De
3.  Twa
4.  Kat
5.  Senk
6.  Sis
7.  Sèt
8.  *Wit*
9.  *Nèf*
10. *Dis*
11. *Onz*
12. *Douz*
13. *Trèz*
14. *Katoz*
15. *Kenz*
16. *Sèz*

17.  *Disèt*
18.  *Dizwit*
19.  *Diznèf*
20.  Ven
21.  Ventenyen
22.  Vende
23.  Ventwa
24.  Venkat
25.  Vensenk
26.  Vensis
27.  Vens*èt*
28.  Ventwit
29.  Ventn*èf*
30.  Trant
40.  Karant
50.  Senkant
60.  Swasant
70.  Swasandis
80.  Katreven
90.  Katrevendis
100.  San
1000.  Mil

## Ordinal Numbers
Premye
Dezy*èm*
*Twazyèm*
*Katryèm*
*Senkyèm*
*Sizyèm*
*Wityèm*
*Nevyèm*

*Dizyèm*
*Denyè*

## Practice Makes Perfect ✎

1. Translate the following sentences to English
a. Eske ou se zanmi mwen?
b. Jan se yon jadinye
c. Mwen se yon pwòfese
d. Se dominiken mwen ye
2. Place the corresponding article to each word according to its ending
a. Let _____
b. Liv _____
c. Chanm _____
d. Kaye _____
e. Ri _____
f. Fey_____
g. Chyen _____
3. Add the plural to the following words
a. Poul ____
b. Vèb ____
c. Kochon ____
d. Pòt ____
e. Bèf _____
f. Tab ____

### 🏛 Culture and History

**Economy**

Haiti has the lowest per capita income in all of the Western Hemisphere, in other words, it can be

81

considered the poorest country in the American Continent. The social and economic indicators have placed Haiti in the decreasing ranks behind other developing countries of low income (particularly in the hemisphere) since de 1980's. Haiti is in the 150 position out the 177 countries in the Human Development Index from the ONU.

Approximately 70% of the population lives in poverty. Close to 70% of Haitians depend on agriculture, which mainly consists of subsistence agriculture in small scale and employs near to two thirds of the population who is active economically. The country has had few new jobs since President René Préval took his position in February 2006, even though the informal economy is growing. The failed attempts to reach agreements with international patrons have kept Haiti from obtaining help for funds and development programs.

Three fourths of the Haitian territory is made of hills, and the prairies are made by deforested, and actually sterile, land. The main cause of the land impoverishment is the excessive forest exploitation by a population that has an ever-increasing demand of firewood and wood, which has provoked the erosion of the soil and a great lack of drinking water. This situation is a great contrast with the one of the neighboring Dominican Republic, with similar climate and conditions, it had an adequate forest policy and it actually has sustainable agriculture covering.

An extra factor that could keep the economy from improving is the lack of support by professionals, as it is believed that 80% of Haitians with high educational levels have emigrated searching for other alternatives, which promotes the lack of brains. It is also important to point out the strong illegal immigration to the Dominican Republic through the border. Even though its informal characters does not allow for an exact calculation, it is estimated that the Haitian immigrant population in the neighboring country is more than one million people.

The most important ports for the commercial exchange are: Port-au-Prince, Gonaïves and Cap Haitien. The private Port of Gonaïves is particularly adequate for ships of up to 6 m. of draft.

Haiti receives annual cooperation and humanitarian help from developed countries both in America as other parts of the world. It is important to mention the United States (through the USAID program), Canada, Argentina, Brazil, Chile, United Kingdom and Colombia.

## A Little More– The Time

| Ki lè li ye? | What time is it ? |
| --- | --- |
| Li inè | It is one |
| Li de zè | It is 2:00 |
| Li de zè ven | It is 2:20 |
| Li midi | It is noon |
| Li minwi | It is midnight |
| Li twa zè mwen ven | It is three minus twenty (2:40) |
| Li senk è edmi | It is 5:30 |
| A sizè, mwen te kontan | At six I was happy |

A dizè mwen te tris          At ten I was sad

## Common Descriptions 🔒

| | |
|---|---|
| Bon | Good |
| Move | Bad |
| Kontan | Happy |
| Tris | Sad |
| Entelijan | Intelligent |
| Sòt | Stupid |
| Travayè | Hardworking |
| Parese | Bum / lazy |
| Jenn | Young |
| Granmoun | Adult |
| Bèl | Pretty |
| Lèd | Ugly |
| Rekonesan | Thankful |
| Engra | Ungrateful |
| Rich | Rich |
| Pòv | Poor |
| Piti | Small |
| Gwo | Big |
| Kout | Short |
| Long | Long |
| Mèg | Skinny |
| Gra | Fat |

1 Tesalonisyen 5:16-17
[16] Se pou kè nou toujou kontan.
[17]Pa janm sispann lapriyè.

84

# 8

# Nan Restoran – At the Restaurant

## In this unit you will learn

- How to eat out
- How to celebrate an anniversary
- Using the comparative, imperative and interrogative forms

## Creole words for this lesson:

Soupe – To have dinner
Restoran - Restaurant
Chwazi – To choose
Sipris - Surprise
Anivesè* - Anniversary / birthday
Pi bel pase – Prettier (more beautiful) than
Tankou - As
Tab - Table
A kilè – What time
Oksayon – Occasion
Espesyal - Special
Osi* - Also
Boutey diven – Bottle of wine
Gato – Gift / cake
Chante - To sing

Bon anivese – Happy anniversary
/ Happy Birthday
Aswe-a – Tonight
Aktivite – Activity
Fomal - Formal
An-n ale – Let's go
Fèk - Recent
Byenvini – Welcome
Swiv mwen – Follow me
Meni - Menu
Kèk bagay – Some things / something
Pi bon diven – the best wine
Abiye – To dress
Depi - Since
Cheri – Dear
Enkwayab – Incredible

*Anivesè – anniversary or birthday. In Creole this word is used both for an anniversary as well as a birthday.

Osi – also. You could say Tou to indicate the same action of Also.

## Dialogue One

**Ti-monolog:**

Mwen ta renmen ale soupe nan yon restoran jodi-a avèk madanm mwen. Mwen dwe chwazi yon bel restoran pou m fè-l sipris pou anivese li... restoran « la fuerza » pi bel pase restoran "Fastasia", men restoran "potencia" tankou restoran "La Fuerza"...

ring ... ring... ring... ring..

**Kliyan:** eske se restoran "potencia"?

**Gason:** wi, mesye. Kijan m ka ede-w?

**Kliyan:** mwen ta renmen rezève yon tab pou de moun...

**Gason:** dakò, a kilè w vle-l, mesyè?

**Kliyan:** a 8e silvouple... se yon okasyon espesyal, rezève osi yon boutey diven ak yon gato...

**Gason:** dakò mesyè. Eske ou ta renmen nou chante bon anivese?

**Kliyan:** men, wi, wi.. mèsi anpil...

**Mari:** Cheri, nou pral sòti aswe-a, mwen gen yon aktivite espesyal e mwen ta renmen ou avè-m

**Madanm:** dakò kisa pou m mete? kijan aktivite sa-a ye?

**Mari:** se yon aktivite fomel...ann ale madanm, mwen fek rele yon taxi...

**Kèk minit aprè nan restoran...**

**Gason:** byenvini nan restoran "potencia". Eske n gen yon resèvasyon?

**Kliyan** wi, mwen se mesyè Yeral...

**Gason:** mèsi mesyè... swiv mwen, eske nou ta renmen bwe kèk bagay...

**Kliyan:** pote yon boutey diven silvouple, pi bon diven lakay-la

**Madanm:** si m te konnen sa, mwen tap abiye depi maten....

**Mari:** bon anivese cheri...

**Madanm:** mèsi paske w pat bliye-m, se
enkwayab, mwen pa gen mo…

**Dialogue Two**

**Ajan:** Bonjou mesyè danm…
**Kliyan:** bonjou… ki kote depatman
soulye-
a ye, silvouple?
**Ajan:** li nan dezyèm etaj
**Kliyan:** mèsi, jenn nom
**Ajan:** eske nap chache soulye timoun
oubyen soulye granmoun ?
**Kliyan:** nap chache soulye pou timoun?
**Ajan:** ki laj timoun yo ye?
**Kliyan:** yon gen 9 an e lòt 7 an.
**Ajan:** yon gason ak yon fi…?
**Kliyan:** non, de fi
**Ajan:** ki nimewo soulye yo ye,
silvouple?
**Kliyan:** nimewo kat ak sèt…
**Ajan:** dakò, mèsi. Ki kalite soulye nap
chache?
**Kliyan:** soulye pou lekòl
**Ajan:** men soulye yo… yo bèl, se vrè!
Kilès nou renmen plis, sila-a
oubyen sa laba-a?
**Kliyan:** sa laba-a…

**More Words:**
Depatman – Department

Soulye – Shoe / shoes

Dezyèm – Second

De pè – Two pairs

Ki laj – How old *

Ni yon ni lòt – Neither one nor the other

Lòt – Other

De fi-yo – Two girls

Lekòl – School

Kilès – Which

Sila-a – This/ this one

Sa laba-a – That / that one

*Ki laj – how old. You can also ask Konbyen danè ou genyen? Which literally means "How many years do you have?" ("How old are you?")

## Grammar Notes

### Comparisons

The comparative is made using the particles "PI...PASE..."

| | |
|---|---|
| Li gran | He is big |
| Li pi gran | He is bigger |
| Li gran anpil | He is very big |
| Li trè gran | He is very big |
| Pi...Pase | More...Than |
| Pi...Pase | Less...Than |
| Tankou | As...As |
| Pa...Tankou | Not as... As |

**Examples:**

| | |
|---|---|
| Li pi vye pase frè li | He is older than his brother or He is less young than his brother. |
| Li pi lèd pase sè li. | She is less beautiful than her sister or She is uglier than her sister. |
| Li brav tankou yon lyon | She is as brave as a\ lion. |

## Adjectives

These do not require any verb.

| | |
|---|---|
| Malad | Sick |
| Mwen malad | I am sick |
| Nou malad | We are sick |

## Adverbs

To form the ending that we know as "ly" we will use the particle "MAN"

| | |
|---|---|
| Konplèt | Complete (todo) |
| konplètman | Completely |

## To form the voice "There is / There are" in Creole, the verb Genyen or Gen is used.

| | |
|---|---|
| Gen dlo nan canari-a. | There is water in the jar |
| Gen mango nan panye-a. | There are mangos in the basket |

## Imperative

The imperative is formed using the verb when speaking directly to the person or using the particle "ANNOU or ANN".

| | |
|---|---|
| Pale | Talk |
| Annou (ann) pale | Let's talk / Talk |
| Kite m pale | Let me talk, Allow me to speak |

## Recently completed action

**Fek**   Just now. It is used to indicate that an action has been done a few minutes ago.

| | |
|---|---|
| Mwen fek sòt manje | I just ate, I ate just now. |
| Mwen tap chache W. Men m Fek rive. | |
| | I was looking for you, yes, I just arrived |

## Progressive Past

This tense is formed adding the particle "TAP" to the noun or pronoun.

| | | | |
|---|---|---|---|
| Mwen | tap | Pale | I was talking |
| Ou | tap | Pale | You were talking |
| Li | tap | Pale | He/She was talking |
| Nou | tap | Pale | We were talking / You (plural) were talking |

Lè-l te rive mwen tap pale avèk fre-l

When she came, I was
talking to her brother

## Demonstrative Pronouns

| | |
|---|---|
| Sa a | That, That one Or This, this one |
| Sa yo | Those Or These |

*In case you want to make a difference between This, This one, and Those, it will be used as follows:*

| | |
|---|---|
| Sila a | This |
| Sila yo | These |

*If we want to speak of something that is away from us, then we should use:*

| | |
|---|---|
| Sa laba a | That Or That, That one there |
| Sa laba yo | Those Or Those, Or, Those ones there |
| Yon chyen | A dog |
| Chyen an | The dog |
| Chyen sa a | That dog, this dog |
| Chyen sila a | This dog (not that one) |
| Chyen laba a | That dog over there |
| Chyen yo | The dogs |
| Chyen sa yo | Those (these) dogs |
| Chyen sila yo | These dogs (not those ones) |
| Chyen laba yo | Those dogs over there |
| M wè chyen sa a | I see that (this) dog |
| M wè sa a. | I see it (that one) |

# Practice Makes Perfect

1.   Translate the following paragraph into Creole

Today we had a bad day at work, because the electric generator broke down. When I told my boss about the problem with the generator, he spoke harshly to me, but it was not my fault...

I do not understand why people do not know how to behave appropriately in difficult situations. I always behave appropriately, for example; last month I was in charge at work. It was a hard day with a lot of work and because my boss was not there, I was the boss at that time. Well, the electric generator broke down, and the technician was in his lunch hour. I had the responsibility of resolving the situation, so I did what a boss had to do in that situation: "I went home..."

## Culture and History

### Demography

To the year 2007 Haiti had a population of 8,706,497 inhabitants. 95% of Haitians are mainly of African ascend and the remaining 5% is made up by white and mestizos. The language is French. The life expectation is 57 years. The average children per woman is 4.86 (the highest average is the American Continent). The population growth rate is 2.45% per year. Only 52.9% of the population can read. Even though Haiti has an average of 270 people per square kilometer, its population is concentrated mainly in the urban zones, beach plains and valleys.

French is one of the official languages, but only a portion of the population speaks it. Almost all Haitians speak Creole (Haitian Creole), the other official language of the country. English is spoken among the youth and the commercial sector. Spanish is spoken mainly in the border zones with the Dominican Republic.

Catholicism is the main religion professed by they majority. Many have converted to Protestantism. And many Haitians also practice voodoo traditions, without conflict with their Christian faith.

### Culture

The main religion is Catholic, which constitutes 60% of the Haitian population. There is also a group of Protestants that make the most important religious minority of the country. Other minorities are made by the animists. The ones who practice voodoo are include in a percentage of the previously mentioned religions. There are some faithful followers of voodoo that have it as their only belief.

Education is free and mandatory for children from 6 to 12 years; however, the country lacks the appropriate facilities and there are many children who do not attend school.

For music manifestations we can mention the Rara and Kompa, this last one is sometimes wrongly called Haitian Merengue. These music forms are usually sung in Creole. The gaga is usually played regularly in the Holy Week celebrations in the Haitian settlements, in the squares of the cane fields of the neighboring Dominican Republic.

The culture is very rich in traditions, and many of the customs, since Haitians are descendants of African slaves brought from Africa, are still kept. It is common to see on the street women carrying all sorts of elements of their heads as you would see in Africa. Their artisans are very good in blacksmith and wood works, from small ones to furniture made completely by hand.

### Sports

The Haitian League is the First Haitian Division lead by the Haitian Football (Soccer) Federation; this one was created in 1937.

The football (soccer) National Team of Haiti is the national representative of the country. It is controlled by the Haitian Football Federation, which belongs to the CONCACAF.

The Haiti National Team has been one of the few representations of the Caribbean Islands in the Football World Cup, along with Cuba, Jamaica and recently Trinidad and Tobago. Haiti is probably the only Caribbean country where the main sport is football (soccer).

### A Little More

Interrogative Forms - Question words

| | |
|---|---|
| Kimoun / Kiyès | Who |
| Kikote | Where |
| Kilè | When |

| Kisa | What |
|------|------|
| Kijan | How |
| Kiles | Which |
| Poukisa | Why |
| Konbyen | How much |

### Kimoun (kiyès)

| Kimoun ki la (kiyès ki la)? | Who is there? |
|------|------|
| Se Yeral | It is Yeral |
| Kiyès ki te di ou sa? | Who told you that? |
| Se Alba ki te di m sa | It was Alba who told me |

### Kilè

| Kilè ke ou te wè Tiffany? | When did you see Tiffany? |
|------|------|
| Mwen te wè l yè maten | I saw her yesterday morning |

### Kijan (Kouman)

| Kijan ou yè? | How are you? |
|------|------|
| Mwen byen mèsi | I am good, thank you |

### Poukisa

Poukisa ou pati jodia?  Why are you leaving today?

Mwen pati jodia paske mwen gen anpil travay  I am leaving because I have a lot of work today

**Note: Paske is only used to answer a question**

### Ki kote

| Ki kote ke ou abite? | Where do you live? |
| Mwen abite Pari | I live in Paris |

## Kisa

| Kisa ou vle? | What do you want? |
| Mwen pa vle anyen | I do not want anything |

## Kilès

| Kilès nan liv sa yo ki pi chè? | Which book is more expensive? |
| Se liv sa a ki pi chè | This one is more expensive |

## Konbyen

| Konbyen lajan (kob) sa-a koute? | How much does this cost? |
| Sa-a koute 10 goud | That costs 10 Goud |

Travay 1:11

Dezòm yo di yo: Nou menm, moun Galile, poukisa nou rete la ap gade syèl la konsa? Jezi sa a ki fèk sot nan mitan nou an pou moute nan syèl la, li gen pou l' tounen menm jan nou wè l' moute nan syèl la

.

97

# 9

## Twa Komantè Yo – Three Comments

**In this unit you will learn**

- A little about an area in Haiti
- The school system in Haiti
- How to spend New Years

Nan leson sa-a ou pral jwenn twa konvesasyon ak vokabile pou w konprann konvesasyon yo.

**Creole words for this lesson:**
Zanzèt – Ancestors
Legim – Vegetables
Lye Istorik – Historic place
Paran – Parents
Efò – Effort
Dispansè – Pharmacist, Pharmacy
Gagè – Cockpit

### Zòn Fò Jak –Fò Jack Zone

Fò Jak se yon seksyon ki sou komen petyon vil. Nou ka di selon sa ki ekri ke zòn sa a pote non youn nan gran zanzèt ou yo, ki te goumen pou bay peyi a libète pou l te retire nou an lesklavaj blan fransè. Nan zòn sa a li fè fre anpil, se yon nan zòn ki bay anpil legim nan peyi-a. nan Fò Jak nou genyen de lyè istorik ke ansyen yo te mouri kite pou nou ; non yo se "Fò Aleksand e Fò Jak"

Nan Fò Jak pa gen anpil moun, tout moun ki nan zòn sa a se pitit tè-a y oye. Se youn nan zòn kote moun yo sivilize anpil. Tout timoun ale lekòl paske paran yo fè anpil efò ak pitit yo. Nan Fò Jak nou pa ge anpil opital, nou genyen sèlman 2 ak yon dispansè pou bay moun yo premyè swen. Nou gen plizyè lekòl ak anpil lòt ankò.

Nan Fò Jak nou genyen 2 jou nan senmen pou moun yo nan mache, se madi ak vandredi, fòk nou pa bliye nan Fò Jak moun yo travay latè anpil, anpil nan lòt moun yo genyen ki fè travay konstriksyon, depi lendi pou rive jouk samdi vè midi. Depi samdi nan apre midi moun yo komanse rejwi, youn ak lòt, tankou anpil ladan yo ale nan sinema, genyen ki ale nan gagè (kote yo bat kòk), genyen ki ale sou plas kote yo ka rakontre ak ti menaj yo. Nou ka di nan zòn sa a yo ini oubyen yo gen tèt ansanm pou yo ka fè pwòp devlopman nan zòn nan.

Fleurissaint Michelet

## Lekòl Ayisyen – The Haitian School 🔒

Ayiti menm jan ak tout lòt peyi devlope oubyen sou devlope, itilize lekòl kòm sèl sous ki garanti yon bon fiti pou chak jenn ayisyen ki gen lonbrik yo koupe sou ti moso lil sa-a. Nan tan lontan lekòl-la te divize an de pati, premyè ak sekondè. Nan premyè pitit ti ayisyen dwe fè 9 anè e nan sekondè 7 anè ki fè yon total 16 anè ; avèk modènizasyon tan, Ayiti kenbe menm sistèm nan sou yon lòt fòm 3 anè kindergarden, 6 anè premyè e 7 anè sekondè. Sa ki toujou parèt difisil pou pèp sa-a, se twa klas.

Sètifika etid prime e bakaloreya etid sekondè, si timoun nan pa etidye anpil li p'ap pase e yo ka kenbe l pou plizyè anè nan yon sèl klas (sètifika ou bakaloreya), gen elèv ki konn pase plis ke 7 anè nan bakaloreya, se pou kisa yo toujou di ke edikasyon ayisyen nan di anpil. Anplis lè yo resi bay kèk elèv chans yo, elèv sa-yo apre resilta dwe rapidman rantre nan yon lòt klas ki rele ratrapaj pou l ka al patisipe nan konkou admisyon nan fakiltè leta-yo. Men yo dwe peye 500 goudes pou enskripyon e fakiltè sa-a k'ap kenbe 7 mil elèv anviron, men yon enkri 15 mil e si w gen yon zanmi anda ou k'ap rantre san pwoblèm. Se sak fè edikasyon an Ayiti se trè difisil e ki fòme moun byen e-l fè etidyan yo ogèye anpil.

Donk, jodi-a 50% etidyan ayisyen ap etidye nan peyi etranje pou pote chanjman nan system edikasyon sa-a k'ap fini ak tout ayisyen an jeneral.

**Lazard Medilien**

**More Words:**
Lonbrik – Navel / umbilical cord
Ti moso lil – Small piece of an island
Sètifika (etid prime) – Primary studies
Bakaloreya (etid sekondè) – Secondary studies
Elèv - Student
Anplis – Besides

Resi – To achieve

Ratrapaj – Reinforcement

Konkou – Contest/ process

Ogèye – Proud

Donk – Therefore

Chanjman – Change

## Fen anè an Ayiti – New Year's Eve in Haiti 🔒

Menm jan ak tout lòt peyi nan monn nan an Ayiti nou selebre fen anè nou tou, kòm nou konnen ke mwa desanm se yon mwa kote gen anpil mobilizasyon, jou moun pa travay tankou jou senk desanm ke nou konnen ke Kritof Kolon te dekoubri Ayiti. Apre sa nou gen jou ki vennkat desanm, ki se yon jou espesyal kote tout moun mobilize pou pase nwit sa-a avèk fanmi-a, gen moun nan jou sa-a ki ale nan kèmès, genyen ki ale kay lòt zanmi pou jwe domino ak kazino epi bwe ansanm, manje e yo kapab tou pwofite pale pou tout tan yo pat janm we. Apre sa nou genyen jou tranteen desanm pou rive premyè janvye.

Gen moun ki pase nwit la deyò, genyen ki ale legliz pou priye, gen ki ale nan disko, ale sou plas piblik, jwe domino ak kazino, gen anpil lòt ki rete lakay yo paske yo pa renmen melanje nan zafè moun.

Nan denyè jou nan anè anpil moun ale an deyò lakay pou yo al we fanmi yo, depi nan mitan lannwit 31 desanm tout moun mete gwo chodyè soup yo sou dife pou jouk li fè klè nan maten, nan jou sa-a tout moun bwe soup jòmou lakay paske se sa-a ansyen yo te konn fè nan jou sa-a, epi mache youn lòt pou swete l yon bòn anè. Nan denyè jou sa yo moun gaspiye anpil lajan pou chanje bagay lakay yo, achte kado pou pitit yo ak anpil nan fanmi an...

**Fleurissaint Michelet**

**More Words:**
Mobilizasyon – Movement
Kèmès - Fair
Kazino – Cards / pack of cards
Pwofite - To take advantage of
Deyò - Out
Priye – To pray
Disko – Discotec
Chodyè soup – Pot soup
Dife - Fire
soup jòmou – Pumpkin soup
Swete – To wish
Lajan – Money

**A Little More**- Vocabulary

| | |
|---|---|
| Anpil | Many |
| Tout | Everything (all) |
| Plizyè | Several |
| Kèk | Some |
| Enpe/ Yon ti kras | Some / A little |
| Ase | Enough |
| Sèlman | Only |
| Chak | Each |
| Sèl | Alone |

| | |
|---|---|
| Trè | Very |
| Anyen | Nothing |
| Okenn moun | Nobody |
| Nenpot Kimoun | Anybody |
| Yon Moun | Somebody |

**Ebrè 4:12**

Pawòl Bondye a gen lavi, li gen pouvwa. Li pi file pase kouto de bò. Li koupe jouk li jwenn kote nanm ak lespri moun fè yonn, jouk kote vyann ak mwèl zo kontre. Li jije tout santiman ak tout lide ki nan kè moun.

## Kat Atik Espesyal Yo – Four Special Articles

**In this unit you will learn**

- How to preach about forgiveness
- How to accept Jesus in your life
- The plan of salvation for your life

**Creole words for this lesson:**

Pakonsekan – Therefore
Peche - Sin
Netwaye – To clean
Pwòp - Clean
Dèt - Debt
Pèsonn - Nobody
Mizèrikòd- Mercy
Gras - Grace
Twonpe – To deceive
Foubi – To scrub
Desespwa – Hopelessness – desperation
Etenitè – Eternity
Soufrans – Suffering
Pwomès - Promise
Peri - Perish
Lanmò – Death
Lakwa – The cross

Pèn – Penalty / fault
Pinisyon - Punishment
founi - To provide
lafwa - Faith
mèvèye – Wonder / wonderful

## ATIK DE 🔒

Nan leson sa-a nou genyen kat atik sou Bondyè. Ministè Gotquestions.org te ban nou otorisasyon pou nou itilize atik sa yo nan liv-la. Se pou laglwa Bondyè nou mete seksyon sa-a, e pou chak noun ki rive nan finisman kou sa-a ka jwenn yon gwo benediksyon Bondyè.

## ATIK EN 🔒

**Kesyon** : Ou te jwenn padon? Kòuman m' kapab resevwa padon nan men Bondyè?

**Repons** : Travay 13 :38 deklare, pakonsekan, Frè-m yo nou fèt pou nou konn sa byen : Bondyè voye Jezi fè nou konnen l'ap padonnen tout peche nou yo.

**Kisa padon an ye e poukisa mwen bezwen li?**

Mò "padonnen » vle di netwaye pwòp yon metal, padonnen, anile yon dèt. Lè nou abize frè-n, n'ap chache yon padon nan fason pou restore relasyon nou. Padon se pa fè konsesyon paske moun merite padon. Pèsonn pat merite padon. Padon se yon ak lanmou, mizèrikòd e gras. Padon se yon desizyon ki pa kenbe anyen kont yon lòt moun. Malgre tout sa-l te fè-w ki mal.

Bib-la di nou, nou tout bezwen padon nan men Bondyè. Nou tout fè peche. Eklezyas 7:20 konfime « pa gen moun k'ap mache dwat sou latè ki ka di tou sa l'ap fè byen, li pa janm fè sa ki mal » 1 Jan 1 :8 di « si nou di nou pa gen peche, se tèt nou n'ap twonpe. Veritè-a pa nan nou » « Lave-m, foubi-m pou wete fòt mwen fè-a paske se kont ou menm menm mwen pechè » (Sòm 51 :4). Kòm rezilta, nou bezwen padon Bondyè nan desespwa nou yo. Si peche nou yo pa padonnen, nou pral pase tout etenitè nou nan yon soufrans kòm konsekans peche-n yo. (Matye 25:46; Jan 3:36).

## Padon – Kòuman m' ka jwenn li ?

Nou ba-l remèsiman paske-l, se yon Bondyè damou e ki gen kè sansib – Li toujou gen dezi pou padonnen nou de peche nou yo ! 2 Pyè 3 :9 di nou « Senyè-a pa pran twòp reta pou kenbe pwomès li yo, jan kèk moun kwè-a. okontrè, se pasyans l'ap pran ak nou, paske li pa ta renmen pèsonn peri, li ta vle pou tout moun tounen vin jwenn li » Bondyè vle padonnen nou, donk li kenbe nou ak padon li.

Sèl sanksyon jis pou peche nou yo se lanmò. Premyè mwatye liv Women an:6:23 deklare " Salè peche-a se lanmò" Lanmò Etènel se sa nou jwenn pou peche nou yo. Bondyè, nan plan pafèt li, li te devni moun, pou viv nan mitan nou (Jan 1:1, 14). Jezi te mouri sou lakwa, li pran pèn ke nou te merite-a ki se lanmò. 2 Korentyen 5 :21 ansenye nou « Kris-la pat janm fè okenn peche, men Bondyè fè-l pran sò nou sou li, yo trete-l tankou yon moun ki fè peche. Konsa, lè nou fè yon sèl kò ak Kris-la, Bondyè fè nou gras. Jezi mouri sou kwa-a, li pran pinisyon ke-n te merite-a! kòm Bondyè, lanmò Jezi-a founi padon pou peche lemonn antyè. 1 Jan 2 :2 pwoklame " paske Jezi te ofri tèt li tankou bèt yo ofri bay Bondyè, pou Bondyè te ka padonnen peche nou yo, pa peche pa nou yo ase, men peche tout moun tou» Jezi leve sòti vivan nan lanmò ; li pwoklame viktwa sou peche e lanmò, (1 Korentyen 15 :1-28). Louanj pou Bondyè atravè lanmò e rezireksyon Jezikri, dezyèm mwatye liv Women 6 :23 li vrè « Men kado Bondyè se lavi etènel atravè Jezikri Senyè nou-an ».

Eske-w vle jwenn padon pou peche-w yo ? Eske-w gen santiman chaje de fòt ki parèt difisil pou-w pote-l ale? Padon peche-w yo disponib si-w met konfyans ou nan Jezikri kòm sovè-w. Efesyen 1:7 di "Grenmesi Kris ki mouri pou nou an, nou delivre, nou resevwa padon pou peche nou yo. Bondyè fè nou wè jan li renmen nou anpil. Bondyè te peye dèt nou yo pou nou, konsa, nou kapab podonnen tout sa-w dwe fè se mande Bondyè pou padonnen-w atravè Jezi, kwè ke Jezi te mouri pou peye pou padon e li pral padonnen-w! Jan 3 :16-17 pote yon mesay mèvèye "Paske Bondyè sitèlman renmen lèzòm li bay sèl pitit li-a pou yo. Tout moun ki va mete konfyans yo nan li p'ap pèdi lavi yo. Okontrè y'a gen lavi ki p'ap janm fini an. Bondyè pa voye pitit li-a sou latè pou kondane lèzòm men pito pou l te kapab delivre yo ».

**Padon – Eske-l reyèlman fasil?**

Wi, se fasil ! Ou pa kap ganyen padon nan Bondyè. Ou pa kap peye padon-ou nan Bondyè. , atravè gras e mizèrikòd Bondyè. Si ou vle asepte Jezikri kòm sovè-w e resevwa padon nan Bondyè. Men priyè ou kapab priye. Di priyè sa ou nenpòt lòt priyè p'ap ka sovè-w. Se sèlman kwè nan Jezikri ki kapab founi padon peche-w yo. Priyè sa se senpleman yon fason pou pale ak Bondyè, mete lafwa nan li e remèsyè-l pou pwovisyon padon sa-a ke-l fè pou nou. « Bondyè, mwen konnen mwen peche kont ou e-m merite kondanasyon. Men Jezikri te pran kondanasyon kem te merite donk atravè lafwa nan li, m' kapab padonnen. Mwen mete konfyans nan ou pou sovè-m. Mèsi pou gras ak padon mèvèye ou yo! Amèn.

**Kesyon** : Kisa sa vle di asepte Jezi kòm sovè pèsonel ou?

**Repons** : Ou te asepte Jezikri kòm sovè pèsonel ou ? Ou konprann kesyon sa-a korèteman, ou dwe premyèman konprann tèm « Jezikri » « pèsonel » « sovè »

Kimoun Jezikri ye ? Anpil moun admèt Jezikri kòm yon bon moun, yon gran mèt, ou egal ak yon pwofèt Bondyè. Bagay sa-a yo di de Jezi-a definitivman vrè, men yo p'at defini antyèman kimoun vrèman li ye. Bib-la di nou ke Jezi se Bondyè nan lachè, li se Bondyè nan fòm moun (an wè Jan 1 :1-14). Bondyè te vinn sou latè pou anseye nou, geri nou, korije nou, padonnen nou e mouri pou nou ! Jezikri se Bondyè kreyatè-a, souveren Senyè-a, eske-w asepte Jezi sa-a ?

Kisa yon sovè ye, e poukisa nou bezwen yon sovè?

Bib-la di nou ke nou tout fè peche ; nou tout komèt aksyon movèz (Women 3 :10-18). Kòm yon rezilta de peche-n yo, nou merite kolè ak jijman Bondyè. Inik chatiman jis pou peche nou komèt yo kont Bondyè enfini se yon chatiman enfini. (Women 6 :23 ; Revelasyon 20 :11-15). Se pou tèt sa nou bezwen yon sovè.

Jezikri te vini sou latè e-l te mouri nan plas nou. Lanmò Jezi-a te peye dèt peche nou pou toutan. (2 Kontentyen 5 :21). Jezi te mouri pou peye fòt peche nou yo. (Women 5 :8). Jezi te peye pri-a donk nou pa dwè anyen. Leve sòti vivan nan lanmò-a pwouve ke lanmò te sifi pou peye fòt peche nou yo. Se poutèt sa Jezi se yon sèl e inik sovè. (Jan 14 :6, Travay 4 :12). Eske-w kwè nan Jezi kòm sovè-w ?

Eske Jezi se sovè « pèsonel » ou ? Anpil moun wè kretyèntè kòm asiste legliz; egzekite rit seremonyal, e komèt kèk peche ou pa komèt kèk peche. Sa se pa kretyèntè-a ; se yon relasyon pèsonel avek Jezikri. Asepte Jezi kòm sovè pèsonel ou vle di mete pwòp konfyans ou e kwè nan li. Pa gen okenn moun ki ka sove ak lafwa lòt moun. Pa gen okenn moun ki ka padonnen poutèt kèk zèv li fè. Linik mwayen pou-w sove se asepte pèsonèlman Jezi kòm sovè-w, kwè nan lanmò-l kòm peyman dèt peche nou yo e leve sòti vivan nan lanmò-l la kòm garanti lavi etènel-la. (Jan 3:16). Eske pèsonèlman Jezi se sovè-w ?

Si ou vle asepte Jezikri kóm sovè pèsonel ou, di pawòl sa yo ak Bondyè. Sonje, di priyè sa ou nenpòt lòt priyè p'ap ka sove-w. Sèlman kwè nan Jezikri e denyè zèv sou lakwa kapab sove-w nan peche. Priyè sa-a se senpleman yon mwayen pou esprime konfyans ou nan Bondyè e remèsyè-l pou pwovisyon Sali-a li ba ou. Bondyè, mwen konnen ke-m peche kont ou e-m merite chatiman. Men mwen kwè Jezikri te pran chatiman-m te merite-a donk atravè konfyans nan li, mwen kapab jwenn padon. Mwen resevwa padon-w ofri-m nan e-m mete konfyans mwen ou pou sove-m. Mwen asepte jezi kòm sove pèsonel mwen ! Mesi pou gras ak padon mèvèye-w la, kado lavi ki p'ap janm fini-an! Amèn.

**More Words:**
sovè pèsonel – Personal savior
tèm – Term
lachè - Flesh
geri – To heal
kolè – Anger
Jijman – Judgment
Kretyèntè – Christianity
rit seremonyal – Ceremonial ritual
zèv - Work
peyman – Payment

## ATIK TWA 🔒

**Kesyon** : Kisa plan Sali-a ye / chenmen Sali-a?

**Repons** : Eske-w grangou? Se pa grangou fizik, men eske-w gen yon grangou de kèk bagay anplis nan vi sa-a? Eske genyen bagay nan ou menm ki pwofon ki sanble pajanm satisfè? Si se sa, Jezi se chenmen-an !

Jezi te di « Mwen se pen ki bay lavi-a, moun ki vinn jwenn mwen p'ap janm grangou. Moun ki kwè nan mwen p'ap janm swaf" (Jan 6:35).

Eske-w nan konfisyon ? Sanble ou pa jam kapab jwenn yon chenmen ou yon objektif nan lavi-w ? Sanble yon moun etènn limyè yo e ou pa kapab jwenn switch-la? Si se sa, Jezi se chenmen an! Jezi te pwoklame : Se mwen menm ki limyè k'ap klere monn-lan e moun ki swiv mwen va gen limyè ki bay lavi-a. Yo p'ap janm mache nan fènwa.

Eske-w pa janm santi kóm si yo te fènmen pòt lavi-w? Eske-w te eseye plizyè pòt, sèlman pou jwenn sa ki kache dèyè yo ki vid e san sans? Eske w'ap chache yon antre nan yon lavi konplèt? Si se sa, Jezi se chenmen-an ! Li deklare : Mwen se pòt-la, moun ki pase nan mwen pou antre, l'a sòvè. L'a antre, l'a sòti, l'a jwenn manje pou'l manje. (Jan 10:9).

Eske moun toujou meprize-w? Eske lyen parantal ou vinn desann e vid? Eske sanble gen moun k'ap eseye pran avantaj sou-w? Si se sa, Jezi se chenmen-an! Li te di: Se mwen menm ki bon bèje-a, mwen konnen mouton-m yo e mounton-m yo konnen mwen. (Jan 10:11,14).

Eske ou mande sa k-ap rive apre vi sa-a? Eske ou fatige viv lavi-w pou bagay k-ap pouri ou k-ap fini ? Eske ou pafwa doute si lavi-a genyen kèk siyifikasyon? Eske ou vle viv apre ou fin mouri? Si se sa, Jezi se chenmen-an ! Li deklare : Se mwen menm ki leve moun mouri yo, se mwen menm menm ki bay lavi. Moun ki mete konfyans yo nan mwen, yo gen pou yo viv menm si yo rive mouri. Moun k'ap viv, epi ki mete konfyans yo nan mwen, yo p'ap janm mouri.

Eske ou kwè sa? (Jan 11:25-26).

Kisa chenmen-an ye? Kisa veritè-a ye? Kisa lavi-a ye? Jezi te reponn "Se mwen menm menm ki chenmen-an, se mwem menm menm ki verite-a, se mwen menm menm ki lavi-a., pèsonn pa ka al jwenn Papa-a si li pa pase nan mwenm" (Jan 14:6).

Grangou ou santi-a, se yon grangou espirityèl e ki kapab satisfè pa Jezi sèlman. Jezi se sèl moun ki kapab retire-w nan fènwa. Jezi se pòt-la pou yon vi ki satisfè. Jezikri se zanmi e bèje ke ou t'ap chache-a. Jezi se lavi-a nan monn sa-a ak sa k'ap vini-an. Jezi se chenmen Sali-a !

Rezon ki fè ou santi grangou-a, rezon ki fè ou sanble pèdi nan fènwa-a, rezon ki fè ou pa ka jwenn siyifikasyon nan vi-a, se paske ou separe ak Bondyè. Bib-la di ke nou tout fè peche, sepandan ou separe ak Bondyè (Eklezyas 7 :20 ; Women 3 :23). Vwa ou santi nan kè ou-la, se Bondyè ou manke nan lavi-w. Nou te kreye pou nou te gen yon relasyon avèk Bondyè. Akoz peche nou, nou te separe ak relasyon sa-a. Menm pi mal, peche nou va lakoz nou separe ak Bondyè pou tout letènite nan vi sa-a ak nan vi k-ap vini-an. (Women 6 :23, Jan 3 :36).

Kòuman pwoblèn sa-a te ka rezoud? Jezi se chenmen-an! Jezi te pran peche nou sou li menm menm. (2 Korentyen 5 :21). Jezi te mouri nan plas nou (Women 5:8), li pran chatiman nou te merite-a. Twa jou apre, Jezi leve sòti vivan nan lanmò, li montre viktwa li sou peche ak lanmò (Women 6 :4-5). Poukisa li te fè sa ? Jezi te reponn kesyon-an li menm menm: Pa gen pi bon jan pou ou montre jan ou renmen zanmi ou pase lè ou bay lavi ou pou yo. (Jan 15 :13). Jezi te mouri pou nou te kapab viv. Si nou mete konfyans nou nan li, kwè nan lanmò li kòm li peye pou peche nou, tout peche nou yo padonnen e lave. Alò nou va genyen lavi konplèt. Nou va konnen vrè, pi bon zanmi e bon bèje-a. Nou va konnen ke nou va gen lavi apre nou fin mouri, yon lavi nouvèl nan syèl-la pou letènite ak Jezikri.

« Paske Bondyè sitèlman renmen lèzòm, li bay sèl pitit li-a pou yo. Tout ki va mete konfyans yo nan li p'ap pèdi lavi yo. Okontrè y'a gen lavi ki p'ap janm fini-an» (Jan 3:16).

**More Words:**

Sali - Salvation

Chenmen – Way / path

Grangou – Hunger

Etènn limyè – To turn the light off

Fènwa – Darkness

Vid – Empty

Avantaj – Advantage

Bon bèje-a – Good shepherd

Mouton – Sheep / Lamb

Pouri – To rot

Doute – To doubt

Rezoud – To resolve

## ATIK KAT 🔒

**Kesyon** : Mwen fèk sot mete konfyans mwen nan Jezikri…kounye-a kisa?

**Repons** : Felisitasyon ! Ou pran yon desizyon pou ou chanje lavi ou. Petèt w-ap mande "Kounye-a kisa? Kòuman mwen kapab Kòmanse vwayaj mwen ak Bondyè? » Senk pa ki mansyone anba-a yo va ba ou direksyon nan Bib-la. Lè ou genyen kesyon sou vwayaj ou, sil-vou-plè vizite www.gotquestions.org .

## 1. Asire ou ke w konprann Sali-a.

1 Jan 5 :13 di nou, « m'ap ekri nou lèt sa-a, nou menm ki kwè nan pitit Bondyè-a pou nou ka konnen ke nou gen lavi ki p'ap janm fini-an » Bondyè vle nou konprann Sali-a. Bondyè vle nou genyen asirans ke nou konnen avèk asirans ke nou sove. Nan yon ti tan, ann ale nan pwen klè Sali-.

a.     Tout moun fè peche, yo tout vire do bay Bondyè ki gen tout pouvwa-a. (Women 3 :23)

b.     Akòz peche nou yo, nou merite pinisyon, separasyon etènel avèk Bondyè (Women 6 :23)

c.     Jezi te mouri sou lakwa pou-l peye pou peche nou yo. (Women 5 :8, 2 Korentyen 5 :21)

Jezi mouri nan plas nou, pran chatiman ke nou te merite-a. Rezireksyon li te montre ke lanmò li te sifi pou-l peye pou peche nou yo.

d.     Bondyè bay padon ak Sali a tout moun ki mete konfyans yo nan Jezikri, ki kwè nan lanmò li kòm moun ki peye dèt peche nou yo (Jan 3 :16, Women 8 :1, Women 5 :1)

Sa-a se mesaj Sali-a ! Si ou mete konfyans ou nan Jezikri kòm sovè pèsonel ou, w-ap sove !. Tout peche ou yo padonnen, e Bondyè pwomèt pou li pa janm kite ou, oubyen abandonnen-w (Women 8 :38-39 ; Matye 28 :20). Sonje, Sali ou asire nan Jezikri (Jan 10 :28-29). Si ou kwè nan Jezikri kòm sèl sovè-w, ou kapab gen asirans ke ou va pase letènite avèk Bondyè nan syèl-la.

## 2. Jwenn yon bon legliz k-ap anseye Bib-la.

Piga ou panse legliz-la tankou yon gwo kay. Legliz la se moun yo. Li enpòtan anpil pou kwayan Jezikri yo gen bon relasyon youn ak lòt. Sa-a se youn nan premyè objektif legliz-la. Kounye-a ou fin mete konfyans ou nan Jezikri. Nou ankouraje ou fòtman pou ou jwenn nan zòn kote ou rete-a, yon legliz ki kwè nan ansèyman liv biblik yo epi pale ak Pastè-a. lese li konnen nouvèl konfyans ou nan Jezikri.

Yon dezyèm objektif legliz-la se anseye Bib-la. Ou kapab aprann Kòuman pou ou anplwaye nouvèl enstriksyon Bondyè yo nan lavi-w. konpreyansyon Bib-la se yon kle pou ou viv yon vi kretyèn plen siksè ak pwisans 2 Timote 3:16-17 la di nou: Tout sa ki ekri nan liv-la, se nan Lespri Bondyè-a yo sòti. Y'ap sèvi pou montre moun veritè-a, pou konbat moun ki nan lerè, pou korije moun k'ap fè fòt, pou montre yo ki jan pou yo viv byen devan Bondyè. Konsa, yon moun k'ap sèvi Bondyè, li tou pare, li gen tout sa li bezwen pou-l fè tout sa ki byen.

Twazyèm objektif legliz-la se adorasyon. Adorasyon se remèsye Bondyè pou tout sa li fè.

Bondyè te sove nou. Bondyè renmen nou. Bondyè pran swen nou. Bondyè gide e dirije nou. Kòuman pou nou pa ta ka remèsye li? Bondyè, Li sen, li jis, li se lanmou, li gen konpasyon e plen ak gras. Revelasyon 4:11 deklare. "O Bondyè mèt nou, ou merite pou ou resevwa louanj, respè ak pouvwa. Se ou menm ki fè tout bagay. Si yo la, si yo gen lavi, se paske ou vle-l".

### 3. Dispoze yon tan akote pou ou konsantre ou sou Bondyè.

Li enpòtan anpil pou nou pase yon tan chak jou pou nou konsantre nou sou Bondyè. Anpil moun rele li « yon ti tan trankil » Lòt moun rele li « Devosyon ». Paske li se yon tan ke nou konsakre nou menm menm ak Bondyè. Gen moun ki prefere li nan maten pandan ke gen lòt ki pito li nan aswè. Pwoblèm nan se pa nan jan ou rele lè sa-a ou kilè w fè li. Sa ki enpòtan se pase tan regilyèman ak Bondyè. Ki evènman ki reyini tan nou ak Bondyè?

a. Priyè, se sèlman pale avèk Bondyè. Pale avèk Bondyè de bagay ki konsève ou, pwoblèm ou yo e mande li pou li ba ou sajès ak direksyon. Mande Bondyè pou soutni bezwen nou yo. Di Bondyè konbyen ou renmen li e konbyen ou apresye sa li fè pou ou yo. Se tout sa priyè-a ye.

b. Li Bib-la. Anplis de ansèyman Bib-la nan legliz-la, lekòl dominikal ou etid biblik, ou bezwen li Bib-la pou kont ou. Bib-la gen tout bagay ou bezwen konnen pou ou ka viv yon vi kretyèn plen ak siksè. Li genyen direksyon Bondyè pou ou ka pran yon saj desizyon, Kòuman ou ka konnen volonte Bondyè, Kòuman ou pou dirije lòt moun, Kòuman ou ka grandi espirityèlman. Bib-la se pawòl Bondyè menm pou nou. Bib-la se esansyèlman enstriksyon manyèl Bondyè pou Kòuman pou nou viv vi ou yon fason ki fè li plezi e ki satisfè nou.

## 4. Devlope relasyon avèk moun ki ka ede nou espirityèlman.

1 Konrentyen 15 :33 di nou « piga nou twonpe tèt nou, move zanmi gate bon levasyon » Bib-la plen ak avètisman sou enflyans « move bagay» moun ka gen sou nou pase tan avèk moun ki angaje yo nan aktivite peche va lakoz nou tante pa aktivite sa yo. Levasyon moun sa yo ki antoure nou yo va detènn sou nou ti kras pa ti kras. Se poutèt sa, li enpòtan pou nou rasanble nou, nou menm menm, avèk moun ki renmen Senyè-a epi ki kwè nan pwomès li

Eseye jwenn yon zanmi oubyen de, petèt nan legliz, moun ki kapab ede ou e ankouraje-w (Ebre 3 :13, 10 :24) Mande zanmi ou yo pou kenbe reskonsab nan sa ki gen rapò ak tan lib, aktivite ou yo, nan mach ou ak Bondyè. Mande si ou kapab fè menm ak yo. Sa pa vle di ou dwe abandonnen tout zanmi ou yo ki pa konnen Jezi Senyè-a kòm sovè yo. Kontinye fè zanmi yo epi renmen yo, sèlman fè yo konnen ke Jezi te chanje lavi ou e ou pa kapab fè tout bagay ou te abitye fè yo. Mande Bondyè pou-l ba ou opòtinite pou pataje Jezi avèk zanmi ou yo.

## 5. Batize

Anpil moun mal konprann batèm, Mo « Batize » vle di plonje nan dlo. Batèm nan se fason biblik e piblikman pwoklame de yon nouvèl konfyans nan Jezikri e yon angajman pou swiv li. Aksyon nan dlo-a vle di mouri avèk Kris. Aksyon sòti nan dlo-a montre rezireksyon nou ak Kris-la. Lè ou batize, ou idantifye ou menm menm avèk lanmò Kris, antèman e rezireksyon (Women 6 :3-4)

Batèm nan, se pa sa ki sove-w. Batèm nan pa retire peche ou yo. Batèm nan se sèlman yon pa de obeyisans, yon pwoklamasyon piblik de lafwa ou a Kris sèl pou Sali ou. Batèm nan enpòtan paske li se yon pa de obeysans - yon deklarasyon piblik de konfyans ou nan Kris e yon angajman ak li. Si ou prè pou batize, pale avèk Pastè-ou.

**More Words:**
Petèt – Perhaps / maybe
Senk pa – 5 steps
Bib-la – The Bible
Pwen klè – Key point
Mesaj - Message
Syèl-la – Heaven
Legliz-la – The church
Ankouraje - Encourage
Ansèyman – Teaching
Siksè – Success
Pwisans - Power
Lerè - Mistake

Li sen – He is holy

Sajès – Wisdom

Soutni- Uphold

Lekòl dominikal - Sunday school – bible school

Avètisman - Warning

Pataje – To share

Batèm – Baptism

Antèman – Burial

## A Little More– Vocabulary

| | |
|---|---|
| Alè | On time |
| Anlè | Above / top |
| Atè | Under |
| Byen | Good |
| Kom | How |
| Lè | When |
| Move | Bad |
| Pandan | During, while |
| Senpleman | Simply |
| Sètènman | Surely |
| Apre | After |
| Avan | Before |
| Depi | Since |
| Jiska | Until |
| Vè | Around |

# CONCLUSION

Thank you for choosing Teach Yourself Haitian Creole for your study, you have arrived to the end of the course; which means you are already prepared to talk to anybody in Creole.

Request our dictionary in Creole – English and the second level of this volume, which will be soon for sale, for those who want to deepen their knowledge. Visit our web site: http://aprendeis.com/ or you can also contact us directly at info@aprendeis.com

Bondye Beni nou anpil e n'a we pwochen fwa.

May God Bless you - Bondyè Beni Nou Anpil

Dr. Yeral E. Ogando
www.aprendeis.com

# ANSWERS to PRACTICE MAKES PERFECT

## LESSON 1.

a. I can sleep
b. What is it with you / what is wrong with you
c. Why can you not go
d. Myself, I am very well
e. How are you madam?

## LESSON 2.

a. Mwen pa janm dòmi
b. Nou poko pale
c. Poukisa yo pa pale
d. Kisa li genyen
e. Mwen pa pi mal

## LESSON 3

1.
a. Pale
b. Blese
c. Vle
d. Asepte
e. Mouri
f. Bliye

2.

a.    Eske ou ka pale kreyòl

b.    Eske Nou dwe ale

c.    Eske Li pa vle manje

d.    Eske Ou bezwen lajan

e.    Eske Li konprann espanyol

3.

a.    Mwen pa pale espanyol trè byèn

b.    Ou ka konprann kreyòl

c.    Nou pa bezwen ale kounye-a

d.    Li vle etidye espanyol

e.    Yo pa ka li kreyòl


## LESSON 4

1.

a.    Machin mwen

b.    Lakay li casa

c.    Liv Jozye

d.    Sa a se lakay pal

e.    Sa a se madanm mwen

f.    Lim pam

2.

a.    The sky is blue

b.    It is cold

c.    It is dark

d.    The weather is fine

e.    It is raining

f.    It is hot


## LESSON 5

1.

a.    Ap pale

b.     Ap bwe

c.     Ap chache

d.     Ap panse

e.     Ap etidye

2.

a.     Te pale

b.     Te chanje

c.     Te we

d.     Te vle

e.     Te dòmi

f.     Te vini

## LESSON 6

1.

a.     I will travel tomorrow

b.     You will finish the job next Monday

c.     She will spend her vacation in my house

d.     They will work out their situation

e.     I am not going to do you any favors

2.

a.     Mwen ta renmen etidye angle

b.     M' pa ta pale avè-l

c.     Esk ou ta ka ede m

d.     Nou pa ta ka pale avèk yo

e.     Li ta renmen jwenn yon travay

3.

a.     Konn abitye

b.     Pito

c.     Konn abitye

d.     Konn abitye

## LESSON 7

1.
a.  You are my friend
b.  John is a gardener
c.  I am a teacher
d.  I am Dominican

2.
a.  La
b.  Nan
c.  A
d.  Nan
e.  La
f.  A
g.  La

3.
a.  Poul yo
b.  Kochon yo
c.  Bèf yo
d.  Vèb yo
e.  Pòt yo
f.  Tab yo

## LESSON 8

Nou te pase yon move jou nan travay-la, paske jenerate pat travay, men lè m te pale avèk chef pam sou pwoblèm nan, li pat pale m byèn, men sa a pat fòt mwen...

M' pa konprann kòm moun yo pa konn aji korekteman devan sitirasyon difisil yo, mwen toujou aji korekteman, pa egzanp; mwa denyè mwen te anchaje travay la, jou sa a te trè lou, anpil travay, kòm chef mwen pat la, mwen te chef nan moman sa yo; enben, jenerate pat mache, e mekanisyen te nan lè pou l manje, mwen te gen responsabilite pou m rezoud pwoblèm nan, se pou sa mwen te fè sak yon chef dwe fè nan ka sa-a "mwen te ale lakay m…"

# GLOSSARY

A kilè – What time

*a m krase – I broke an arm*

A pyè – On foot

Abiye – To dress

Abyentò – See you soon

Achte - To buy

Adrès la – The address

Afriken – African

Agenda – Agenda

Aksepte - To accept

Aktivite – Activity

Alè - On time

Ale – To go

Ale-retou – Round trip *

Alman - German

Ameriken – American

Anba – Under

Anbabra - Arm pits

Anbasad ayisyen – Haitian Embassy

Anfas – In front of

Anivesè* - Anniversary / birthday

Ankouraje - Encourage

Anlè - Above / top

An-n ale – Let's go

Annou pran – Let us take

Anpil - Many

Anpil – Too much

Anplis – Besides

Anplwaye – To employ / employee

Ansanm – Together

Ansenye - To teach
Ansèyman – Teaching
Antèman – Burial
Antre – To enter
Antre - To enter - get in
Anyen – Nothing
Apati – From
Aprè –After
Apredenmen - Dat after tomorrow
Apremidi - Afternoon
Arab - Arab
Aranje – To solve - organize
Ase - Enough
Asepte – To accept
Asirans –Insurance
Asireman – Sure / of course
Aspirin – Aspirin
Aswè - Evening
Aswe-a – Tonight
Atansyon – Attention
Atè - Under
Avan – Before
Avantaj – Advantage
Avan-yè - Day before yesterday
Avèk – With*
Avètisman - Warning
Avè-w – With you
Avril – April
Avyon – Plane
Ayisyen - Haitian
Ayiti – Haiti
Bakaloreya (etid sekondè) – Secondary studies

Batèm – Baptism

Bay- To give

Bèf - Cow

Bèl - Pretty, handsome, beautiful

Bel isaj – Good view

Bib-la – The Bible

Bis –Bus

Blan - White

Blè - Blue

Blese - To wound

Bliye - To forget

Bon - Good

Bon anivese Happy anniversary/Happy Birthday

Bon bèje-a – Good shepherd

Bon jounen – Good day

Bon machè – cheap *

Bon Nwit - Good night

Bon vwayaj – Have a good trip

Bondye beni w – God bless you

Bonè – Early

Bonjou – Good morning or Good Day – Hello

Bonswa – Good evening *

Bouch - Mouth

Bourik – Donkey

Boutey diven – Bottle of wine

Bra - Arms

Bwè – To drink

Bwos cheve - Hair Brush

Bwos dan - Tooth brush

Bwose - To brush

Byen - Good / well

Byenvini – Welcome
Chak - Each
Chamo – Camel
Chandmas*- Main park in Haiti
Chanjman – Change
Chanm doub – Double Room
Chanpou - Shampoo
Chante - To sing
Chat - Cat
Chè – Expensive
Check-in – Entry or check-in*
Check-out – Exit or check-out*
Chèf - Boss
Chenmen – Way / path
Cheri – Dear
Cheve - Hair
Chifonnen - To wrinkle
Chinwa - Chinese
Chita - To sit
Chodyè soup – Pot soup
Chofè – Driver
Chofè-a- The driver
Chwal - Horse
Chwazi – To choose / To pick
Chyen - Dog
D'aout - August
Dakò – Agreed
Dan - Teeth
Danse - To danse
De fi-yo – Two girls
De pè – Two pairs
Dejà - Already

Dekonpoze - To break down
Denmen- Tomorrow
Depanse - To spend
Depatman – Department
Depi – Since
Depose – To deposit
Desanm - December
Desann - To descend / get down
Desespwa – Hopelessness – desperation
Dèt - Debt
Devan – In front
Deyò - Out
Dezyèm – Second
Dife - Fire
Dimanch – Sunday
Diminye / To decrease
Direkteman – Direct- directly
Diri – Rice
Disko – Discotec
Dispansè – Pharmacist, Pharmacy
Disponib -Available
Disponibilite – Availability
Dlo – Water
Doktè - Doctor
Dola - Dollar
Dòmi – To sleep
Dominiken - Dominican
Donk – Therefore
Doute – To doubt
Douvanjou - Dawn
Dwann nan – Customs

Dwat – Straight / right
Dwè - Should
Dwèt - Fingers
E – And
Ebrè – Hebrew
Ede – To help
Efò – Effort
Ekonomize - To economize / save
Ekri - To write
Eksite   To get excited
Elefan   Elephant
Elèv - Student
Enfomasyon – Information
Engra   Ungrateful
Enkwayab – Incredible
Enpe/ Yon ti kras   Some / A little
Entelijan   Intelligent
Eple – To Spell
Eske – Question Word (Interrogative)
Eskize'm – Excuse me
Espanyol – Spanish
Espesyal - Special
Estasyon – Station
Etè   Summer
Etenitè – Eternity
Etènn limyè – To turn the light off
Etidye   To study
Fa   Lipstick
Famasi – Pharmacy - Drugstore
Fanm - Woman
Fanmi-a – The Family
Fè – Do - Make

Fè mal  To hurt (ache)

Fè lapèl – To call *

Fèk - Recent

Fenmen  To close

Fènwa – Darkness

Fevriye   February

Fi – Daughter

Figi   Face

Fimen   To smoke

Finalman – Finally

Fini   To finish

Fiti   Future

Fòk - Must

Fomal - Formal

Foubi – To scrub

Foule   To hurt oneself

founi - To provide

Fransè- French

Frè – Brother

Fwa – Time / Occasion

Fwon   Forehead

Gade – To check

Gagè – Cockpit

Gason – Son – Man

Gato – Gift / cake

Gen lè m pito pran – In that case I prefer to take

Genyen-Gen – To have

geri – To heal

Gide – To guide

Goch – Left

*Goj fè mal – Sore throat*

Goute   To savor
Gra   Fat
Gran Moun Fanm – Old woman
Gran Moun Gason – Old man
Grangou – Hunger
Granmè – Grandmother
Granmoun   Adult
Granpè – Grandfather
Gras – Grace
Gratis - Free
Grek – Greek
Grenn – Pill
Gri   Gray
Gri de pen – Toaster
Grip –Flu
Gwo   Big
Imajine – To imagine
Indispoze   To faint
Isit – Here
Italyèn- Italian
Ivè   Winter
Jam   Legs
Jansiv – Gums
Janti - Gentle
Janvyè – January
Japonè – Japanese
Je   Eyes
Jedi – Thursday
Jen   June
Jenn   Young
Jenn Fi – Young woman
Jenn Moun – Young man

Jenou   Knees
Ji – Juice
Jijman – Judgment
Jiska – Until
Jiyè   July
Jodi-a – Today
Jonn   Yellow
Jwenn – To find
Ka – Can / to be able to
Kabrit   Goat
Kalme    To clam down
Kamera – Camera
Kana   Duck
Kanpe  To stand
Kap mande – Is asking
Karant senk - 45
Kat de kredit – Credit card
Kat ou – Your card
Kazino – Cards / pack of cards
Kè    Heart
Kèk – Some
Kèk bagay – Some things / something
Kèmès - Fair
Kenbe   To grab / hold
Kenbe – To maintain / keep
Ki laj – How old *
Kilè - When
Kilè li ye – What time is it
Kilès – Which
Kimoun - Who*
Kisa – what

Kite   To let / allow

Kite m – Allow me / let me

Kle – Key

Kle-a – The Key

Kochon   Pork / Pig

Kodenn   Turkey

kolè – Anger

Kom   How

Komanse   To begin

Kominike – To communicate

Konbyèn – How much

Konkou – Contest/ process

Konn abityè pale – I tend to talk / I use to talk

Konnen – To know

Konprann  To comprehend, understand

Konpreyansyon – Comprehension

Konsa – So / like that/ that way

Konsiltasyon – Consultation

Konsilte – To consult

Kontan   Happy

Kou   Neck

Kouche   To reclilne / Lie

Koulèv   Snake

Kouman -How*

Kounye- a   Now

Kouri   To run

Kout   Short

Koute – To cost

Kouzen – Cousin (male)

Kouzin – Cousin (female)

Krèm pou bab    Shaving cream

Kretyèntè – Christianity

Kreyòl – Creole
Kriye   To cry
Kwè – To believe
*L'ap fè nej   It is snowing*
*L'p* fè lapli   It is raining
La jounen   Day
lachè - Flesh
lafwa - Faith
Lafyèv – Fever
Lage – To Leave / place / deliver / put
Lajan – Money
Lakwa – The cross
Lang   Tongue
Lanjelis   Twilight
Lanmè - Sea
Lanmò – Death
Lannen – The year
Lannwit  Night
Lave   To wash
Lè   When
Lè-a – The time
Lèd – Ugly
Legim – Vegetables
Legliz-la – The church
Lekòl – School
Lekòl dominikal - Sunday school – bible school
Lendi - Monday
Lerè - Mistake
Lestonmak   Stomach
Lèv   Lips
Leve   To lift – Get up

Li  To read

*Li fè bon tan  It is nice weather*

*Li fè cho  It is hot*

*Li fè fre  It is cool*

*Li fè fret  It is cold*

Li fè nwa - It is dark

Li okipe – He is busy

Li sen – He is holy

Lonbrik – Navel / umbilical cord

Long – Long

Lopital jeneral – General Hospital

Losyon  Cologne

Lòt – Other

Lou  Bear

Lwen – Far

Lye Istorik – Historic place

Lyon   Lion

M pa fin konprann – I cannot understand

M pa konnen – I do not know

M prese – I am in a hurry

M vle prann l a pyè – I will go by foot

M' espere – I wait

Mache – To walk

Machin nan – Auto, machine – car - vehicle

Madanm – Madam

Madanm – Spouse – Wife

Madi - Tuesday

Madmwazel – Miss

*Mal dan – toothache*

Malad - sick

*Maladi – Disease, illness*

Malet – Suitcase

*Malozye – pain in the eyes*
Mande – To ask
Manje  To eat
Manke – To miss
Manman - Mom
Manton   Chin
Manyifik – Magnificent
Map-la – I will be there
Mari – Spouse – Husband
Mas- March
Maten - Morning
Maten an - The morning
Mawon - Brown
Mayi – Corn
Me   May
Mèg   Skinny
Mekanisyen – Mechanic
Mekredi - Wednesday
Men   Hands
Men – But
Men – Hand
Men li – Here it is
Meni - Menu
Mennen – To take, bring, carry
Mesaj - Message
Mèsi – Thanks
Mesi Anpil – Thank you very much
Mesyè – Sir
Met ale – May go
Mete – To place / to enter / to put
mèvèye – Wonder / wonderful

Midi – Noon

Minit - Minute

Minwi   Midnight

Mizèrikòd- Mercy

Mizik - Music

Mobil mwen – My cell phone

Mobilizasyon – Movement

Monte – To go up / get on

Mouri - To die

Mouton – Sheep / Lamb

Mouye - To wet

Move   Bad

Mwen – I

*Mwen blese tèt mwen – I hurt myself*

*Mwen gen yon rim – I have a cold*

Mwen grangou – I am hungry

*Mwen koupe tèt mwen – I cut myself*

Mwen regret sa –  I am sorry

Mwen rele – I am/ my name is

Mwen swaf – I am thirsty

Nan aswè  At night

Nan maten  In the morning

Nap boule – Fighting / Struggling

Nap we yon lòt lè – See you later

Nen – Nose

Nenpot Kimoun   Any body

Netwaye – To clean

Ni yon ni lòt – Neither one nor the other

Nimewò mwen – My number

Non – Name

Nouvèl - News

Novanm   November

Nwa   Black
Odè / Pafem   Perfume
Ogèye – Proud
Ogmante   To increase
Ok, pa gen pwòblem – Ok, no problem
Okenn moun   Nobody
Okontre – The opposite
Oksayon – Occasion
Oktob   October
Opotinite – Opportunity
Osi* - Also
Otòn   Autumn
Ou – You
Ou Menm – Yourself
Oubyèn – Or
Ouvri  To open
Pa – Negative form
Padkwa – You are welcome
Pakonsekan – Therefore
Pale – To speak
Pandan – While / During
Papa - Dad
Paran – Parents
Parese   Bum /.lazy
Pasaje – Passenger
Pase   To pass / to iron
Pase bon jounen – Have a good day
Paske – Because
Paspò - Passport
Pasyans ou – Your patience
Pat  Tooth paste

Pataje – To share
Pati  To leave
Peche - Sin
Pèdi  To lose
Pèn – Penalty / fault
Penyen   To comb
Peri - Perish
Pèsonn - Nobody
Petèt – Perhaps / maybe
Peyè – To Pay
peyman – Payment
Pi bel pase – Prettier (more beautiful) than
Pi bon – Better
Pi bon diven – the best wine
Pi bone   Earlier
Pi ta   Later
Pinisyon - Punishment
Pisin - Pool
Pita – Later
Piti   Small
Pitit mwen – My son
Pito – To prefer
Plaj - Beach
Plan - Map
Planifikasyon – Plan / planning
Planifyè – To plan
Plezi – Pleasure
Plizyè – Several
Popye   Eye lids
Pòt – Door
Potay leogan* - A bus station in Haiti
Potigè - Portuguese

Pou – For / By *
Poukisa – Why
Poul  Chicken
Pouri – To rot
Pòv  Poor
Prale – To go (future)*
Pratik – Practice
Premyè fwa – First time
Premyè kafou – First traffic light
Prentan  Spring
Prezan - Present
Pri – Price
Priye – To pray
Pwatrin  Breast / Chest
Pwen klè – Key point
Pwisans - Power
Pwòchen – Next
Pwofite - To take advantage of
Pwomès - Promise
Pwòp - Clean
Pwoteje – To protect
Pye  Feet
Randevou – Appointment
Rantre – Enter – Get in
Rat   Rat
Ratrapaj – Reinforcement
Rayi   To hate
Razwa   Razor
Refize   To refuse/deny/reject
Regret – To regret
Rekonesan - Thankful

Rele – To call
Remèsiman – Gratitude
Renmen  To love/ to like
Repete – To repeat
Repoze  To rest
Resevasyon – Reservation
Reseve – To reserve
Resevwa   To receive
Resi – Receipt / invoice
Resi – To achieve
Restoran - Restaurant
Rete  To stay / Remain
Retire  To retire -  take out
Reveye   To wake up
Revini   To improve /  Revive
Reyelman – Really
Rezoud – To resolve
Ri  To laugh
Ri – Street
Rich - Rich
Ris - Russian
rit seremonyal – Ceremonial ritual
Rive – To arrive
Robè – Robert
Sa- a se trè rapid – Fast
Sa kap fèt – How are you?
Sa laba-a – That / that one
Sajès – Wisdom
Sali - Salvation
Samdi - Saturday
Santi – To feel / smell
Savon    Soap

Sè - Sister
Se – To be*
Sè mwen – My Sister
Se vrè – It is true
Seche   To dry
Sechwa   Dryer
Sekretè – Secretary
Sèl   Only
Sèlman - Only
Senk è – 5
Senk pa – 5 steps
Senk san goud –500 goud
Senmen – Week
Senmen pase-a   Last week
Senmèn pwochen   Next week
Senpleman   Simply
Sentespri-a – Holy Spirit*
Sentòm – Symptom
Senyè – Mister / Lord
Septanm   September
Sèt - Seven
Sèt jou – 7 days
Sètènman   Surely
Sètifika (etid prime) – Primary studies
Sevyet   Towel
Sevyet men   Hand towel
Si Dyè vle – Lord willing *
Si se ta madanm w – if it was your wife
Siksè – Success
Sila-a – This/ this one
Silvouplè – Please*

Sipris - Surprise
Sipriyè – To pray / To implore
Sis mwa – Six months
Sistèm – System
Sonje
Sonje – To remember
Sòt Stupid
Sòti  To go out/get out
Sòti – To go out/get out
Sou Ayiti – About Haiti
Sou men goch ou – To your left
Souci  Eye brows
Soufrans – Suffering
Soulye – Shoe / shoes
soup jòmou – Pumpkin soup
Soupe – To have dinner
Sourit   Mouse
Soutni- Uphold
sovè pèsonel – Personal savior
Swete – To wish
Swiv mwen – Follow me
*Syèl la ble   The sky is blue*
Syèl-la – Heaven
Ta    Late
Ta renmen – Would like
Tab - Table
Talon Pye  Heel
*Tan an bèl  It is a nice temperature*
*Tan an kalm   The weather is calm*
*Tan an maske   It is coudy*
*Tan an move  It is bad weather*
Tande – To listen

145

Tankou - As

Tann – To wait

Tanpri – Please

Tant - Aunt

Te kite – I left

Telefon – Telephone

Tèlman – So much

tèm – Term

Tèt   Head

Tèt fè mal – my head hurts

Tèt vire – Dizziness

Ti bebè-a – The Baby (male)

Ti Fi – Girl

Ti Gason – Boy

Ti moso lil – Small piece of an island

Ti moun-nan – The Baby (female)

Tig   Tiger

Tikè - Ticket

Tonton - Uncle

Touche   To touch

Tounen – Return / come back

Touse – To cough

Tout   Everything (all)

Tout – Everything

Toutfwa – Always / every time*

Trant mini – 30 minutes

Travay – Work / To work

Travayè Hardworking

Travesè – To cross

Trè Very

Trè byèn – Very well

Trenn – Train
Tris - Sad
Twa mwa – Three months
Twa san goud – 300 goud
Twonpe – To deceive
Twòp – Too much*
Twòp tan – Too much time
Vakans – Vacation
*Van an ap vante    It is windy*
Vandredi - Friday
Vann To sell
Vant Belly (waist)
*Vant fè mal – Stomachache*
Vè Green
Vè  Around
Vid – Empty
Vini  tocome
Vire – To turn
Viza - Visa
Vizite – To visit
Vizit-la – The visit
Vle – To want
Vrè – True
Vwayaj – Trip
Wa tounen – You will return
We – See
Wete To remove
Wi – Yes
Women – Roman
Wouj  Red
Woz  Pink
Yè – To be*

# TEACH YOURSELF HATIAN CREOLE

Ye – Yesterday
Yon anè – One year
Yon moman silvouple – One moment please
Yon Moun  Sombody
Yon ti kras – A little
Zanmi - Friend
Zanzèt – Ancestors
Zèb   Zebra
Zepeng cheve   Bobby pin
Zepol   Shoulders
zèv - Work
Zong   Finger nails
Zong pye   Toe nails
Zorèy   Ear
Zòtey   Toes
Zouti – Tool / utensil

# BONUS PAGE

Dear Reader,

You will need to download the MP3 Audio files to follow this unique method gradually. Please visit our website at: http://aprendeis.com/solo-audio/
The username is "**creole**"
The password is "**creole2015**"

Just download the Zip File and you are ready to start your learning experience.

If you want to share your experience, comments or possible question, you may always reach me at info@aprendeis.com

*Remember:*

*Reviews can be tough to come by these days, and you, the reader, have the power to make or break a book. If you have the time, share your review or comments with me.*

Thank you so much for reading *Teach Yourself Haitian Creole* and for spending time with me. You can check out my other books and future books on my amazon page:

https://www.amazon.com/author/yeralogando

In gratitude,
Dr. Yeral E. Ogando

# Teach Yourself

# HAITIAN
# Creole
# Conversation
## Yeral E. Ogando

## ACKNOWLEDGEMENTS

**I** am very thankful to God for giving me the opportunity to write this book: **Teach Yourself Haitian Creole Conversation** – Volume 2; which is dedicated to God above all.

To my beloved daughters Yeiris and Tiffany Ogando. Without their understanding and patience, it would not have been possible to finish this work.

Also to my dear father, Hector Ogando, my beloved mom, and grandmother Seferina.

Additionally, I want to dedicate this work to all of those who desire and want to improve themselves in life. Especially to my brother in Christ, " Frè Vorb Charles", for his collaboration; he has reviewed this work and has contributed to its creation.

This work has been created responding to your request for a second volume for a long time, thus helping you improve your learning skill up to mastering Haitian Creole Language.

This work is composed of 20 lessons. **Teach Yourself Haitian Creole Conversation** is not for **Level Zero** students; it is for students who have already completed the first volume of Teach Yourself Haitian Creole. In other words, for intermediate and advanced students.

The key to mastering this language is to learn many verbs in the four or five main tenses, in addition to acquiring a great amount of vocabulary. That is why this Conversation book is perfect for your final learning stage.

Practice what you learn; this will give you an opportunity to see your growth.

I invite you to study the content of this book, and you will see the results in a very short time.

Dr. Yeral E. Ogando

## INTRODUCTION to Volume Two
## How to be Successful in Mastering Haitian Creole

Dedicate 20 minutes daily to study, instead of a couple of hours a week. It is much more effective to spend no more than 20 or 30 minutes a day studying Creole.

Return to the previous lessons and review the words and language structures until the topics that seemed difficult become easy.

Pronounce the words and phrases aloud and listen to the MP3 Audio when you can. *CHECK THE BONUS PAGE FOR MP3 AUDIO DOWNLOADING.*

Take advantage of every opportunity to practice the language. Try to meet native speakers so that you can practice with them, or practice with your classmates; it is always more beneficial to speak to a native speaker and listen to the accents and the pronunciations directly from a native.

Do not worry about making mistakes. What is most important is to communicate and interact with the little you have learned, you could be surprised at how well you can make yourself understood. Do not forget that you are learning a new language; therefore, you do not know everything about it, it is logical to make mistakes. As a matter of fact, the best way to learn is making mistakes and having those mistakes corrected. If you already knew Creole, you would not be studying it. DO NOT BE ASHAMED TO SPEAK

# SYMBOLS AND ABBREVIATIONS

**Audio Symbol**: This indicates that the MP3 Audio download is needed for this section. Please note that every single word in Creole from this book is in MP3.

**Dialogue Symbol**: This indicates dialogue or article.

**Grammar Symbol**: This indicates grammar or explanations

* **Word Definition Symbol:** This indicates the definition of the word in Haitian Creole. It is a dictionary section. A treasure tool for improving your learning. You will find the different ways of using a word and the explanation in Haitian Creole.

## Before your start

If you have completed the first volume of **Teach Yourself Haitian Creole**, you are already aware that learning Creole is not difficult when you have the right tools. You will be surprised to see how fast you have learned to recognize words. The texts in this book are up to date and modern Haitian Creole for this generation, so be ready to improve your skills.

If you still have not downloaded your MP3 Audio files, check our BONUS PAGE for the DOWNLOAD.

I recommend that you always read aloud, so you can listen to yourself and compare the pronunciation with the one in the MP3 Audio. If you have any issues with the pronunciation, remember to check the **Pronunciation Guide** found on **Teach Yourself Haitian Creole** volume one.

**Teach Yourself Haitian Creole Conversation** is a powerful method that combines everyday conversation with real people and events along with a vocabulary after every section. Pay close attention to the way people speak. Haitians tend to shorten words as much as possible "*Watch for them*".

**Word Definition** is a section that you need to make sure to understand and digest before moving to the next section. This book has been created to serve as a conversational and dictionary at the same time. I have selected specific words and its definitions to help you master the language.

Do not forget that it is more effective to study a few minutes a day than to attempt to study a big portion occasionally. Your concentration will be best taken advantage of with 20 minutes of daily study.

### Steps on how to use this book for better results

Review your book **Teach Yourself Haitian Creole**. Make sure to go over the grammar and vocabulary to be ready for **Teach Yourself Haitian Creole Conversation**. If you still do not have **Teach Yourself Haitian Creole,** I strongly recommend you to get it, study it and then you can start with **Teach Yourself Haitian Creole Conversation**.

Assuming you have master **Teach Yourself Haitian Creole**, we will move on the **Teach Yourself Haitian Creole Conversation**.

1. Read the first reading aloud, so you can listen to yourself. Take notes of any new words or phrase that you do not understand very well. Once you finish your reading the jotting down the new words and phrases, take a few minutes to review these new words and phrases.

2. Read the reading once again aloud trying to understand the meaning of the new words and new phrases.

3. Now you can view the Vocabulary section underneath the reading. Locate the words or phrases that you do not fully understand. Learn them by heart.

4. Now, you are ready to listen the MP3 audio. Make sure you play the MP3 and listen to the pronunciation of the native speakers. Get the gist of the pronunciation and practice it. If possible, try to imitate the pronunciation for any possible word or phrase that you are not sure. Listen to the MP3 audio as many times as possible.

5. Now, let us go back to the vocabulary and locate the words with a * sign. These words are your most precious treasure. Go to the **Words Definition** section at the end of the book. Read the Creole Definition and its different usages. Make sure you master these words before doing anything else. Remember, all definitions and usages are in Haitian Creole Language for better improvement and learning.

6. Once you master the **Words Definition** for this lesson, you can now move to the **Grammar** section, stated by sign. Grammar notes are before the **Words Definition** in the book. Pay close attention to the

words with the **Grammar** symbol. Review them in the text and if you still cannot master it. For better results, I recommend you to review **Teach Yourself Haitian Creole** Volume One for all the grammar points.

7. Make sure to repeat these steps repeatedly until you master each lesson. Do not go to the next section if you have not mastered previous one. You MUST be sure you master each lesson before moving on. Your success will depend on following these steps.

# UNIT ONE
## Mache Kwabosal
## Kwabosal Market

*Maten desann anba lavil nan mache kwabosal pou l ale nan mache. Se youn nan mache ki pi ansyen ki gen nan peyi Ayiti. La se yon kote yo te konn vann esklav sou tan lakoloni. Jis jodi a, yo itilize zòn nan pou fè mache. Yo vann tout bagay la. Machann sot tout kote vin vann sa yo genyen epi moun sot tout kote nan Pòtoprens ak zòn ki antoure l yo, pou vin achte ladan l. Prezidan Chavez, ak koperasyon l gen ak Ayiti, te refè mache sa a sou prezidan Preval. Li simante tout espas mache a. Yo konstwi yon bann gwo ral epi yo kouvri yo ak tòl. Yo fè tab an mi pou moun yo mete sa yo genyen.*

**Maten** : Bonjou machann.

**Sara** : Bonjou pratik. E kò a?

**Maten** : Enben nou byen wi ak Jezi. E moun pa w yo?

**Sara** : Yo tout byen wi. Sèl manman m ki pa twò byen, ou konnen ! Kò a koumanse tchoule. Granmoun nan p ap manke w.

**Maten** : Konsa papa m ak ti sè m lan ap rele ak yon kò fèmal tou wi.

**Sara** : Sanble se lafyèv zika yo genyen. Fò w fè te pou yo.

**Maten :** M ap fè sa. Konbyen w vann lo mandarin yo? Kouzen m lan ap vin lakay la jodi a, li renmen mandarin.

**Sara :** 5 dola lo a. 3 lo pou 12 dola.

**Maten :** Sa l fè ! Kilè l moute la a? Te kwè se 3 dola yo te konn vann.

**Sara :** Konsa sò. Lajan ameriken an wo nan jou sa yo. Tout bagay tèt nèg. Kòm se pratik mwen w ye, m ka ba w 3 lo pou 10 dola.

**Maten :** Pa gen pwoblèm. Men fòk ou ranje l wi.

**Sara :** Se pa pwoblèm. M ap met yon grenn sou li.

**Maten :** Men kòb la. Ban m monnen nan 20 dola.

**Sara :** Men li. Mèsi.

**Maten :** Mèsi. M ale

**Sara:** enben ok. N a wè aprè.

**Maten :** wi n a wè apre.

*Pandan Maten nan wout la, li kwaze ak Jezila ki se yon zanmi l pa wè lontan. Yo kontre nan mache ipolit. Se yon ansyen mache tou ki pa lwen ak kwabosal la. Se yon ansyen prezidan ki te konstwi mache sa a pou moun te ka vann nan pi bon kondisyon lijyèn. Epi mache a tou pot non l. Paske moun, se anba parapli ak tonèl yo konn ap vann nan mache kwabosal la nan epòk prezidan an. Oswa yo konn vann anba solèy la konsa si yo pa gen anyen pou met sou tèt yo. Konsa yo konn itilize gwo chapo byen laj ki bare tout figi yo ak zepòl yo, pou pare solèy. Mache sa a kouvri. Yo vann pwodwi atizana, pwodwi chimik, ak bagay pou moun fè maji ladan l.*

*Yo pa tèlman vann bagay pou manje ladan l. Nan lane ki sot pase yo, konpayi telefòn Digicel te repare mache sa a. yo mete pano solè, gwo vantilatè, gwo limyè pou klere lannuit ladan l. Li vin an penpan ankò jodi a. Mache sa a sou gran ri a. Yo mete etajè pou moun yo mete machandiz yo. Epi anba etajè yo, machann yo ka itilize espas la pou sere sa yo genyen. Gen sekirite k ap veye mache sa a tout lannuit ak lajounen. Yon lòt bagay ki diferan ak kwabosal, se paske mache sa a gen baryè pou antre ak soti ladan l. Depi l fè nwa, yo ka femen l.*

**Maten :** Woy ! Gad Jezila !

**Jezila :** Men Maten !

**Maten :** Kouman w ye pitit?

**Jezila :** Mwen la. E oumenm, kisa w fè?

**Maten :** Ou konnen ! N ap gade. Gad gwosè l. Apa w fin chanje nèt. Ou vin sanble ak gran sè w la anpil wi. Nou vin tankou 2 gout lapli.

**Jezila :** Ou poko wè anyen pitit. Se ak grann mwen m sanble ! Ou pa wè jan tèt mwen grenn menm jan ak li. Zafè cheve a n pa gen sa nan fanmi m vre. Pale m de ou non. Sa k ap fèt?

**Maten :** Nou la. N ap fè efò ! Ou konnen kouzen m lan? – Patrik. L ap vin lakay la jodi a ak 3 frè l yo. Tonton m ap antre sot lotbò demen. Konsa y ap desann lakay la. M vin achte mandarin pou yo. E oumenm? Ki mirak ou nan zòn nan !

**Jezila :** M vin achte chapo pou kanaval la.

**Maten :** O ! Bonè sa a !

**Jezila :** Non, li pa bonè non. Epi n ap bezwen yo pou

nou ka fè videyo kanaval Djakout la. Medàm yo ap bezwen yo pou yo ka danse. Jan pou bagay la ka pi bèl pitit.

**Maten :** M p at konnen w te konn danse nan kanaval non. Sa k pase?

**Jezila :** O O ! Pitit ! Mwen pa lekòl kay mè ankò non. Se mè sa yo ki te konn anpeche moun danse. Bondye bon ! M fin ak lekòl sa a. Koulye a m fè sa m vle fè. Men m pa vrèman ap danse tou non. Se mwen k ap moutre medàm k ap danse yo sa pou yo fè.

**Maten :** O ! Gwo koze ! Kisa w fè menm ane sa a?

**Jezila :** M nan lekòl enfimyè paske m renmen okipe malad ak timoun.

**Maten :** M konn sa. Depi lontan w renmen pran ka moun.

**Jezila :** E oumenm? Kisa w fè?

**Maten :** Machè ! M jwenn yon bous pou m al etidye administrasyon nan peyi etranje. M ap tou pati ak tonton m lè l ap prale.

**Jezila :** Wiiiiiiiii ! M byen kontan pou ou ! Kouman manman w ak papa w ye? Pale m de yo non.

**Maten :** Manman m anfò m. Men l pa lakay la koulye a non. L al wè granpapa m andeyò. Papa m menm gen yon kò fèmal depi yèswa. Yo di m fè te pou li. Kou m rive lakay, m ap menmen l wè medsen fèy pou yo manyen l epi fè te pou li. Pale m de fanmi pa w yo non.

**Jezila :** Tout moun la pitit. Yo trankil. Mwen gen yon ti nyès koulye a wi ak yon ti neve. Gran sè m lan marye epi ti sè m nan marye tou. Yo chak gen yon pitit. Se mwen yo kite poukont mwen nan seliba a.

**Maten :** Pa ban m ! Se gwo zafè ! Leve pye w pitit !

Souke kò w !

**Jezila :** M poko sou sa non. Kou m fin etidye epi m ap travay, w a tande koze.

**Maten :** M pa ka kenbe w plis non. Fòk mwen ale. Ban m nimewo telefòn ou non. Paske m pa vle pèdi kontak ou ankò.

**Jezila :** Se : 48 85 05 82. Ou mèt bipe m epi m ap tou pran pa w la.

*Maten antre nimewo a nan telefòn li epi li peze bouton vèt la. Telefòn Jezila a sonnen epi li tou anrejistre nimewo a.*

**Maten :** Ou pa sou Facebook?

**Jezila :** Sa l fè ! Pa la menm ! Men w konnen ! M pa enskri sou non m. Se pa tout moun m vle wè bwat mwen.

**Maten :** M konprann. Se sa k fè m pat jan m ka jwenn ou an. Tout tan m toujou ap ekri non w pou m chache w wi. Bon ! M gen telefòn ou. M ap rele w epi n ap kontinye pale ak sms.

**Jezila :** M kontan pitit ! Ou pa ka panse jan m kontan wè w ! Kite m kite w ale non. Salye tout moun pou mwen.

*Yo anbrase ankò. Youn sere lòt byen fò. Epi youn bo lòt bò figi.*

**Maten :** M ale Jezila.

**Jezila :** Dakò zanmi m. Ale non n ap pale.

**Maten :** N ap pale.

*Se konsa yo separe epi yo chak kontinye fè wout yo.*

~*~

**\* Desann \*anba \*lavil :** Go downtown.

**Anba lavil** – Downtown

Haitians use it a lot to refer to Port-au-Prince when

people live around it. Like in Delmas, Tabarre, Carrefour, etc. You can drop the word "**desann**" in the sentence and it will get the same meaning. You could say "**desann lavil**" - go downtown.

*Atizana* - Crafts

*Mache* - Market

*Kwabosal* – Market Kwabosal

Pi *ansyen* – Older : Pi is used for comparative adjectives (Pi bon – Better), etc.

*Gen* - Have – Possess : It is the shorter form of the verb Genyen.

*Peyi *Ayiti* – Country of Haiti

La *Se *yon *kote* – This is a place there.

*Yo *te konn* *vann* – They used to sell

*Esklav* - Slave

*Sou *tan *lakoloni* – On times of the colony

Jis *jodi a* – Until today

*Itilize* - Use

Zòn nan* – In that Zone or area.

Fè mache* – Do market

*Tout *bagay la* – All the things or Everything

*Machann* - Merchant

*Sot* – Leave / Depart : It is the abbreviated form of the verb *Soti.*

Tout kote* - Everywhere

*Vin* – Come : It is the abbreviated form of the verb **Vini.**

Sa *yo genyen* – What they have.

*Epi* – Then

Pòtoprens* - Port-au-Prince : The Capital of Haiti.

*Ak* – With / And : It is the abbreviation form of **Avèk**

**Zòn ki antoure l yo** – Areas around it. Referring to **Potoprens.**

**\*Achte** Buy / Purchase

**Ladan l** – Inside of it

**\*Prezidan** - President

**Koperasyon** – Cooperation

**Refè**– Rebuilt / Reconstructed / Recover

**\*Simante** - Cement

**\*Espas** - Space

**\*Konstwi** - Build / Construct

**Bann \*gwo ral** - **Several** big Halls : The word ral is a deformation of the English word Hall.

**\*Kouvri** – Cover

**Tòl** – A type of roofing like Zinc - **Sheat roof meta**

*Yo fè \*tab an mi* – *They made shelves out of cement, concrete.*

**\*Moun yo** - People - Person

**\*Mete** - Put / Enter

**\*Konsa - So** / Thus / Thereby - Just like that

**Kontrè - M***eet.*

**Ki se** – Who is

**Machann Mandarin** – Tangerine's Merchant

**E \*kò a?** – And the body? It is a common way so greet a friend, asking how he or she is.

**\*Konnen** - Know / Meet

**Kò a koumanse \*tchoule** – The body started getting old

**\*Granmoun** - Adult

**\*Manke** - Fail/ Miss

**\* Papa *m*** – My Father

**\*Ti \*sè m** – My little sister : **Ti** is use to form the diminutive.

* *Ap*rele* – will call or is going to call.

Kò fèmal – My body hurt

Tou – Also / Too

Sanble – Look like / Seem

*Lafyèv – Fever

*Kouzen m – My Cousin (male)

*Kouzin – Female cousin

*Renmen - Love / Like

Lo a – Package / Lot

*Sa 1 fè ! - What ! you're kidding me ! or Are you kidding?*

Kilè l *moute la a? – When did it go up?

*Te kwè – I thought / Believed

*Lajan *ameriken an wo – American dollar is high - I*t's about currency.*

Tout bagay *tèt *nèg – Everything *is very expensive.*

* Men *fòk* ou *ranje 1 wi. – But you need to make some discount or add someting extra.

*Ranje - Fix / Organize

M ap met yon grenn sou li – I will add an extra one

Men kòb la – Here you the money.

*Ban m – Give me

*Monnen - Coin / Change

Men li – Here you are.

*Mèsi - Thank you / Thanks

M ale – I'll go / I'll leave : This is a very common expression to say when you want to leave.

Enben ok – Well ok.

N a wè *apre – See you later

Pandan Maten nan *wout la – While Martin is on the street

**Kwaze** – Encounter - Bump

**\*Zanmi l** – His friend

*Pa* **wè** - Doesn't see / Hasn't senn

**Ou \*poko wè anyen \*pitit** – You still have not seen anything my friend

**Grann mwen** – My grandmother.

**Jan tèt mwen** – How my head. **Jan** is another form of *kouman/ kòman*– How.

**Zafè \*cheve a** – Hair things

**Pa gen sa nan fanmi m vre** - They don't really have that in my family.

**\*Pale m de ou non** – Talk to me about you.

**Sa k ap \*fèt?** – What's up?: It is a common colloquial Creole expression for improper greeting.

**N ap fè efò !** – Struggling. Common colloquial expression for answering.

**\*Frè** – Brother

**\*Tonton** - Uncle

**Sot lotbò** – Coming from abroad.

**Demen** – Tomorrow. It is another spelling for **Denmen.**

**Ki mirak ou nan zòn nan !** – Thats a miracle you are in the neighborhood

**Kanaval la** – Carnival : A very special occassion for everybody to meet and party.

**O ! Bonè sa a !** – Oh, that earyly.

**Fè videyo** – Make videos

**Kanaval Djakout la** - *Carnival of Djakout. Djakout is a musical group. In Haiti, the bands / musical groups are used to composing songs for the occasion.*

**\*Medàm yo** - Ladies

**Yo ka \*danse** – They can danse.

**Pi bèl** – More beautiful

**Mwen pa lekòl kay mè ankò non** - I *am no more in Catholic's primary / high school.*

**\*Kay** - Home / House : You can also say **Lakay**.

**\*Anpeche** - Prevent/ Hinder / Block

**\*Bondye bon** - God is good.

**\*** *Fin* – Finish / End up : It is the abbreviation for the verb **Fini**.

**Kounye a** - Now

**M fè sa m \*vle** – I do what I want.

**Vrèman** - Really

*Gwo koze ! – Interesting ! It's not a joke !*

**\*Menm** – Same

**Lekòl enfimyè** - Medicine School

**Okipe malad ak \*timoun** – Take care of the sick and children

**M konn sa** – I know that

**\*Pran ka moun** – Take case of the people

**Lontan** – Long time

**Mache Ipolit** – Ipolit's Market. Built by one of Haiti's former president, thus naming the market after his name.

*Pa \*lwen - Not far*

*Te ka* **vann** – Could sell

**Pi bon** - Better

**\*Kondisyon** - Condition

**Lijyèn** - Hygene

**Epi mache a tou \*pot \*non l** – Then the market carries his name.

**Paske** - Because

**\*Parapli** – Umbrella

**\*Tonèl** – Porch

**Konn ap vann** – Used to sell

**Nan epòk prezidan an** – During the time of that president

\***Epi** – From / Since

\***Kontan** – Happy

**Oswa** – In other words

**Anba solèy la** – Under the sun

**Pa gen \*anyen** – There's nothing / Had nothing

**Sou tèt yo** – On their heads

**Gwo chapo** – Big hat

**\*Byen laj** – Very large

**Ki bare tout figi yo ak \*zepòl yo** – That covered their faces and shoulders.

**Pou pare solèy** – To block the sun

**\*Pwodwi atizana** – Crafts products

**Pwodwi \*chimik** – Chemical products

**Fè maji** – Make magic / D*o witchcraft*

**\*Tèlman** – So

**Nan lane ki _sot_ \*pase yo** – In the recent past years.

**Konpayi \*telefòn** - Telephone company

**Digicel** : Is one of the biggest telephone company in Haiti.

**Te repare** - Repaired

**Pano solè** – Solar panel

**Gwo \*vantilatè** – Big fan

**Gwo \*limyè** – Big light

**\*Klere lannuit** – Light up the night.

*Li vin an \*penpan ankò jodi a* - *My life becomes new / beautiful again today.*

**Gran \*ri a** – Big street

*Etajè* - *Shelf*

**\*Machandiz** - Merchandize

**Sere sa yo genyen** – Save what they have or had.

**Sekirite** - Security

**K ap veye** – Who is wathing / guarding.

**Lannuit ak \*lajounen** – Night and day

**Yon lòt bagay** – Something else / Another thing.

**\*Diferan** – Different

**Baryè** - Fanced

**Antre** - Get in / Get access

**Depi l fè \*nwa** – As soon as it gets dark.

**Yo ka \*fèmen l** – They can close it. **Fèmen** is another spelling for the verb **Fenmen**.

**\*Woy! Gad !** - Wow ! Hey ! : This expression shows that the person is suprised to see someone after a long time.

**Anbrase** - Hug

*Makonen - Hug right*

**Ansanm** - Together

**\*Kouman w ye pitit?** – How are you boy?: Colloquial way for a woman or a girl to greet a man, *mostly a* friend. A man never uses this expressions, instead a man will say *Kouman ye nèg /patnè m / man.*

**Mwen la** – I am fine.

**\*E \*oumenm, kisa w fè?** – And yourself, what do you do?

**\*Oumenm** - Your / Yourself: Haitian use this word very much linking it to the personal pronouns to point out someone or something.

**\*Kisa** - What

**\*Ou konnen** - You know.

**\* Oubyen / oswa / osinon** - Or

**N ap \*gade** – Chilling : Common Haitian expression.

*Gad \*gwosè l* - *Look how big she is !*

**Apa w fin \*chanje nèt** - Well, you've changed completely

**Ou vin sanble ak gran sè w la \*anpil wi** - You've changed to look very much like your big sister.

**\*Nou vin tankou 2 \*gout \*lapli** - You became just like her. It is an expression to show the likeness of a person with another.

**\*Bonjou** - Good morning / Good Day

*Machè* - *Body / People/ My dear*

**Jwenn** - Find / Join

**Yon bous** - A Scholarship

* _Al_*etidye - Go to study

**Administrasyon** - Administration / Management

**Peyi etranje** - Foreign country

**Lè l ap _prale_** - when he's going / The time when he will go.

**\*Manman m anfò m** - My mother is fine.

**\*Andeyò** - Out / Outskirt - C*ountryside*

**\*Yèswa** - Yesterday evening

**Di** - Say / Tell

**\*Te** - Tea

**M ap \*menmen l** - I will take her

*Medsen \*fèy* - *Natural doctor's. A kind of doctor that uses leaves, natural thing to treat people.*

**\*Manyen** - Touch up / Handle

**Ti nyès** - Little niece

**Ti neve** - Little nephew

**\*Marye** - Marry

**\*Chak** - Each

**Se mwen yo \*kite poukont mwen nan seliba a** - My

sisters left me on my own in the life of a single person.

**Pa ban m !** – No kidding / Don't tell me.

**Se gwo zafè !** – That's a big thing / Something big

**\*Leve \*pye w pitit** ! – Grow up. Very common expression to tell someone to grow.

**Souke kò w !** – Shake your body / Dust it off.

**M poko sou sa non** – I am not yet into that.

**\*Travay** – Work

W a tande koze – You hear me talking

**\*Tande-** Hear / Listen

**\*Koze-** Chatter - Chat

**M pa ka \*kenbe w \*plis non** – I cannot hold you any longer.

**Fòk mwen ale** – I have to go.

**Pèdi kontak** – Lose contact

**Ou mèt bipe m epi m ap tou pran pa w la** – You can beep me and then I will take yours. This is a way to keep a phone number by calling the other person's number which will register yours.

**Li peze \*bouton \*vèt la** – He presses the green button.

**\*Sonnen** – Sound / Ring

**\*Anrejistre** - Record

**Ou pa sou Facebook?** - Are you on facebook?

**M pa enskri sou non m** – I do not register under my name.

**Se pa tout moun m vle wè \*bwat mwen** – I don't want everybody to see my profile.

**M \*konprann** – I understand

**Se sa k fè m _pat_ jan m ka jwenn ou an** – That's why I could never find you.

**Tout tan** – All the time.

**Toujou** - Always

***Ekri** - Write

***Chache** - Search / Find out

**Pale ak sms** – Speak through text message.

***M *kontan pitit !** – I am happy

**Ou pa ka *panse jan m kontan wè w !** – You cannot imagine how happy I am to see you.

**Kite m kite w ale non** – Allow me to leave you.

**Salye tout moun pou mwen** – Say Hi to everybody for me.

**Youn sere lot byen fò** – They hug each other very tight.

**Epi youn bo lòt bò figi** – And then they kiss each other in their face.

**Dakò zanmi m** – Agree my friend.

**Se konsa yo separe** – They depart one from the other like this

**Yo chak *kontinye fè wout yo** – They continue their way

***Dola** – Dollar. Pay attention and do not get confused when you hear haitians speak about Dola. One Haitian dollar equals 5 gouds. They use the word Dola more often. **Dola Ameriken** is American Dollar.

***Klere** – Illuminate / Light up / Shine

~*~

: Check the Grammar Notes section at the end of the book and Please review **Teach Yourself Haitian Creole Volume 1** and make sure you master all grammar points.

# UNIT TWO
## Sitadèl
## House of Sitadèl

*Mari chita nan salon lakay li ak 2 pitit li yo. Yon pitit fi ak yon pitit gason. Nan mi an gen yon tablo ki gen desen yon gwo kay ladan li. Kay la byen bèl epi li gwo. Yo rele kay sa a sitadèl. Pitit gason Mari a rele Jude (Jid) epi pitit fi li a rele Jade (Jad).*

**Jude :** Manman ! Poukisa yo rele kay sa a sitadèl?

**Manman :** Yo rele l konsa paske mi li yo gwo, li byen pwoteje, li byen bati epi se yon kay ki la pou pwoteje vil la. Moun ak zàm te konn ladan l pou bay vil la sekirite.

**Jude :** Kiyès ki te fè konstwi l?

**Manman :** Moun ki te fè konstwi li a rele Henry Christophe. Yo te rele l tou Wa Jacques premye.

**Jude :** Ki kote sitadèl sa a ye nan peyi a?

**Manman :** Li nan nò peyi a. Nan yon vil ki rele Okap. Yo rele gason Okap yo : kapwa epi fanm yo : kapwaz. Ti lokalite kote sitadèl la ye a rele Milo.

**Jude :** Mwen panse se te nan vil Okap la li te ye wi.

**Manman :** Non, pitit mwen. Se pa nan vil la li ye. Se nan yon ti zòn ki nan vil la li ye. Li sou tèt yon mòn.

**Jude :** Tèt yon mòn menm !

**Manman :** Wi. Se sa menm. Machin mete w anba lè w prale lotbò a. Se moute w moute pou w al ladan l. Oswa w ka peye moun pou yo lwe yon chwal pou moute avèk ou.

*Jade limenm twouve koze sa a bon. Li antre nan konvèsasyon an tou. Li pwoche epi li chita sou manman li pou li ka pale byen ak li.*

**Jade :** M ta byen renmen al la wi mwen menm !

**Manman :** Se pa oumenm sèlman ki anvi al ladan l non. Moun tout kote nan peyi a ki tande pale de li ta renmen al vizite l. Ni se pa moun nan peyi a sèlman tou ki vle ale. Menm etranje yo tou. Yo toujou vin vizite l wi. Yo rele yo touris.

**Jade :** Touris ! Kisa sa vle di? Ki moun yo rele touris la?

**Manman :** Yon touris se yon vizitè. Se yon moun ki kite kote li abite a, sa vle di kote l ap viv la pou l al chache konnen sa ki gen nan lòt zòn nan peyi a oswa nan yon lòt peyi. Yo konn ale pou pase vakans, pou fè biznis, vizite kote ki te fè listwa ak yon pakèt rezon ankò.

**Jid :** Kijan yo rele moun wa a te bay konstwi sitadèl la?

**Manman :** Yo di se te blan anglè wa a te voye chache pou vin konstwi kay sa a. Te gen anpil moun ki t ap travay nan konstriksyon an. Travayè yo te gen pou pran materyo anba mòn nan epi moute ak yo jis anlè mòn lan.

**Jade :** Enben wa sa a genlè te gen anpil lajan ! Pale m de li non manman.

**Manman :** Li te nan lagè pou endepandans ak

Dessalines, Pétion epi Toussaint. Se te yon jeneral ki te brav anpil epi l te gen lòd anpil. Lè peyi a te fin pran endepandans, Dessalines t ap dirije li. Yo te rele li lanperè. Apre li vin mouri, yo te fè peyi a fè de moso. Pétion t ap dirije nan lès ak nan sid. Li te prezidan. Epi Christophe te nan nò. Li fè yo mete kouròn sou tèt li epi yo te rele l wa. Se te yon nèg ki pa manje anyen frèt. Ti krik, li touye oswa l mete nan prizon. Li fòse paran mete pitit yo lekòl. Epi lekòl la te gratis. Sa ki pa vle voye pitit yo lekòl, li mete yo nan prizon epi, li bat yo. Depi li jwenn yon timoun nan lari nan lè lekòl, li pran l epi l al chache paran l pou l ka pini yo. Anplis, tout paran dwe al travay. Li pa t sitire parese. Se sa ki fè nan nò peyi a se kote ki gen anpil moun ki edike ladan l. Sa rete nan koutim tout paran nan zòn nan.

**Jude :** Li te gen pitit ak madanm?

**Manman :** Wi, wa a te genyen wi men m pa konn anpil bagay sou yo.

**Jade :** Poukisa se moun lòt peyi ki te vin konstwi sitadèl la?

**Manman :** Paske se premye fwa yo t ap fè yon gwo konstriksyon konsa. Peyi a te fèk granmoun tèt li epi pèp la pat ko gen konpetans ak esperyans pou fè konstrisyon an. Gwo kay sa yo, se te Lewòp sèlman ki te genyen yo. Se sa ki fè sa.

**Jude :** Misye genlè te pè. Se sa k fè l fè gwo kay sa a? Pou yo pa t vin touye li.

**Manman :** Wi, ou gen rezon w. Moun sa yo te pridan anpil. Apre endepandans peyi a, blan franse te toujou ap menase tounen vin goumen ak yo pou mete yo nan esklavaj ankò. Se sa ki fè yo t ap prepare pou yo.

Yo te konstwi anpil fò nan peyi a. Lè w nan sitadèl la, ou domine lanmè a nèt. Epi w gen kontwòl vil la. Kèlkeswa kote moun nan ap soti, ou wè l. Wa a mete plizyè gwo kanno nan chak fas sitadèl la. Yon fason pou l ka tire sou nenpòt lennmi k ap pwoche. Yo di misye koule plizyè bato pou franse yo.

**Jude :** Sa l fè ! Pa ban m !

**Manman :** Jan w tande a. Yo di gen yon gwoup moun franse yo te voye yon lè vin menase misye. Li kite yo ale, apre sa li koule bato yo a pandan yo prale.

**Jade :** Se peye pou moun peye pou yo kite yo vizite sitadèl la?

**Manman :** Nan tan ki te pase yo, yo pa t konn mande anyen pou moun ki te vin vizite yo. Koulye a, bagay yo chanje. Tout moun dwe bay yon ti kòb. Epi yon gid ap akonpaye w pou eksplike w tout bagay epi di w sa ki te pase, epi kisa ki te genyen nan chak chanm nan sitadèl la. Kote yo te konn sere zàm, mete manje, prizon, kote yo te konn met poud kanon, boulèt...

**Jude :** Kilè ou pral ak nou manman?

**Manman :** Depi nou pase m pral ak nou nan vakans mwa jiyè a.

**Jade :** Si se pou pase a, ou deja ale avè m paske m deja pase.

**Jude :** Ni mwen tou. M ap wè kouwòn wa a nan sitadèl la?

**Manman :** Non, ti cheri. Li nan MUPANA.

**Jade :** Kisa ki MUPANA a manmi?

**Manman :** Se yon mize ki rele konsa?

**Jude :** Yon mize ! Kisa sa ye?

**Manman :** M a di yon lòt fwa.

**Jade :** Non, di nou koulye a.

**Manman :** Non pitit mwen yo. Li lè pou n al kouche. Mwen menm m pral prepare rad pou nou al lekòl lendi maten.

**Jude :** Manman !

**Manman :** Non mwen di. Al nan kabann nou. M pap di nou anyen ankò aswè a.

~*~

**\* Chita** – Sit down

**Nan \*salon** – In the living room

**lakay li** – her house

**Desen** - Design

**Sitadèl** – A famous building in the north side of Haiti.

**Jude pwoche kot manman li** – Jude gets close to her mother

**Pou li pale ak li** – to speak with her.

**Poukisa** - Why

**\*Pwoteje** - Protect

**Bati** – Construct / Build

**Moun ak \*zàm** – People with weapons

**\*Zàm**- Weapon

**\*Kiyès** – Who / Whom / Whose. You can also say **Pou kiyès** or **Pou kimoun** for whose. Thus giving a perfect sense of possession.

**Henry Christophe** - King Henry I of Haïti - President of the State of Haiti - Term 17 February 1807 – 28 March 1811

**\*Wa** - King

\* *Premye* - First

**Li nan \*nò** – It is on the North

**Okap** - Cap-Haïtien, also known as The Paris of the Antilles

**Kapwa** – Name given to males in Cap-Haïtien

**Kapwaz** – Name given to females in Cap-Haïtien

**Lokalite** – Location

**Li sou tèt yon mòn** – It on the head of a mountain

**Se moute pou w moute** – You must climb and climb. An expression indicating that it is on the tip of the mountain, the highest level.

**W ka \*peye** – You can pay

**\*Lwe** - Lend / Borrow / Rent

**\*Chwal** - Horse

**\*Moute** - Go up / Climb : Another spelling for the verb Monte.

**Jade limenm twouve koze sa a bon** – Jade thinks this is a good idea.

**Li antre nan konvesasyon an tou** – She engages in the conversation as well.

**Pwoche** - Approach

**M _ta_ byen _renmen_ al la wi mwen menm!** - I would love to go there as well.

**\*Anvi** - Wish

**Al vizite l** – Go visit it

**Touris** - Tourist

**kisa sa vle di?** – What does it mean?

**ki moun yo rele touris la?** – Whom do they call tourist?

**yon vizitè** – A guest / Visitor

**Abite** – Live / Dwell

**\*Viv** - Live

**Al chache konnen** – To go look and know.

**Pou pase vakans** – To spend the vacation

**Pou fè biznis** – To make business

**\*Biznis** - Business

**Vizite kote ki te fè \*listwa** – Visit the place where history was made.

**\*Istwa**- History / Story. Another spelling for **Listwa**.

**Yon pakèt \*rezon ankò** – Much more reasons

**\*Rezon**- Reason

**Blan \*anglè wa** – British/ Englishman : Haitians call foreigners "**blan**". Eg. Blan Meriken, Blan Franse, Blan Panyòl.

**\*Anglè** – English / British

**\*Voye chache** – Send to look for

**\*Voye**- Send

**Travayè yo** - Workers

**Pran materyo anba mòn nan** – Take the material from the mountain

**Jis anlè mòn lan** – Until on top of the mountain: You can also say "**Mòn nan**"

\***Bato** – Ship / Boat

**Genlè** – It seems that : Make sure you note the difference between "**gen lè**" – Sometimes / There are sometimes and "**genlè**" - It seems that.

**Lagè pou \*endepandans** – War for independence

**\*Endepandans** - Independence

<u>Dessalines</u> - Jacques I - Emperor Jacques I of Haiti - 2 September 1804 – 17 October 1806

<u>Pétion</u> - Alexandre Pétion - 1st President of Haiti - March 9, 1806 – March 29, 1818

<u>Toussaint</u> - Toussaint Louverture - Governor-General of Saint-Domingue - 7 July 1801 – 6 May 1802

\***Konstrisyon** – Construction. Another spelling is **Konstriksyon.**

**\*Jeneral** - General

**Brav anpil** – Very brave

**Te gen lòd anpil – He was severe**

**Lanperè** – Emperor

**Yo te fè peyi a fè 2 moso** – They made the country in two or divided the country in two parts.

**\*Mouri** - Die

**Pétion t ap dirije na lwès ak nan sid** – Petion was governing on the West and South

**\*Dirije**- Govern / Reign / Lead

**\*Kouwòn** – Crown : Another spelling for Kouwòn.

**Sete yon nèg ki pa manje anyen frèt** - He didn't play / He was a severe man.

**Ti krik** - The least thing / Tiny

**Yo te konstwi anpil \*fò nan peyi a** – They built a lot of fortresses in the country.

**Fò – Fortress / Effort**

**Fò anpil:** Very intelligent/ very smart

**\*Touye** - Kill

**Li fòse paran mete pitit yo lekòl** – He forced parents to take children to school

**Gratis** - Free

**Li mete yo nan \*prizon epi bat yo** – He put them in jail and hit them.

**\*Prizon**- Prison

**\*Bat** - Hit / Fight

**\*Pini** - Punish

**Dwe al travay** – They had to go to work

**\*Parese**- Laggard / Lagger / Lazy

**Anpil moun ki edike** – Many educated people

**Sa rete nan koutim** – It remained as a custom

**\*Rete** - Stay / Remain

**\*Koutim** - Custom / Habit

**Men m pa konn anpil bagay sou yo** – But I don't

know a lot about these things.

**Premye fwa** – First time

**Peyi a te fèk granmoun tèt li** – **The country was newly / freshly independent.**

**\*Pèp la** - Country / the People

**Konpetans ak esperyans** – Competence and experience

**Lewòp sèlman** - Only Europe

**Misye, genlè te pè** - It seems he was coward

**Pridan anpil** – Very prudent

**Blan \*franse** – Frenchman

**\*Fransè** - French

**Menase tounen vin goumen** – Threaten to come back to fight

**Esklavaj** - Slavery

**Ou \*domine \*lanmè a nèt** – You control the sea completely

**\*Domine** - Master / Control

**\*Lanmè** - Sea / Ocean

**Epi w gen \*kontwòl vil la** – Then you have control of the city

**\*Kontwòl** - Control

**Kèlkeswa** – Whatever

**\*Plizyè gwo kanno** – Several cannons / Barrel

**Chak fas** – Every side

**Tire sou nenpòt lennmi k ap pwoche** – Shot any enemy that was approaching

**Yo di misye koule plizyè bato pou franse yo** -? They say he sank / sunk several French boats.

**Sa l fè ! Pa ban m !** - What! Are you kidding me!

**Yo pa t konn mande anyen** – They didn't use to ask for anything / It was free

**Epi yon gid ap akonpaye w** – Then a tour guide will accompany you

**Eksplike** -- Explain

**Nan chak \*chanm** – In every room

**\*Chanm** - Room

**Sere zàm** – Hide weapon

**Poud kanon, boulèt** - Gunpowder, Cannonballs

**Mwa jiyè a** – Month of July

**MUPANA** - Musée du Panthéon National Haïtien

**Yon mize** - A museum

**Li lè pou n al \*kouche** – It is time to go to bed

**\*Kouche** – Sleep / Lie down / Lie / Go to bed

**\*Prepare rad** – Prepare the clothes

**\*Prepare** - Prepare

**\*Lendi maten** – Monday morning

**\*Lendi**- Monday

**Al nan kabann nou** – Go to your beds.

**M pap di nou anyen ankò aswè a** – I' am not telling you anything else this evening

\***Cheri** – Dear / Darling

**\*Lewòp** – Europe. **Ewòp** is another spelling.

\***Fi** – Girl

\***Pè** – Fear / Priest

~\*~

: Check the Grammar Notes section at the end of the book and Please review **Teach Yourself Haitian Creole Volume 1** and make sure you master all grammar points.

*De (2) moun kwaze nan yon estasyon machin. Sa vle di yon kote machin k ap fè trafik yo kanpe pou yo plen moun anvan yo koumanse fè vwayaj la. Men nan estasyon yo toujou gen yon seri moun k ap plen machin nan pou chofè a.*

*Yo toujou ap rele moun vin moute machin nan pandan y ap di ki kote machin nan prale epi kote l ap pase. Yon rele moun sa yo « bèf chenn ». Moun sa yo p ap ale ak chofè a ni ak pasaje y ap rele vin moute machin nan. Men chofè yo konn gen yon moun ki pou fè resèt oswa ranmase kòb nan men pasaje yo pou li. Yo rele moun k ap fè travay sa a "chofè adwat" oswa kontwolè. Sa ki vle di moun k ap kondwi machin nan menm, se « chofè a goch ».*

*Youn nan moun yo chita sou yon ban bò lari a, epi lòt la ki ap pase salye li:*

💬

**Demwazèl:** Bonjou mesye

**Mesye a:** Bonjou madmwazèl. Kouman w ye?

**Demwazèl:** Mwen byen wi. Èske mwen ka mande w yon ti enfòmasyon silvouplè.

**Mesye a:** Wi, ti cheri. Pa gen pwoblèm. M la pou m di

184

w tout sa w bezwen konnen, depi m konn sa w t ap mande m nan.

**Demwazèl:** Bon ! Se Jakmèl mwen prale wi. Ki kote bis Jakmèl yo ap chaje la a souple?

**Mesye a :** An, ok ! Pito tout bagay nan lavi a sete sa. Ti bis pap padap ki sou bò goch lari a, se yo ki pral Jakmèl la. Ni mwen menm tou se la m prale tou. Se paske poko gen anpil moun nan machin nan ki fè m chita la a wi. Men valiz mwen gentan nan plas mwen an deja.

**Demwazèl:** O ! ou pa pè pou yo pa vòlè bagay ladan l?

*Mesye a gade demwazèl la nan je, li souri epi li di l :*

**Mesye a:** Non, kontwolè a ap veye pou mwen. Epi pa gen moun k ap pran chans moute pran bagay nan valiz mwen an. Anplis, li kadnase.

*Li moutre demwazèl la kle a epi li souri ba li ankò.*
*Demwazèl la fè yon soupi epi li di :*

**Demwazèl:** Antouka, mwen byen kontan. Mwen ap tou jwenn yon konpay pou wout la.

**Mesye a :** Ou pa ka pi kontan pase m.

*Mesye a kanpe, li pase men nan manch malèt demwazèl la t ap trennen an, epi li di :*

**Mesye a:** Kite m ede w non. M ap bay kontwolè a mete l sou do machin nan pou ou fason pou w pa kwense anndan machin nan.

*Demwazèl la souri. Li refize èd la pandan l di :*

**Demwazèl:** Ou pa bezwen enkyete w non. M ap ale ak li nan machin nan. Mèsi.

*Mesye a gade li epi li mande l :*

**Mesye a :** Ou pè m?

**Demwazèl:** Non se pa sa non

**Mesye a :** Se kisa menm m?

**Demwazèl:** Non…

*Mesye a pa menm kite la fin pale li di 1 :*

**Mesye a:** Pouki w pa vle mwen moutre m itil pou yon fwa nan vi m? Sitou anvè yon bèl timoun tankou w.

*Demwazèl la ap mamòte. Epi misye pa kite 1 fini pou 1 di:*

**Mesye a:** Silvouplè ! Kite m ede w sèlman.

*Demwazèl la lage 1 ba li epi li di:*

**Demwazèl:** Mèsi anpil.

*Misye koumanse trennen malèt la epi li rele kontwolè a :*

**Mesye a :** Paul ! vini m pale w !

*Lè Paul vini li di 1 :*

**Mesye a :** Pran malèt sa a mete 1 sou do machin nan pou mwen souple. Ou pa bezwen pè.

*Li pase men nan men Paul epi li mete 25 goud. Paul menm reponn :*

**Paul :** Byen rapid patwon. Gen lòt bagay m ka fè pou ou ankò?

*Mesye a di Paul:*

**Mesye a :** Pou koulye a, non. Nenpòt bagay, m ap fè w konnen.

**Paul :** Ok.

*Mesye a pran direksyon pòt machin nan ak Demwazèl la pou 1 al moutre 1 kote plas la ye. Se konsa machin nan te gentan gen anpil moun ladan 1. Li te gentan prèske plen. Mesye a moute machin nan epi li bay demwazèl la men pou 1 soutni 1 pou 1 moute. Yo chita epi yo rekòmanse ak konvèsasyon yo ankò.*

**Mesye a :** M pa ta vle pase tout jounen an ap rele w

demwazèl. Ou ka di m kijan w rele souple?

**Demwazè :** Mwen rele Sabine. E oumenm, kijan w rele?

**Mesye a :** Mwen rele Patrick. Mwen byen kontan rekonèt ou Sabine.

**Sabine :** Ni mwen tou Patrick. Mèsi ankò pou èd ou. Se Bondye ki fè m rankontre w la a jodi a.

**Patrick :** De ryen, Sabine. Moun la pou ede lòt. Se sa ki fè Bondye pa te kreye yon sèl moun. Se moun Jakmèl ou ye?

**Sabine :** M ka di… Wi.

**Patrick :** Kouman?

**Sabine :** Papa m se moun Jakmèl men manman m se moun Leyogàn. Kidonk mwen se moun de (2) kote. Anplis mwen fèt Pòtoprens nan lopital jeneral. E oumenm, moun kibò w ye?

**Patrick:** Mwen fèt Tigwav men manman m ak papa m se moun Jeremi. Fòk mwen di w sa tou. Se sèlman anfans mwen m pase lotbò a. Se Pòtoprens mwen fè segondè m. Epi se la tou m al nan fakilte.

**Sabine :** Kouman fè paran w moun Jeremi epi se Tigwav w al fèt?

**Patrick :** Se paske papa m se yon pastè. Lè l fin gradye nan lekòl teoloji, misyon an transfere l Tigwav. Li te fèk marye. Se konsa m tou fèt la ak 2 lòt frè m yo. Ou ka di m poukisa se Potoprens paran w al fè w oumenm?

*Pandan y ap pale konsa, machann tout bagay ap fè laviwonn machin nan pou yo ofri pasaje yo bagay pou yo achte. Soti nan pen, fwomaj, konparèt, flach, pil, kat telefòn, bagay glase pou bwè, rive nan liv tout kalite. Patrick koupe konvèsasyon an pou l mande Sabine.*

**Patrick :** Eskize m kisa w vle pou ou manje oswa pou w bwè?

**Sabine :** Yon dlo ap bon wi. Mwen manje deja. Mèsi.

**Patrick :** Yon sachè dlo oswa yon boutèy dlo?

**Sabine :** Ou blagè wi oumenm?

**Patrick :** Non... ou pa janm konnen. M jis mande.

*Patrick rele yon machann k ap vann bagay glase epi li di l :*

**Patrick:** Vann mwen yon bidon dlo silvouplè. Konbyen li?

**Machann:** 25 goud wi, mesye.

**Patrick :** Vann mwen 2. W ap gen monnen nan 500 goud?

**Machann:** Se pa pwoblèm. Ou mèt achte.

*Patrick pran boutèy dlo yo. Li bay Sabine youn epi li pran lòt la. Li peye machann nan epi machann nan ba l monnen. Patrick rele yon machann bonbon pou li achte de (2) sachè bonbon tou paske li pa t ko manje.*

**Sabine :** Mèsi. Pou m reponn kesyon w te poze m lan...

**Patrick :** Wiii. M byen kontan w sonje. Di m non.

**Sabine :** Manman m ak papa m antre nan Pòtoprens depi yo piti. Sa ki fè se la yo fè primè yo, segondè, epi se la tou yo rankontre epi yo marye epi m tou fèt tou.

**Patrick :** Men... ki kote w abite menm nan vil la?

**Sabine:** M abite Dèlma 75. E oumenm?

**Patrick :** Sa a fè de zan mwen ap viv nan peyi a. Se nan Nouyòk m ap viv. Men anvan m te pati, m t ap viv Taba.

*Se konsa machin nan fin chaje, li derape. Li kite estasyon an Pòtay Leyogàn nan epi l pran wout li pou l ale. Yo kontinye pale nan machin nan jou k yo rive.*

~*~

**De moun kwaze nan yon estasyon machin** – Two people meet at **a** bus station

**Fè *trafik** - Taking passengers, on a vehicle, from a place to another for a fee.

***Kanpe** – Stand / Stop

***Plen moun** – Fill it with people

**Fè vwayaj** – Travel / Make a trip. **Vwayaje** is the verb to travel.

**yon seri moun** – A series of people

**bèf chenn** - The person at the door of a bus saying the destinations and calling for people.

***chofè a** – The driver

**Pasaje** – Passenger

**fè resèt** – Collect the car / bus/ tap fees

**ranmase *kòb** – collect the money

**chofè adwat** – Driver's Assistant / Helper

***kontwolè** - collector

**chofè a goch** - The name of the collector or the driver's helper.

**sou yon ban bò lari a** – On a bench along the street?

**salye** - greet

**ti *enfòmasyon** – information

***silvouplè** – please : You can also say souple.

**ti cheri** - Darling

<u>**Jakmèl**</u> – Haitian City

***bis** – Bus

189

**chaje** - Load

**Pito tout bagay nan lavi a sete sa** – I wish everything in life would be like that

**Ti bis pap padap** - Little bus called « pap padap ». The word "pap padap means "in an instant" "quickly"

**Valiz** - Luggage

**O ! ou pa pè pou yo pa \*vòlè bagay ladan l**? – Are you not afraid that they might steal from it?

**\*Vòlè** – Rob / Steal. Another spelling of vòlò.

**\*Demwazèl** – Miss : Another spelling for **\*Madmwazèl**.

**\*Je** - Eyes

**Souri** - Smile

**Pran \*chans** – Take chances / Risk

**li kadnase** – It is locked

**\*kle a** – Key / Wrench

**Soupi** - -Sigh

**Antouka** – Anyway

**jwenn yon \*konpay** – Find a partner

**\*Konpay** - Partner : Another spelling for **Konpanyon.**

**Ou pa ka pi kontan pase m** – You cannot be happier than me?

**manch malèt** – Handle of the suitcase?

**trennen** – Drag / Pull?

**Kite m \*ede w non** – Allow me to help you

**\*Ede** – Help / Assist

**\*sou \*do machin** – In the back of the car

**\*Sou** – On / About

**\*Do** - Back

**\*Sou Do** - Carry something / Have the responsibility of someone or something

**yon fason pou w pa kwense anndan machin nan** -? In order for you to not be wedged / jam on the bus.

**refize \*èd** – Refuse the help

**\*Èd** – Help / Assistance

**Non, ou pa bezwen enkyete w non** – No, you don't need to worry.

**Ou pè m?** – Are you afraid of me?

**Se kisa menm m?** – Mesye a replike. – What is it then? The man replied

**Itil** - Useful

**Sitou anvè yon bèl timoun tankou w** – Especially with a beautiful girl like you.

**Mamòte** – Mumble/ Mutter

**\*vini m pale w !** – Come to speak to you / Let me talk to you : This is a very common expression to call someone.

**Byen rapid patwon** – very quick boss

**Gen lòt bagay m ka fè pou ou ankò?** – Is there anything else I can do for you?

**Mesye a pran \*direksyon pòt machin nan** – The man headed toward the door of the car.

**\*Direksyon** - Direction

**Li te gentan prèske plen** – It was almost full

**Soutni** – Sustain / Hold / Keep

**yo rekòmase ak konvèsasyon yo a ankò** – They retook the conversation once again

*kijan* **w rele?** – What's your name?

**Mwen byen kontan \*rekonèt ou Sabine** – I am very happy to meet you Sabine

**\*Rekonèt** - Recognize / Know / Meet
**De \*ryen** – You are welcome.
**\*Ryen** – Nothing: Synonym of **Anyen.**
**\*Kreye** – Create
**yon sèl moun** – One person only.
**Leyogàn** – Haitain City
**Moun kibò w ye?** – Where are you from?: Remember *if you just say "kibò w ye?" you are saying "where are you now?" Make sure to know the difference.*
**Tigwav** – Haitian City, also called **Petit-Goâve**
**Jeremi** – Haitian City, also called the City of poets
**Fòk mwen di w sa tou** – I have to tell you so
**Anfans** - Infancy
**\*segondè** – Highschool / Secondary
**Fakilte** – University : Haitian often use this term to refer to the university
**pastè** - Pastor
**\*gradye** - Graduate
**lekòl teoloji** – Theology School
**misyon an** – The mission
**\*Transfere** – Transfer
**Li te fèk marye** – He just had married
**machann tout bagay ap fè laviwonn machin-** Merchants of everything are going round the bus.
**\*Pen** - Bread
**\*Fwomaj** - Cheese
**Konparèt** - A kind of Haitian bread.
**Flach** - Flash light

**\*Pil** - Battery

**\*kat telefòn** – Telephone card or calling card

**\*Kat** - Four / Letter / Card

**bagay \*glase pou \*bwè** – Frozen things to drink

**\*Glase** – Freeze / Frozen

**\*Bwè** - Drink

**\*rive nan \*liv tout kalite** – To every kind of books

**\*Rive** - Arrive

**\*Liv** – Book / Pound

**\*koupe konvèsasyon** – Stop the conversation / Interrupted the conversation

**\*Koupe**- Cut

**Sabine ki \*santi l mare** – Sabine felt Embarrassed/ perplexed

**\*Santi** - Feel

**Yon sachè \*dlo oswa yon \*boutèy dlo?** – A bag of water or a battle of water? Notes in Haiti they sell small plastic bags of water as well as battles.

**\*Dlo** - Water

**\*Boutèy** - Bottle

**Ou \*blagè wi oumenm?** - You are so funny Or you're joking me.

**\*Blagè** - Joker

**Non... ou pa \*janm konnen. M jis \*mande.** – No, you never know. I just asked. Remember, Janm means never, but it also mean Leg.

**\*Mande** - Ask / Claim

**Vann mwen yon bidon dlo silvouplè. Konbyen li?** – Give me a bottle of water, please. How much is it?

**\*Bèf** - Cow

**W ap gen \*monnen nan 500 \*goud?** – Do you have change for 500 goud?

**\*Monnen** – Coin / Change

**\*Goud**- Haitian currency

Ou _mèt_ achte – You can buy

**machann \*bonbon** – Merchant of chocolate / someone selling chocolate

**\*Bonbon** - Chocolate

**Reponn** – Answer / Respond

**\*Kesyon** – Question: Remember, you ask a question"**Poze yon kesyon**" or you answer a question "**Reponn yon kesyon**"

**\*Jounen** – Diurnal (Day time)

**Sonje** – Remember / Remind

**Depi** – Since / From

**Primè** – Primary school

**Nouyòk** – New York

**Taba** – Haitian City

**Derape** – Leave

**Pòtay Leyogàn** - Name of a place in Port-au-Prince

**\*Anvan** - Before

~\*~

: Check the Grammar Notes section at the end of the book and Please review **Teach Yourself Haitian Creole Volume 1** and make sure you master all grammar points.

# UNIT FOUR
## Jakmèl
## City of Jackmèl

*Sabine ak Patrick nan machin pou yo ale Jakmèl. Yo te fè konesans nan estasyon Okay la. Sabine pa te konn estasyon an epi se Patrick li te mande èd pou li te ka di l kote pou l ale. Yo te moute machin nan ansanm paske se menm kote yo t ap ale. Yo nan wout la, anndan machin nan. Machin nan ap kouri byen fò. Paske se yon pap padap li ye. Yo bay ti bis sa yo non sa a paske yo rapid. Se plop plop yo rive kote yo bezwen ale a. Yo di chofè a se chofè lanfè, paske yo kouri machin anpil. Yo di bis sa a pa pote pou lopital, se pou mòg yo pote. Yo di sa paske depi gen aksidan, tout moun ap mouri paske ti bis la ap krabinen fè farin. Kidonk p ap gen mwayen pou pasajè yo sove, ni chofè a tou.*

*Jakmèl se yon vil ki la lontan. Li sitiye nan sidès peyi Ayiti. Li nan mitan yon pakèt gwo mòn. Se nan mòn yo, enjenyè yo trase wout ki mennen ladan l lan. Se premye vil ki te gen kouran ladan l nan peyi Ayiti. Gason k ap viv ladan l yo rele « Jakmelyen » epi fanm yo rele « Jakmelyèn ». Fanm yo gen cheve boukle, yo long epi yo nwa. Yo bèl anpil. Se yon kote ki gen anpil bòs pent, atizan, chantè, mizisyen, poèt. Lè w*

195

*mache nan vil la, gen yon bon van k ap bat figi w. Ou kontre ak tout kalite nasyon. Tout koulè moun. Yo di anpil moun ki soti nan peyi Lewòp yo renmen vin twoke kòn yo ak atis Jacmèl yo. Non vil sa a popilè anpil tou nan peyi amerik latin yo. Paske gen anpil nan zansèt ki te ba yo libète yo ki te vin nan vil sa a pou yo te kapab prepare, planifye lagè ak ekstrateji pou yo pran endepandans yo anba men peyi Lespay. Yo di tou se la drapo peyi Venezyela a te koud. Se yon kote anpil touris ale.*

**Sabine** : Ou pa moun Jakmèl, kisa w pral fè la jodi a?

**Patrick** : Ou tou gentan konnen. Se pou kanaval la. Yo pale m de kanaval sa a. Ane sa a, m bezwen wè ak je m. Se pa moun ki pou ap di m, ni se pa nan televizyon pou m ap gade repòtaj. M pa vle li atik sou jounal nonplis. Fòk mwen la mwen menm ane a. E oumenm? M imajine pwiske w se moun lotbò a, se pa nan kanaval ou prale sèlman.

**Sabine** : Kòmsi w te konnen ! Mwen pral wè gann mwen. Sa fè 3 lane depi m pa ale laba a. M pat ka pase fen ane a ak li nonplis paske m te okipe nan travay mwen. M tou ap pwofite wè ak li nan peryòd sa a. Epi gen anpil zanmi m pa wè depi lontan paske yo te pati k ap vini pou kanaval la tou. Moun sa yo pa janm rate fèt sa a. M byen anvi wè yo. Se ap yon okazyon pou m kontre ak yo ankò.

**Patrick** : Ou se moun Jakmèl epi w pa te konn ki kote estasyon an ye?

**Sabine** : Se pa te la estasyon an te ye non. Se

gouvènman an ki deplase l. Apre tranblemann tè a, goudou goudou, yo te oblije deplase l. Prèske tout bagay deplase depi apre evennman sa a. M te konnen l nan zòn nan wi men m pat konn ki kote avèk presizyon. Kisa w konn de kanaval Jakmèl la oumenm?

**Patrick** : M konnen anpil bagay de sa. Li fèt yon semenn anvan kanaval Pòtoprens lan. Se kanaval ki pi bèl ki gen nan peyi a. Sa ki fè kanaval sa a bèl anpil, se defile yo. Moun k ap defile yo byen degize. Yo degize an Endyen, zwazo, wa, rèn. Yo pentire kò yo tankou yo te moun lòt nasyon tankou Arab, chinwa elatriye. Yo di moun yo defile nan tout vil la. Soti anwo pou rive anba. Ou wè m konn anpil bagay !

**Sabine** : Sa ase sa yo di w? Ban m di w. Gen estann sou tou 2 bò lari a. Moun ki gen lajan ak gwo komèsan yo fè pwòp estann pa yo. Yo kanpe sou yo pou yo pa rate anyen. Tèlman gen moun nan vil la nan moman sa a, si w ta tonbe, moun ap mache sou ou epi w ap mouri. Yo byen òganize bagay la.

**Patrick** : A kilè defile a koumanse?

**Sabine**: Defile a koumanse depi bò 1è nan apremidi pou rive 6 zè nan aswè. Gen moun k ap fè defi. Sa k ap danse. Sa ki gen koulèv nan kou yo. Bèl bagay!

**Patrick**: Kiyès ki fè mizik menm?

**Sabine**: Gen plizyè bann rara ki sou pakou a tou wi. Epi gen gwoup k ap jwe nan kèk kote apre defile a. Koulye a bagay chanje nèt. Gen dj k ap anime nan sware yo.

**Patrick**: Eskize m pou kesyon m pral poze la. Ou marye deja?

**Sabine**: Non. M poko non. M gen yon fiyanse. N ap

marye nan mwa jiyè a si Bondye vle.

**Patrick**: M byen kontan.

**Sabine**: E oumenm? Ou marye deja?

**Patrick** : wi. Mwen marye depi 5 lane. Mwen gen yon pitit fi.

**Sabine**: Moun kibò madanm ou ye?

**Patrick**: Madanm mwen se moun Okay. Paran l yo fèt la. Moun ki kote fiyanse w la ye limenm?

**Sabine** : Li se moun Jakmèl tou. Manman l se moun Pòtoprens men papa l fèt Jakmèl. Ki kote w te rankontre ak madanm ou?

**Patrick** : Nou te rankontre Pòtoprens. Mwen t ap etidye sosyoloji nan fakilte Etnoloji epi li t ap etidye dwa nan fakilte dwa Pòtoprens lan. Nou tonbe damou epi nou tou marye apre etid nou. Kisa oumenm ak fianse w la etidye?

**Sabine** : Mwen se enfimyè. Mwen etidye nan lekòl nasyonal enfimyè Pòtoprens lan. Fiyanse m lan se enjenyè, li etidye nan fakilte Syans inivèsite leta a.

**Patrick** : Oumenm ak li ap travay?

**Sabine** : Wi. Nou tou 2 ap travay. Li gen yon kontra sipèvizyon nan yon konpayi k ap fè wout. Mwen menm, m ap travay nan lopital jeneral. Se te toujou rèv mwen pou m te travay nan lopital mwen te fèt la. Sa fè m santi m itil yo. Se yon mwayen tou pou mwen moutre rekonesans mwen anvè yo. Madan m ou ak pitit ou Nouyòk tou?

**Patrick** : Wi. Men nou panse retounen nan peyi a byen vit. Li fè twò frèt laba a. Se yon konje m ap pwofite ki fè m antre la a wi. M ap gen pou m tounen touswit ankò pou m ka repran travay mwen.

*Machin nan rive nan estasyon Jakmèl la. Li kanpe epi moun yo pran desann. Atè a gen yon pakèt chofè moto k ap rele moun k ap desann yo pou vin moute pou mennen yo kote yo vle ale yo. Yo chak ap site non zòn nan vil Jakmèl la pou atire kliyan yo.*

*Mesyedàm yo desann tou, men yo chak t ap al nan yo zòn. Kouzen Sabine nan ki t ap tann li, vin pran malèt li an nan men kontwolè a pou l al mete sou moto l. Sabine di kouzen l lan :*

**Sabine** : Vini m fè w fè konesans ak yon moun.

*Kouzen an pwoche epi li Sabine di l :*

**Sabine** : M prezante Patrick. Se yon zanmi m kontre pandan vwayaj la.
*Li gade Patrick epi li di l: "Patrick, se Georges, kouzen m."*
*Mesye yo bay lanmen epi youn di lòt* : mwen kontan fè konesans ak ou.

**Patrick** : Bon, Sabine! Nou dwe separe. M swete wè w ankò.
**Sabine** : Pran telefòn mwen non. Se : 38 16 42 02.

*Patrick rale telefòn li epi li antre nimewo a nan telefòn li. Sabine pwoche sou Patrick, li bo l bò figi epi li di l :*

**Sabine** : Orevwa, Patrick. Mèsi pou tout bagay. Rele m. N a pale.
**Patrick** : Se te yon plezi Sabine. Mèsi.

*Yo separe. Sabine al moute moto a ak kouzen li an. Epi li fè babay pou Patrick. Patrick, limenm pran yon moto pou l mennen l nan otèl.*

~*~

**Nan estasyon Okay la** – At the bus station of Les Cayes

*Kouri byen fò** – Run very fast

**Plop plop** - Quickly

**Chofè *lanfè** – Driver of hell: An expression to call a reckless driver.

**Mòg** - Morgue

***Aksidan** – Accident

**Krabinen fè *farin** - Crash out / collapse

**Kidonk p ap gen *mwayen pou pasajè yo sove, ni chofè a tou.** – Therefore, there would be no way for the passengers nor the driver to save.

**Li sitiye nan sidès peyi Ayiti** – Located in the sourthern part of Haiti.

**Enjenyè yo trase wout ki mennen ladan l lan** – Engineers created routs that take you in.

***Kouran** - Electricity / Current

**Jakmelyen** – Men of Jacmel

**Jakmelyèn** – Women of Jacmel

**Cheve boukle** - curly hair

**Bòs pent** – Painter

***Atizan** – Craftsman

***Chantè** – Singer:

***Mizisyen** - Musician

**Poèt** - Poet

**Gen yon bon van k ap bat figi w** – There's a good air flapping your face.

**\*Nasyon** - Nation

**Tout koulèt moun** – People of every color

**Yo renmen vin twoke kòn yo ak atis Jacmèl yo** - They like to measure themselves against Jacmel's painters.

**\*Atis**- Artist

\***Popilè anpil** – Very popular

**Peyi \*amerik \*latin yo** – The countries of Latin America

**\*Zansèt** - Ancestor

**\*Libète** - Freedom

**Yo te \*kab prepare** – They could prepare: **Kab** is another spelling for **Kapab.**

\***Planifye lagè ak estrateji** – Plan the war and the strategy

**Peyi Lespay** – country of Spain

**Yo di tou se la drapo peyi Venezyela a koud** – They say, it is there where the flag of Venezuela was swen.

**\*Ane sa a** – This or that year

**M \*bezwen wè ak je m** – I need to see it with my own eyes

**Se pa moun ki pou ap di m** – It is not the people who are going to tell me.

**\*Televizyon** - Television

**Gade repòtaj** – Watch the news

**M pa vle \*li atik sou \*jounal nonplis** – I don't want to read anymore articles on the newspaper

\***Enjenyè** - Engineer

**Fòk mwen la mwen menm ane a** – I must be there myself this year.

**\*Imajine** - Imagine

**Pwiske** – Because / since: Another spelling for because.

**Kòmsi w te konnen** – It's like you've already known.
**Fen ane** – End of the year.
**M te okipe** – I was busy
**Pwofite** – Profit / Take advantage
**Peryòd sa a** – In that period / During that time.
***Zanmi** - Friend
***Pati** – Depart / Leave / Part
**Se *gouvènman an ki deplase 1** – The government moved it to another place.
***Apre tranblemann tè a** – Afther the eartquake
***Tè** - Earth
***Pote** – Carry
*Retounen – Return
**Goudou goudou** - Nickname of an earthquake.
**Yo te oblije deplase 1** – They were forced to change it.
**Evennman sa a** – This event
**Ki kote avèk presizyon** – Where exactly?
**Semenn** - Week
**Defile yo** – Parades
**Degize** – Disguise / Dress in costume
**Endyen** - Indian
***Zwazo** - Bird
***Rèn** - Queen
**Arab** – Arab people / Arabic
**Chinwa** - Chinese
**Elatriye** - Etcetera
**Ban m di w** – let me tell you
**Gen estann sout tou 2 bò lari a** – There are stands in both parts of the street.
**Gwo *komèsan** – Big dealers/ businesspeople
**Fè *pwòp estann pa yo** - build their own stands.
**Yo kanpe sou yo *pou yo pa *rate anyen** - They stand

on them in order not to miss anything.

**Nan moman sa a** – At that moment

**Si w ta \*tonbe** – If you would fall

**Moun ap mache sou ou epi w ap mouri** – People would walk on you and you would die.

**Sa ki gen \*koulèv nan \*kou yo** – People who puts snakes on their necks

**Bèl bagay!** – Very nice

**Bann rara** – Band of Rara music.

**Sou pakou** - in the route

**Gen dj k ap anime nan sware yo** – There are DJs to heat up the evening.

**Si Bondye vle** – If God wants. This is a very common expression to express total dependence on God's will.

**Sosyoloji** – Sociology School

**Fakilte Etnoloji** – Ethnology School

**Fakilte dwa** – Law School

**Nou tonbe damou** – Fall in love

**Enfimyè** – Nurse

**Nan fakilte \*Syans \*inivèsite \*leta a** – In Science school at the State University.

**Yon kontra\* sipèvizyon** – A supervision contract

**Konpayi** - Company

**\*Rèv mwen** – My dream

**\*Rekonesans mwen anvè yo** – My recognition toward them

**Vit** – Quick / Fast

**Twò frèt** – Too cold

**Se yon konje** - It is on holidays

**Touswit** - Inmediately / right away

**Repran** - Retake

**Moun yo pran desann** – People start to come down

**Atè a** – On the ground
**Yon pakèt chofè moto** – A lot of moto drivers
**Yo chak ap site non zòn** – Each one says a name of a town
**Pou atire kliyan yo** – To attract clients
**Mesyedàm yo** – Ladies and gentlemen
**Tann** - Wait
**Prezante** - Introduce
**Mesye yo bay lanmen** – They shake hands
**Mwen kontan fè \*konesans ak ou** – I am glad to meet you.
**M swete wè w ankò** – I wish to see you again
**Orevwa** – Goodbye
\***Fanm** – Woman
\***Kèk** – Any / Some
\***Elatriye** – Etcetera. Another spelling **Latriye.**
\***Pentire** – Paint

# UNIT FIVE
## Diyite
## Dignity

*Apre yon seminè, Jozye antre nan sal la pou l ka ranje bagay yo ki nan sal la. Li jwenn yon moun bliye telefòn li sou chèz li te chita a. Epi li gade atè, nan koulwa a, li wè yon bous tou. Li kouri soti sou lakou a ak yo pou t al chache mèt yo. Lè l rive deyò a, li jwenn yon mesye, li mande l :*

**Jozye**: Telefòn sa a se pa w?

**Kalo** : Non, se pa pou mwen non. Kite m mande yon moun si se pa pou li.

**Jozye** : Mande l non.

**Kalo** : Se pa telefòn ou ki nan men Jozye a? Kote pa w la?

**Lesli** : Non. Pa m nan nan pòch mwen. Se petèt pa Mari a paske m wè li t ap fè tèt cho. Ou pa mande Mari?

**Kalo** : Mwen pa wè Mari non. Ki kote l ye?

**Lesli** : Li chita devan direksyon an, anba mach eskalye yo. Pandan n ap pale konsa, m pa wè bous mwen non.

**Kalo** : Genlè se bous ou a m te wè nan men Jozye a?

205

**Lesli** : An ! Li jwenn yon bous tou !

**Kalo** : Jan w tande a.

**Lesli** : Sanble se pa m lan. Petèt li te tonbe pandan m ap sot anndan an.

**Lesli** : Yo di m ou jwenn bous mwen an pou mwen, mesye Jozye. Mèsi.

**Jozye:** Ki kote w te kite l?

**Lesli** : Se pandan m ap soti anndan an li petèt tonbe. Mwen te chita bò koulwa a.

**Jozye:** Kisa w genyen ladan l?

**Lesli:** Kat idantifikasyon nasyonal mwen, Kat etidyan m lan, kat kredi m nan tou, m gen 300 goud ladan l anplis.

**Jozye:** Ok, ou pa bay manti. Men li. Pwochèn fwa, pran plis prekosyon paske w pa janm konnen. Se kapab yon lòt moun ki jwenn li.

**Lesli** : Se vre wi. Pito se yon moun pa w ki jwenn afè w olye se moun ou pa konnen paske w ka pa jwenn li ankò.

*Apresa, Jozye foure men nan pòch chemiz li, li rale bous la epi li lonje l bay Kalo.*

**Jozye** : Men li. Pran prekosyon ak afè nou lè n ap pati ak yo.

**Lesli** : Mèsi anpil Jozye. Bondye va remèt ou sa.

**Jozye** : Pa gen pwoblèm. Nou jwenn mèt telefòn nan tou? Nou mande tout zanmi nou yo?

**Kalo** : Non, nou poko. Kite m al mande Mari.

*Kalo deplase byen vit. Li pran direksyon Direksyon lekòl la. Li pase arebò sal enfomatik la pou l ka rive*

*pi vit epi li desann mach eskalye a. Se la Mari chita.*
*Men nan machwè. Figi l fennen epi li move pase sa w*
*pa konnen. Bò kote l la te gen yon pakèt lòt etidyan ki*
*t ap bay blag. Yo t ap pale de jan seminè a te pase. Yo*
*t ap fè komantè. Lè Kalo parèt, li fè Mari siy epi li di l:*

**Kalo** : Mari ! Vini m pale w.

**Mari** : Kisa w fè m? Kite m an repo m, ti gason. M pa menm sou san m la a.

**Kalo** : Se serye wi. Se yon bon bagay m ap di w.

**Mari** : Tekwè m di w ban m vag.

**Kalo** : Kisa w gen la a maten an? M pa konprann ou menm non.

**Mari** : M pa sou pale la, ti nèg. Ban m lapè m.

**Kalo** : Si se pou telefòn ou an w fache konsa a, ou gen rezon. Li te bèl vre wi ! Jan w chèlbè ak li. Tout jounen, se fè foto, eksetera.

**Mari** : Sot kote m lan.

**Kalo** : Men se zanmi w mwen ye…

**Mari**: Ale m di w. M pa bezwen tande w. Ou konn zanmi konn fawouche zanmi?

**Kalo** : Ok. Pa gen pwoblèm. Kiyès ou vle m fawouche?

**Mari** : Ti nèg sa a nève m vre wi ! M ka ba w kou wi. Kalo!

**Kalo** : Bon m serye koulye a. Telefòn ou an …

**Mari** : Kisa w konn de telefòn mwen an?

**Kalo** : Mwen wè l nan men Jozye. Misye ap mande kimoun ki mèt li.

**Mari**: Ou pa wè ! Ou toujou ap jwe.

**Kalo** : M te kwè m di w m serye. Ou mèt kwè m wi.

**Mari** : Gade ! m pral kot Jozye koulye a. Si se manti, ou mèt tou kite lekòl sa a. Paske m ap toupizi w. M ap kraze w. W ap tou kite fawouchè jodi a.

*Mari leve byen move pou l al kote Jozye. Li moute eskalye a. Li pase sou kote machin direktè a pou l rive kot Jozye dèyè sal konferans lan. Lè l rive li wè misye ap ranmase fatra li sot bale yo. Li di l :*

**Mari** : Bonjou mesye Jozye.

**Jozye** : Bonjou madmwazèl. Kouman w ye?

**Mari** : Mwen byen wi gras a Dye. E oumenm? Kouman fanmi w yo ye?

**Jozye** : Yo tout byen wi, mèsi. Se pa bèl sèlman w bèl. Ou janti tou.

**Mari** : Mèsi.

**Jozye** : Ou sanble bezwen m. Kisa m ka fè pou ou demwazèl?

**Mari** : Yon zanmi mwen di m ou genlè jwenn yon telefòn ki te pèdi nan sal konferans lan talè a wi.

**Jozye** : An, wi ! M jwenn yon telefòn wi. Men eskize m wi. Se pa w li ye?

**Mari** : Wi, m panse sa wi. Pa m lan pèdi tou. Apre m fin sot nan konferans lan m pa wè l. M panse se ka li ou jwenn lan.

**Jozye** : Padone m si m mande w sa. Dekri telefòn nan pou mwen pou m ka konn si se pa w la li ye vre.

**Mari**: Pa gen pwoblèm. Li pa gen bouton ladan l epi do l gen yon desen yon pòm ki manke moso.

**Jozye**: Fòk ou ta ban m nimewo l tou wi.

**Mari** : Nimewo l se : 32 18 11 45.

*Josye rale telefòn li, li konpoze nimewo a epi telefòn*

*nan sonnen nan pòch li.*

**Jozye** : Ou gen rezon w demwazèl. Se pa w la vre. Men li.

**Mari** : Mèsi anpil, mesye Jozye.

**Jozye** : De ryen matmwazèl.

**Mari** : Rele m Mari. Ou pa konn jan w sove m la a. Yo fenk achte sa a pou mwen ankò. M te gen youn deja, li te pèdi nan kamyonèt. Papa m te di m depi m pèdi sa a ankò, li p ap achte pou mwen ankò

**Jozye** : Koulye a, w a pran prekosyon ak li Mari. Kite m kontinye travay non. N ap pale yon lòt fwa.

**Mari** : Wi. Mèsi anpil.

*Kalo ak Lesli kanpe sou balkon an. Y ap gade Jozye ak Mari. Lè Mari vire, li leve tèt li epi li wè nèg yo t ap gade l. Li fè yo siy epi li di :*

**Mari** : Vini m pale nou ti mesye.

**Lesli** : Moute pito.

**Mari** : Ou wè gen moun onèt toujou nan sosyete a.

**Kalo** : Wi, kisa w ka di? Sa a ou ka di l fò.

**Lesli** : Sa ki fè m plezi a se paske se pa pozisyon sosyal yon moun ki fè l onèt.

**Mari** : Ou imajine Jozye se jeran lakou lekòl la. Menm lè l pa gen mwayen, li toujou kenbe diyite l.

**Kalo** : Sa a se yon bon bagay. M konnen gen moun olye yo ta bay bagay sa a, yo ta pito kenbe l epi yo van li yo aprè.

**Lesli**: Li t ap vann telefòn ou an pou yon bon lajan wi.

**Mari** : Bondye ki fè l te respekte sa ki pa pou li.

**Kalo** : Sa a se yon bagay pou nou kopye wi.

~*~

**Yon seminè** – A seminary or a seminar
*****Sal la** – Room
*****Ranje** - Fix / Organize
**Bliye** - Forget
*****Chèz** - Chair
*****Atè a** – On the ground
**Koulwa a** - The hall
*****Bous** – Purse / Handbag
**Lakou** – Yard
*****Mèt yo** – The owners
*****Deyò a** - Out / Outside
**Pa w** – Yours
**Non, se pa pou mwen non** – No, it is not mine.
*****Mesye a vire *dèyè sal konferans lan** – The man turned behind the conference room
*****Kot pa w la?** – Where is yours?: Kote is the abbreviation of kote. Haitians use this word sometimes to express where.
*****Pòch** - Pocket
**Se petèt pa Mari a paske m wè li t ap fè tèt *cho** – Maybe it is Mary's because I saw her worried.
**Fè tèt cho** – worry / anxious: This is verbal expression.
**Ki kote l ye?** – Where is she?
**Anba mach eskalye yo** – Under the stairs?
**Jan w tande a** – Just as you hear it?
*****Parèt** – Appear / Show up
**Ki kote w te kite l?** – Where did you leave it?
**Kat *idantifikasyon *nasyonal mwen an ladan l** – My national ID card is in it.
**Ok, ou pa bay *manti** – Ok, you don't lie.
**Pran plis prekosyon** – Take more precaution / Be

more careful

**Paske w pa janm konnen** – because you never know

**Se kapab yon lòt moun ki jwenn li** – If it is someone else who finds it

**Olye** – instead of

**Apresa** – After that

**Jozye foure men nan pòch *chemiz li** – Joshua put his hand on his pocket.

**Pran prekosyon ak afè nou lè nou pati ak yo** – Be careful with your things when you go out with them.

**Bondye va remèt ou sa** – God is going to reward you for this.

**Li pran direksyon Direksyon lekòl la** – He heads to the main office of the school: The first direksyon express toward and the second Direksyon the main office.

**Arebò** - around

**Sal enfomatik la** – Technology's room

**Pi vit** - Faster

**Eskalye a** - stair

**Men nan machwè** - hands in the cheeks

**Figi l fennen epi li move pase sa w pa konnen** - Her cheek fades away (she is sad) and more upset than what you can't imagine.

***Bay *blag** – Joke

**Fè komantè** – Comment on something

**Li fè Mari siy** – He waved Merry / Make sign

**Kite m an *repo m, ti *gason** – Leave me along boy

***Devan** – In front of

***Etidyan** – Student

***Pozisyon** – Position

**M pa menm sou san m la a** – I am not really into this.

**Se serye wi. Se yon bon bagay m ap di w** – It is really serious. I am going to tell you something good.

**Tekwè m di w ban m vag** – I thought I told you to leave me alone.

**Bay \*vag** – give it up: It is a very common Creole expression.

**M pa sou pale la, ti nèg. Ban m lapè m** – I am not into / interested on talking boy. Leave me alone.

**\*Fache**-Angry

**Jan w chèlbè ak li** - How proud you were with it!

**Tout jounen, se fè foto, se**… - All day long, was taking picture and…

**Sot kote m lan** – Get away from me

**Ale wi m di w** – Go way, I have told you so.

**M pa bezwen tande w** – I don't need to listen to you.

**Ou konn zanmi konn fawouche zanmi?** - You know that friends don't make fun of each others.

**Ti nèg sa a nève m vre wi !** – This boy really gets me on my nerve.

**M ap ba w kou wi. Kalo!** - I might punch you, Kalo!

**Misye ap mande kimoun ki mèt li** – He asked me who is the owner.

**Ou pa wè ! Ou toujou ap \*jwe** – You see, you are always playing.

**Paske m ap toupizi w** - Because I will mash you.

**M ap \*kraze w** – I will crush you

**\*Machin direktè** – The car of the principal

**Ranmase \*fatra** – Pick up the trash

**Li sot bale yo** – He just broomed

**Se pa bèl sèlman w bèl** – You are really beautiful.

**Ou janti tou** – You are nice as well.

**Talè a** – Before / A few minutes ago

212

**Padone m si m mande w sa** – Forgive me if I ask you this

**Dekri** - Describe

**Desen yon pòm ki manke moso** – The design of an apple missing a piece

**Fòk ou ta ban m *nimewo l tou wi** – You have to give me the number as well

**Li konpoze nimewo** – He dialed the number

**Se pa w la vre. Men li** – It is really yours. Here you are.

**Ou pa konn jan w sove m la a** – You don't know how you've saved me.

**Yo fenk achte sa a pou mwen ankò** – They just bought it for me.

**Li te pèdi nan *kamyonèt** – I lost it in the pick up truck

**Kite m kontinye *travay non** – Allow me to continue working.

***Balkon an** – Balcony

**Moute pito** – I prefer you come up.

**Ou wè gen moun onèt toujou nan *sosyete a** – You see, there still honest people on the society.

**Wi, sa a ou ka di l fò** – Yes, you can say it out loud.

**Jeran lakou** - Caretaker

**Li toujou kenbe diyite l** – He always keeps his dignity.

**Bondye ki fè l te respekte sa ki pa pou li** – It is God that made him respect what is not his.

**Sa a se yon bagay pou nou *kopye wi** – This is something for us to imitate

# UNIT SIX
## Lavi 2 ti Gason
## Life of two young men

*De (2) zanmi kwaze sou yon teren foutbòl pandan yo al antrene. De zanmi sa yo rele Jan epi Pyè. Yo chak la nan lekòl diferan epi yo pa leve nan menm katye. Se paske yo nan menm ekip foutbòl ki fè yo rankontre. Anvan antrenman an koumanse, mesye yo koumanse pale de yo konsa.*

**Jan:** Sa k ap fèt Pyè?

**Pyè:** Anfòm wi, patnè m. E pou ou sa k pase?

**Jan:** Nou trankil wi la a. Kouman moun lakay ou yo ye?

**Pyè:** Yo tout byen wi ak Jezi. E pa w yo, kouman yo ye?

**Jan:** Yo byen, patnè. Ou poko wè antrenè a vini? Ou la a lontan?

**Pyè:** Wi. M la a yon bon moman wi. M poko wè misye non. Ann tann pou n wè. Li ka byen pran nan blokis. Ou konn jan lari a ye.

**Jan:** Monchè! Gen yon gwo blokis nan lari a wi, nan moman sa a. Sitou lekòl fenk lage. Depi se lè sa yo, pa janm pa gen blokis.

214

**Pyè:** M panse se te bò lakay mwen sèlman ki te gen bagay blokis la wi.

**Jan:** Woy! Ou poko konn anyen. Lòtjou m pran nan yon blokis depi 7è nan maten, m rive lekòl la a 8è edmi.

**Pyè:** Kisa! kisa sansè lekòl ou a di? Yo kite w antre?

**Jan:** Yo kite m antre wi. Paske yo pa renmen kite elèv yo deyò ak inifòm lan sou yo. Yo fè m antre epi yo mete m ajenou.

**Pyè:** Ou pat eksplike sa ki te pase a?

**Jan:** Sansè lekòl mwen an pa nan pale anpil ak moun. Depi w an reta, se ajenou w prale. Lekòl ou a pa konsa limenm?

**Pyè:** Non, men y ap mete reta a nan kanè w si w gen 15 minit reta. Si se plis ke sa, y ap voye w tounen lakay ou. Ou pa menm bezwen frape baryè lekòl sa a menm. Apresa, nan fen ane a, yo pral gade konbyen reta ak absans ou genyen. Si w gen plis pase 5, y ap mete w deyò.

**Jan:** Wow! Lekòl ou a diferan nèt.Yo poko voye w tounen lakay ou paske w an reta?

**Pyè:** Wi, yo te voye m tounen yon fwa. Monchè! Manman m ban m yon pinisyon! M sèmante pou m pa janm an reta ankò.

**Jan:** Kisa ki te fè w an reta jou sa a?

**Pyè:** M t ap gad yon fim nan aswè epi m al dòmi twò ta. M te leve ta nan demen. Manman m pa okipe m menm. Li te pare pou mwen. Li konnen m t ap anreta epi yo t ap voye m tounen. Yo pa konn voye w tounen lakay ou tou?

**Jan:** Wi, yo konn voye m tounen tou wi. Se pou kòb lekòl la. Epi yon lè m t ap pale nan klas. Epi m te anpeche kou an fèt. Direktè lekòl mwen an te voye m al chache paran m.

**Pyè:** Kisa paran w te fè lè yo rive nan direksyon lekòl la?

**Jan:** Direktè a ak sansè a mande pou yo ban m yon bon pinisyon pou m ka pran leson. Papa m te fè m pase yon move moman! M pa kache di w sa.

**Pyè:** Moun lakay ou genlè sevè papa?

**Jan:** Ou pa bezwen mande! Manman m koul limenm. Li pa renmen bay pinisyon. Li plis renmen pale ak moun. Papa m menm, li p ap kite anyen pase. Depi w panche, l ap drese w. Kouman moun lakay ou ye yo menm?

**Pyè:** Prèske menm jan ak pa w yo. Men sa ki diferan an, se manman m ki pa manje anyen frèt lakay la. Papa m pa gen pwoblèm, li pi toleran. Depi yo bezwen bay pinisyon, yo rele manman m. Ou te mèt prepare w lè sa a. Paske w pral pase yon move moman ak madanm sa a.

**Jan:** Pale m de sè w yo ak frè w yo non?

**Pyè:** Mwen pa gen sè. Mwen gen yon gran frè ak yon ti frè. Yo tou 2 se moun ki koul. Pi gran an nan inivèsite. L ap etidye medsin. Ti frè m lan limenm. Li nan segondè toujou.

**Jan:** Yo konn jwe boul tou?

**Pyè:** Frè m yo konn jwe wi. Ni papa m tou. Men papa m ak gran frè m lan pa gen tan pou yo al jwe. Se mwen ak ti frè m lan sèlman ki gen tan pou jwe. Se sa k fè m antre nan ekip sa a. E pa w yo?

**Jan:** Mwen gen yon gran frè, yon gran sè ak yon ti sè. Sèl mwen ki renmen foutbòl nan yo. Sè m yo se volebòl yo jwe paske se li yo renmen. Gran frè m lan, limenm, se baskèt li konn jwe. Li pa konn anyen nan foutbòl. Men m pye goch li li pa konnen nan foutbòl. Papa m ak manman m te konn kouri lè yo te jenn. koulye a, yo kouri yon lè konsa, si yo gen tan.

**Pyè**: M pa janm wè ni manman m, ni papa m ap fè espò. Sanble yo pat konn fè espò lè yo te jèn. Kouman bò lakay ou ye? gen kote pou moun jwe?

**Jan:** Wi gen yon kote nou konn al jwe nan yon lekòl. Apresa, pa gen kote. Si yon moun bezwen jwe, li oblije vin sou teren sa a oswa l al sou yon plas. Ri nan katye lakay mwen yo gen adoken ladan yo. Toujou gen bèl animasyon chak fen semenn. Gen kouran tout jounen. E bò lakay pa w?

**Pyè**: Gen plizyè teren pou moun jwe bò lakay mwen. Si w vle jwe baskèt, foutbòl, oswa volebòl, w ap jwenn kote. Men pa gen kouran tout lajounen. Gen kouran lannuit sèlman. Ri bò lakay mwen yo asfalte. Epi gen yon gwo plas kote moun konn al anmize yo. Men pa gen animasyon nan fen semenn. Sèl animasyon, se legliz ak plas la.

**Jan:** Si m te ret bò lakay ou, m t ap jwe anpil wi. Ou konn al legliz?

**Pyè**: Wi, m toujou al legliz chak dimanch. M konn al nan lajenès jou lendi yo. Madi yo fè jèn. Mèkredi yo fè etid labib. Jedi yo fè lapriyè nan legiz la. Vandredi ak Samdi pa gen anyen. Ou konn al legliz tou oumenm?

**Jan:** Wi. Mwen al legliz chak dimanch tou ak tout moun lakay mwen. Legliz mwen an pa fonksyone menm jan ak pa w la sèlman. Yo fè jèn nan samdi pito. Yo fè repetisyon pou koral nan jou lendi yo. Yo fè vèydenwi chak madi swa. Yo fè etid labib nan jou jedi. Vandredi apremidi yo, se asosyasyon jenès la ki reyini. Aprèsa pa gen anyen lòt jou yo. Mwen patisipe nan prèske tout aktivite sa yo. Mwen pa al nan etid labib la fasil sèlman.

**Pyè:** Etid la bon wi. Fòk ou fè yon jan pou w patisipe ladan pi souvan wi. L ap bon pou ou. Jou dimanch, se wè pou w ta wè moun nan katye lakay mwen. Menm si w ta bezwen youn pou w fè remèd, ou p ap jwenn lakay yo. Yo tout al legliz. Yo tout abiye yo byen fre. Yo al nan tout legliz. Gen yon seri ki se advantis. Yo al legliz jou samdi. Temwen Jeova yo menm, toujou ap pase fè etid nan apremidi yo ak nan dimanch maten. Yo fè legliz nan dimanch apremidi ak kèk jou nan lasemenm nan apremidi.

**Jan:** M poko wè yo fè legliz nan maten vre non. M pa konn si yo fè, menm poko wè sa. Ant legliz Asanble de Dye, legliz de Dye, legiz Batis, legliz Metodis ak legliz Nazareyen, kiyès ou pi renmen?

**Pyè:** M pa bezwen konnen. M al nan tout mwen menm. Men kote m mache a se legliz Batis li ye. E oumenm?

**Jan:** Mwen pi renmen legliz de Dye yo. Se nan youn mwen ak fanmi m mache. Legliz ou a lwen lakay kote w rete a?

**Pyè:** Wi. Se machin pou m peye pou m al ladan l. E pa w la?

**Jan:** Pa m lan tou pre lakay la. Yon ti mache, m gentan rive ladan l tou. Men antrenè a! Nou pral koumanse antrenman an.

**Pyè:** Se vre? Enben n ap gentan fin pale bagay sa yo.

**Jan:** Lè n fini m ap tou al lakay ou avè w pou m ka konn zòn lakay ou.

**Pyè:** Pa gen pwoblèm. Nou prale talè.

*Se konsa antrenè a parèt ak yon gwo sak plen balon. Li lage l sou teren an epi ti mesye ekip la koumanse jwe ak yo. Y ap choute, fè pas, epi aprann kouri ak balon an. Apresa yo fè yon bon seyans antrenman.*

~*~

**Yon teren *foutbòl** – a Football field

**Antrene** - Train

**Yo pa leve nan menm katye** – They didn't grow up in the same neighborhood

***Ekip foutbòl** – Football team

**Antrenman** - Training

**Anfòm, patnè m** – I am fine, partner

**Nou trankil wi la a** – chilling

**Yo tout byen wi ak *Jezi** – They are all good with Jesus: This is a way to show God's merci when answering.

**Antrenè** – Trainer / coach

**Ann tann pou n wè** – Let us wait to see

**Li ka byen pran nan blokis** – He could be stuck in the traffic

**Monchè** – My dear

**Sitou lekòl fenk *lage** - Especially as school is just over.

**Lòtjou** – The other day

**kisa sansè lekòl ou a di?** What did the censor say?

**Elèv yo** – The Students

***Inifom** – Uniform

**Yo mete m *ajenou** – They made me kneel: This is a type of punishment for children.

***Jedi** - Thursday

***Baskèt** – Basket

**Mete reta a nan kanè w** – Put a late checking mark in the record

**Si se plis ke sa** – If it is more than that

*__Frape baryè__ – Knock on the gate

**Absans** – Absence

**Pinisyon** - Punishment

**Sèmante** - Swear

**M t ap gad yon fim** – I was watching a movie: Note the contraction of **gade (gad)**, Haitians tend to abbreviate almost everything.

**Li te pare pou mwen** - she was ready for me.

**Se pou kòb lekòl la** – It's for the school fees

**M te anpeche kou an fèt** – I was interrupting the class

**Paran m** – my parents

**Pou m ka pran leson** – So I can lear the lesson

**Yon *move moman** – a hard time / a bad time

**M pa *kache di w sa** – I don't hide to tell you this

**Moun lakay ou genlè sevè papa** – It seems that your parents are strict: Haitians sometimes use the expression "**moun lakay mwen / ou /li...**" to say my / your / his parents.

**Manman m koul limenm** – My mother is cool

**Depi w panche** - If ever you mess it up

**L ap drese w** - He will straighten you

**Se manman m ki pa manje anyen frèt lakay la** - It is my mother who does not play game. She is ready to punish.

**Li pi toleran** – He's more tolerant

**Medsin** – medicine

*__Minit__ – Minute

**Yo konn jwe boul tou** – They know how to play soccer.

**Jwe boul** – Play soccer: Creole expression.

*****Volebòl** – Volleyball

**Baskèt** – Basketball: Abbreviation of **Baskètbòl**

**Men m pye goch li pa konnen nan foutbòl** - He can't play soccer

*****Jenn** – Young

**Jèn**- Fast / Fasting

**Fè *espò** – Do sport. Another spelling **Spò**.

**Ri nan katye lakay mwen yo ken adoken ladan yo** - The streets in my neighborhood are paved.

**Toujou gen bèl animasyon chak fen semenn** – There's always good animation every week.

**Teren** – field / land

*****Aprann** - Learn

**Asfalte** - Asphalt

**Al anmize w** - Go to have fun / Amuse.

**Ou konn al *legliz?** – Do you go to church?

**Nan lajenès jou** – In the youth day.

*****Madi yo fè jèn** – Tuesday is the day of fasting

**Etid *labib** – Bible study

**Fè lapriyè** - pray

**Fonksyone** – Function / Work

**Yo fè repetisyon pou koral nan *jou lendi yo** - There is choir rehearsal on Monday.

**Vèydenwi** - Night fast

**Se *asosyasyon jenès la ki reyini** – It is the youth group that gathers

*****Patisipe** – Participate

*****Aktivite** - activity

*****Souvan** - frequently

**Nan katye lakay mwen** – On my neighborhood

**Fè remèd** – make remedy / medicine

**Yo tout \*abiye yo byen fre** – They all dress very nicely

**Advantis** - Adventist

**\*Temwen Jeova** – Jehova Witness

**Ant** - Between

**\*Edmi** – Middle / Half

**Legliz \*Asanble de Dye** – Assambly of God's church

**Legliz de Dye** – The church of God

**Legiz Batis** – Baptist church

**Legliz Metodis** - Methodist church

**Legliz Nazareyen** – Nazarene church

**Legliz de Dye yo** – The churches of God

**Nou prale talè** – We are leaving soon. Haitians sometimes use **prale** instead of **pral ale.**

**Yon gwo \*sak plen balon** – a big bag filled with balls

**Y ap choute** – They are kicking

**Fè pas** – make a pass

**Aprann kouri ak balon an** – learn to run with the ball

**Apresa yo fè yon bon seyans antrenman** - After that, they made a good training game.

# UNIT SEVEN
## Nan Kafeterya
## At the Cafeteria

*Ali ak Kamèl se 2 moun k ap travay pou yon gwo konpayi nan peyi a. Yon jou, nan lè poz la, yo rankontre nan kafeterya a. Kamèl te chita sou tab la poukont li epi li t ap manje. Ali, ki se yon anplwaye tou, te vin akonpaye l sou tab la paske l pat jwenn plas sou lòt tab yo.*

**Ali:** Plas sa a pa gen mèt? M ka chita avèk ou silvouplè? Bonjou.

**Kamèl:** Bonjou mesye. Li pat ko gen mèt non. Ou ka chita pou w vin mèt li.

**Ali:** Mèsi. Mwen rele Ali.

**Kamèl:** Kamèl

**Ali:** Ou gen yon bèl non. Kimoun ki te ba w non sa a?

**Kamèl:** Mèsi. Se papa m ki te rele m konsa. Ou renmen non an?

**Ali:** Wi. Mwen renmen l anpil wi. M anvi rele pitit fi mwen an konsa wi lè l fèt. Bòn apeti Kamèl.

**Kamèl:** Mèsi. Bòn apeti Ali.

**Ali:** Mèsi. w ap travay depi lontan nan konpayi an?

**Kamèl:** Wi. M ap travay isit la depi 3 zan. E oumenm?

**Ali:** M gen lontan ap travay nan konpayi an tou wi. Men m gen plis tan ap travay la a pase w. M gen 5 an mwen menm. Nan ki pòs ou ye?

**Kamèl:** Mwen se asistan Direktè pwodiksyon an. E oumenm?

**Ali:** Mwen se sipèvizè nan livrezon an. Ou nan pòs sa a lontan?

**Kamèl:** Non. Mwen t ap travay nan resepsyon an, an premye. Apre yon lane, m te vin transfere kòm sekretè Direktè maketin nan. Ane sa a, m vin kòm asistan direktè pwodiksyon an. E ou?

**Ali:** Mwen nan pòs sa a depi m te koumanse travay isit la.

**Kamèl:** Ou genlè byen renmen pòs la?

**Ali:** Mwen pa gen pwoblèm ak li non. Epi m pa renmen plede ap chanje pòs oswa depatman nan konpayi an sof si se pwomosyon. E ou? Ou te toujou renmen pòs ou yo?

**Kamèl:** Pou m di laverite, m pat renmen tout. Sèl sa m ye koulye a m fè yon ti renmen. Paske etid mwen ban m kapasite pou m fè plis pase sa yo ban m fè yo. Epi m pa renmen pi ba pase kapasite m. Mwen pa santi m fè efò lè sa yo. Sanble se kontrè pou ou?

**Ali:** Wi. Mwen renmen travay nan pòs kote m ap pale ak moun, kote ki gen aktivite. Sa fè m santi m ap viv. Kisa w te etidye?

**Kamèl:** M etidye jestyon nan "Lekòl Nasyonal Administrasyon". M aprann pale plizyè lang tankou: Panyòl, fransè ak anglè, plis kreyòl la ki se lang manman m ak papa m. E oumenm? Ki kote w te etidye?

**Ali:** Mwen se vandè. M te etidye vant nan lekòl

"Salezyen". Nan lekòl sa a tou m te aprann maketin avèk komikasyon. Paske m renmen fè moun jwenn sa yo renmen. M renmen wè lè moun kontan paske yo satisfè. Konbyen tan etid ou yo te dire?

**Kamèl:** M te pase 4 lane ap etidye jestyon. Pandan tan sa a, m te tou ap etidye anglè a. Lè m te gen lisans mwen an, apre 4 ane sa yo, m te pase 2 lòt ane pou m aprann panyòl ak fransè. Ou kwè w pase tout tan sa a ap etidye tou?

**Ali:** Mwen, m te pase 4 lane sèlman ap etidye nan lekòl la. M te pase 2 lane nan chak bagay yo. Apre sa, m te pase 2 lane ap mache fè estaj nan antrepriz yo anvan m te vin ap travay isit la. M te bliye di w sa, mwen pale panyòl tou wi, apre fransè ak kreyòl.

**Kamèl:** Ki kote w te aprann pale panyòl?

**Ali:** Mwen pa t al lekòl pou li non. Papa m konn pale panyòl paske li te etidye Sendomeng epi manman m pale l tou. Limenm li t al nan enstiti pou l te aprann li. Yo tou 2 renmen panyòl epi yo toujou gen zanmi etranje k ap vin lakay la. M tou aprann ak yo. Se nan lekòl vant lan yo te ban m fransè! M twouve w fè anpil tan ap etidye oumenm. Kouman w te fè?

**Kamèl:** Li pa fasil ditou pou moun ki pase tout tan sa ap etidye. Pou mwen, li te difisil anpil. Men nan kòmansman, m te gen difikilte pou adapte m ak fason pwofesè yo t ap anseye. M te dwe leve pi bonè. Chak jou, m al lekòl. M te oblije dòmi ta pou m te ka gen mwayen pou m fini fè devwa m genyen yo epi pou m revize. Pafwa, pat gen kouran nan katye lakay mwen pou m etidye lannwit. M te dwe rete nan bibliotèk lekòl la pou m fè devwa. Li te vin fatigan pou mwen anpil lè m te gen pou m sot lekòl epi al nan enstiti pou m te aprann lang yo. Pafwa mwen te konn ap soti ta nan lekòl la. Lè sa yo, li te konn difisil pou m jwenn kamyonèt ak bis. Anplis m pa t gen ase lajan pou m pran taksi.

**Ali:** Ay! Bagay yo pat dous pou ou.

**Kamèl:** Ou wè pitit! Pale m jan sa te ye pou ou non oumenm.

**Ali:** Bagay yo pat dous pou mwen tou non. Mwen te oblije chanje tout lavi m nèt pou m te kab rive fè etid sa yo. Mwen te renmen jwe foutbòl anpil. Chak jou m te konn al jwe. Chak fen semenn m te konn al nan plaj. M te konn pase yon pakèt tan nan televizyon. Tout bagay sa yo pat ka egziste nan lavi m ankò, depi m fin antre lekòl la. M te oblije mete lòd nan lavi m. Mwen pat gen pwoblèm ak pwofesè yo. Men se lè pou m te konpoze m te gen tout pwoblèm nan. Depi se egzamen, m sou estrès, m pa ka manje, m pa ka dòmi. M te konn rete konsa jouk egzamen yo fini.

**Kamèl:** Ou te pase pa w tou.

**Ali:** Konsa sè m! Men, ki moman w te pi renmen pandan etid ou yo?

**Kamèl:** Sa a se yon bèl kesyon! M gen plizyè bagay ki te make m nan etid mwen yo. Lè lekòl la te vin ouvè ankò, apre konje, mwen te wè non m afiche nan tablo onè lekòl la. Tout moun t ap mande: "Kiyès ki Kamèl la?" Te gen yon zanmi ki te wè m ap vini, li rele m byen fò. Apre sa, tout moun te vire je gade m epi yo te koumanse aplodi m. M te tèlman kontan epi sezi, m te kriye. Anfen, dwayen an te ban m yon sètifika ekselans. Di m pi bon moman pa w la tou koulye a.

**Ali:** Mwen, se te yon lè yon pwofesè gade m epi l di m: "Mesye Ali, ou se yon nèg serye." Mwen te ouvè bouch mwen pou m mande li poukisa, men m pat pale ankò. Li te kontinye pou l di m: "Ou ka chwazi demanti m oswa ban m rezon." Lè sa a tout etidyan t ap gade m. Epi, depi lè a tou, m met lòd nan lavi m. Paske m te deside bay pwofesè a rezon. Se sa ki te chanje lavi m tou.

**Kamèl:** Waw! Sa a pwofon!

**Ali:** Wi se vre. Koulye a di m ki moman ki pi mal ou te pase pandan w t ap etidye a.

**Kamèl:** Se te yon fwa, m te gen yon devwa pou m te remèt nan demen. M te rete ap fè devwa a nan bibliotèk la. Lè m te fini, li te gentan 7 è nan aswè. Ou konnen, nan lè sa a, li fè nwa epi li difisil pou jwenn machin. M te bliye si m pat manje pou jounen sa a. Yon sèl kou a, m te vin grangou anpil. Men m taksi m pat ka jwenn pou m te al lakay mwen. Men m lè a tou, pandan m ap tann machin, yon lapli te koumanse tonbe. M te mouye nèt epi m te oblije fè yon pakèt mache anba lapli a anvan m te vin jwenn yon bis ki pral bò lakay mwen. M te wont anpil, pandan m te chita nan machin nan, paske se mwen sèl ki te mouye. Kou m te rive lakay mwen, m te tou gen lafyèv. Bagay sa a te fè m pase plizyè jou m pat ka al lekòl paske m te oblije al lopital. Chak fwa m sonje bagay sa yo, yo fè m tris.

**Ali:** Ou gen rezon.

**Kamèl:** Ou pa t pran bagay sa yo non oumenm?

**Ali:** Pa pran menm! Yon jou volè te manke touye m pandan m t ap sot lekòl nan aswè. Jou sa a, kou yo te fini byen ta, pase se nan apremidi m t ap etidye lè sa yo. 2 nèg rale zam yo sou mwen epi yo di m: "Ban n tout sa ki sou ou!" Youn te tonbe fouye m epi lòt la te

227

kole zam li an bò kòt mwen. Apre yo te fin pran tout afè m, yo di m: "Ale! Epi pa gad dèyè! Si w gad dèyè m ap tire w." M te sezi anpil wi jou sa a. M te tèlman sezi, m te tranble tankou fèy bwa.

**Kamèl:** Sa a te pi rèd!

**Ali:** Men tout bagay sa yo pase. Koulye a, n ap jwi rekonpans etid yo.

**Kamèl:** Wi se vre. Apre lapli, se bon tan. Li lè pou n rekòmanse travay wi.

**Ali:** Wi ou gen rezon. M pa wè kilè tan an pase non. Li tèlman entèresan pou pale ak ou! M kontan rekonèt ou Kamèl.

**Kamèl:** Ni mwen tou Ali. Mwen pa regrèt ou akonpaye m.

~*~

**Nan *lè poz la** – At break time

**Kafeterya a** - Cafeteria

***Anplwaye** – Employee

**Akonpaye** - accompany

**Plas sa a pa gen mèt** – is this seat taken

**M anvi rele** – I wish to call

**Bòn *apeti** – Enjoy your meal

**Nan ki pòs ou ye?** – What is your title position?

***Asistan Direktè *pwodiksyon an** – Assistant of Production's director

**Mwen se sipèvizè nan livrezon an** – I am a delivery supervisor

***Livrezon** – Delivery / release / liberation

**Ou nan pòs sa a lontan?** – How long have you been in that position?

**Resepsyon** - Reception

**Kòm sekretè Direktè maketin nan** – As Marketing

Director assistant

**Plede** – keep on / continuously

**\*Depatman** – Department

**Sof si se pwomosyon** – Only if it is a promotion

**Pou m di \*laverite** – to tell you the truth

**\*Kapasite** - Capacity

**Sa fè m santi m ap viv** – It makes me feel alive

**Plizyè \*lang** – Several languages

**\*Panyòl** – Spanish

**\*Kreyòl** – Creole

**Lang manman m ak papa m** – Native Language / Mother language.

**Vandè** – Salesman or seller

**Vant** - Sales

**Maketin ak \*komikasyon** – Marketing and Communication

**Satisfè** - Satisfy

**Konbyen tan \*etid ou yo te \*dire?** – How long did the study last?

**Lè m te gen \*lisans mwen an** – When I get my license

**Fè estaj nan antrepriz** – Make my intership at an enterprise / Work experience

**Sendomeng –** Santo Domingo

**Enstiti** - Institute

**Twouve** - Find

**Li pa fasil ditou** – It is not easy at all.

**Koumansman** – Beginning / Start

**M te gen difikilte pou \*adapte m** – It was difficult for me to adapt

**Anseye** – Teach

**\*Mal** – Evil

**M te dwe leve** – I had to get up

**\*Dòmi** - Sleep

**M te dwe rete** – I had to stay

**\*Bibliotèk lekòl** – School library

**Fè \*devwa** – Do homework

**Li te vin fatigan** – It became boring / tiredsome

**Pafwa** - Sometimes

**\*Taksi** - Taxi

**Bagay yo pat \*dous pou ou** – Things were not easy for you.

**Plaj** - Beach

**Egziste** - Exist

**M te oblije mete lòd nan lavi m** – I was forced to organize my life

**Konpoze** - take an exam

**\*Egzamen** - Exam

**M sou estrès** – I was stress

**Afiche nan tablo onè lekòl la** – sticker in the board of honor of the school

**\*aplodi m** – They applauded me

**M te tèlman kontan epi sezi** – I was happy and at the same time surprised

**\*Kriye** - Cry

**Anfen, dwayen an te ban m yon \*sètifika \*ekselans** - At last, the dean gave me a certificate of excellence.

**\*ouvè bouch mwen** – Open my mouth. **Ouvè** is another spelling for **Ouvri.**

**Ou ka \*chwazi demanti m oswa ban m rezon** – You can choose to deny me or give me the reason

**Deside** - Decide

**Sa a pwofon!** – This is deep.

**Yon sèl kou a, m te vin \*grangou anpil** - all of a sudden, I felt very hungry.

**M te \*mouye nèt** – I was completely wet.

**M te wont anpil** – I was very embarassed

**M te tou gen \*lafyèv** – I also had a fever

**Chak fwa m sonje bagay sa yo, yo fè m tris** – Everytime I remeber these tnings, they made me sad

**Ban n tout sa ki sou ou!** – Give me everything you have

**Lòt la te kole zam li a bò kòt mwen** - The other put his gun in my side.

**"Ale! Epi pa gad dèyè!** – Go and don't look behind.

**Si w gad dèyè n ap tire w** – If you look back, I will shoot you.

**M te tèlman sezi, m te \*tranble tankou fèy bwa** – I was so afraid, that I was shaking like a tree

**Sa a te pi rèd!** – It was really bad / This was the worst.

**Koulye a, n ap \*jwi rekonpans etid yo** – Now, we are enjoying the rewards of the study.

# UNIT EIGHT
## Moman Konje
## Holidays

*Lwi ak Pedro te al nan vakans. Paske apre yon lane travay di, jan sa toujou ye a, yo toujou bay konje pandan youn ou 2 semenn. Lè yo tounen nan travay nan mwa fevriye a, yo tonbe pale sou fason yo te pase vakans lan.*

**Lwi:** Pedro, patnè m, kouman w ye?

**Pedro:** Mwen byen kolèg. E oumenm?

**Lwi:** Mwen solid wi la a. M wè w fre tou papa!

**Pedro:** Ou konnen! Apre repo a. M santi m djanm koulye a.

**Lwi:** Travay di sa yo mande repo vre wi. Kò a pa fè, li toujou mande repoze l. M wè w ap gad nan magazin papa! Kisa ki enteresan konsa a?

**Pedro:** M ap gad sa yo di sou yon seri de kote. Y ap bay konsèy. Y ap dekri kèk zòn. M ap prepare m pou konje m pral genyen nan mwa avril k ap vini an.

**Lwi:** O! Ou gentan ap prepare?

**Pedro:** Wi. Pi bonè se granm maten. Se pa lè dòmi nan je w pou w pare kabann ou. Apre vakans sa a ki sot pase a, m pran gou pou m kontinye al pase tan m yon bon kote. Se pa konsa w fè oumenm?

**Lwi:** Non. Se pa mwen ki planifye vakans mwen ni konje m yo tou. Madanm mwen bon nan bagay sa a. Li toujou gen bon kote ak bon aktivite. M pa konn sa m t ap fè san madanm sa a.

**Pedro:** Mwen ak madanm mwen toujou diskite anvan n deside sa n ap fè ak ki kote nou prale. Paske nou pa gen menm gou. Madanm mwen renmen plaj. Mwen, m renmen vizite pito. Mwen prefere mache nan bwa, moute mòn. Madanm nan limenm, li pa renmen mache ditou. Men nou pyès pa renmen al nan vakans poukont nou. Ki kote w te ale nan vakans ane sa a?

**Lwi:** Nou te ale plizyè kote. Kòm sete 2 semèn mwen te genyen sèlman. Nou te al nan fèt chanpèt, nou te al nan plaj epi nou te vizite anpil lòt zòn tou, mwen ak madanm mwen. Pale m ki kote w t ale Pedro pou vakans pa w la.

**Pedro:** M te al nan plaj ak madanm lan. Nou t al vizite Gonayiv, Sodo, ak Lagonav.

**Lwi:** Lagonav menm? Nou pa pè lanmè?

**Pedro:** Non. Nou pa pè lanmè non paske nou konn naje. Anplis, nou te mete jile nou sou nou nan chaloup. M te byen anvi al Jele, men m pa t gen tan.

**Lwi:** Ou poko al Jele?

**Pedro:** Non, m poko janm ale non. Sanble w t ale oumenm?

**Lwi:** Wi, nou toujou ale la wi. Ou genlè poko al Camp-Périn tou non?

**Pedro:** Monchè! M poko janm gen chans ale. Sa byen fè m mal. Kote yo nan peyi m epi m pa t janm ale ladan yo. Se moun k ap pale m de yo.

**Lwi:** Enben w poko konn anyen sou Ayiti. Ou pa konn

gou peyi a si se nan ti Pòtopren lan sèlman ak ti zòn ki anveronen l yo ou rete. Ni w p ap konn plezi ki gen nan peyi a. Lè w met tèt nan Sid, tou 2 bò wout la gen bèl pyebwa. Lè sa a, ou desann vit machin nan, pou w respire bon lè. Gen yon pafen natirèl k ap sot nan bwa yo. Lè w ap espire a lejè! epi pa gen salte. Pandan w ap kontinye sou wout la, ou vin gen enpresyon se nan lanmè a w pral antre, paske w ap gade l devan w lan. Lè sa a, w ap mande si nan zòn sa a se Ayiti tou paske Pòtoprens lan tèlman diferan de sa w ap viv kote sa yo. M konn desann machin nan pou m fè foto.

**Pedro:** Ou gentan ban m anvi fè Sid fwa sa a wi. Zòn nò a pa gen anpil pyebwa bò wout non, nan komansman. Men lè w ap gade, mòn adwat epi lanmè agoch ou pandan w ap file nan wout la. Monchè! Sa bèl anpil. Lè w rive nan zòn Latibonit menm, ou wè mòn yo lwen koulye a, epi wout la pase nan mitan jaden yo. Jaden diri 2 bò wout la. Yo fè peyizaj la vin bèl. Ou ta di se yon tablo atis bòs pent fè. Zòn sa yo, lè w ap pase ladan yo, yo lave lespri w. Estrès ou ale. Ou santi w lejè! Fò w ta di se ti zwazo, tèlman w lejè. Gade Lwi! Pase andeyò se youn, viv andeyò pou menm 2 jou, se yon lòt. Ou fè 2 jou andeyò deja?

**Lwi:** Gade misye! Se nèg andeyò m ye wi. Ou pat konnen! Se nèg Bèladè m ye. Se mwen ki pou pale w de andeyò.

**Pedro:** Zanmi m, m pa sot andeyò, men paran m te konn al andeyò avè m lè m te piti. Koulye a, m granmoun, m toujou renmen al nan zòn andeyò yo. Men se Gonayiv mwen plis konn ale. Bèl kote, ti gason! Fò w ta wè sa.

**Lwi:** M poko ale non.

**Pedro:** Se mwen k pou di w. Sa fè 3 mwa depi m t al wè yon zanmim lòtbò a. Zòn nan trankil! Ou mache lè w vle. Ou mèt kite afè w dòmi deyò a, pyès moun p ap pran l. M raple m zanmi m lan te soti ak nou sou yon moto. Lè n tounen lakay, li kite moto a bò lari a epi nou antre lakay la. Apre yon bon tan, mwen raple l li bliye moto a deyò a. Ou konn sa l di m?

**Lwi:** Kisa?

**Pedro:** Li di m konsa: " Sa a se pa lakay ou Pòtoprens non. Bò isit la w te mèt kite afè w atè, ou p ap jwenn moun rann ou sèvis vòlè l. Tout moun respekte l. Epi w mache lè w vle." m tou fèmen bouch mwen la. M pa di anyen. Paske l te gen rezon. Moun andeyò, se lòt bagay!

**Lwi :** Ou mèt di sa fò! Epi yo renmen pran ka moun tou wi. Depi yo wè w, yo salye w. Menmsi w pat wè yo. Tout timoun rele w tonton. Mande m kilè w te frè manman yo ak papa yo. Anplis, menm lè yo prese, fòk yo fè yon ti kanpe pou pale ak ou. Yo toujou ap mande: "Kouman kò a ye? Ban m nouvèl fanmi an non?" Yo gen pou yo site non mezi se moun ou gen lakay ou, pou konn jan yo ye ak sa yo fè. Sa k pi rèd la, yo renmen etranje anpil. Yo toujou ap sere bon bagay pou yo ka resevwa etranje. Yo konn tèlman pran ka m, m wont.

**Pedro:** M konn anbarase vre wi. Lè konsa m oblije fè menm jan ak yo pou m pa parèt twò etranj. M renmen yo anpil paske yo onèt. Ou mèt wè yo malere, yo respekte tèt yo. Yo kenbe mo yo. Si yo di w wi, se wi. Men si yo di w non tou, se non. Pa anmède yo.

**Lwi:** Pandan yo konsa a, yo konn frajil tou wi. Ou konnen nan kèk zòn andeyò pa gen tribinal ni lapolis epi sa ki genyen yo lwen. Enben se maji moun sa yo ki lapolis, ki lalwa, ki tribinal. Depi w pa gen rezon, depi w pran sa k pa pou ou, depi w fè yo abi, y ap manje w. Yo pa nan jwèt!

**Pedro:** Pou bagay manje sa a ki fè m pa ka fin alèz ak nèg andeyò. Yo di m depi w te gen pwoblèm ak youn oswa youn gen pwoblèm ak lòt gen 3 bagay ki ka pase: si gen lapolis, yo ka al fè plent pou ou. Apresa, se rale manchèt pou w goumen, oswa youn touye lòt nan maji. Yo fè lòt tounen zonbi pou yo vann kòm travayè oswa pou yo mete ap travay nan jaden yo.

**Lwi:** Kote y ap ri avè w la, se mache sou 13 ou pou w pa pile 14. San sa, y ap voye w nan peyi san chapo.

**Pedro:** Wi. Men sa pa anpeche m renmen yo pou sa. Zòn kote y ap viv la gen anpil bèl pyebwa epi li trankil. Lè yon moun bezwen fè vid nan lespri l, se nan zòn konsa yo pou l ale.

**Lwi:** Nan vakans k ap vini an, m pral vizite Gonayiv pou m wè. Ou pral avè m?

**Pedro:** Non. Mwen, se nan Sid mwen prale paske m bezwen konn jan sa ye lòtbò a.

**Lwi:** Se sa patnè m. Kite m al kontinye travay non.

**Pedro:** Pa gen pwoblèm. N a pale.

**Lwi:** OK, Kolèg!

~*~

**Nan \*mwa \*fevriye a** – In the month of february.
**Yo tonbe pale sou fason yo te pase vakans lan** – They started talking on how they vacation was.
**Kolèg** – Colleague
**Mwen solid wi la a** – I am fine. Another expression stating you are standing strong.
**M wè w fre tou papa!** – I see you are fine **as well**

(being fresh).

**M santi m djanm koulye a** – I feel strong now / I am in good shape now.

**Kò a pa \*fè, li toujou mande repoze 1** – The body cannot make it, it always asks for rest. (The body is not iron).

**Magazin** - Magazine

**Y ap bay \*konsèy** – They were giving advise

**Pi bonè se granm maten** – The early bird catches the worms. Creole Expression or proverb.

**M pran \*gou pou m kontinye** - I am motivated / encouraged to continue.

**Paske nou pa gen menm gou** – Because we don't have the same taste.

**Mwen prefere mache nan \*bwa, moute mòn** – I prefer to walk on the wood, climb montain

**Men nou pyès pa renmen al nan vakans *poukont* nou** - But none of us likes to go on vacation alone.


**Nou te al nan fèt chanpèt** - We went to town's party. This is a traditional and ritual party celebrated by Catholics honoring their saints. Every city has its own saint and party.

**\*Naje** – Swim

**Anplis, nou te mete jile sou nou nan chaloup la** - On top of that, we put life jacket on the longboat

**M te byen anvi al Jele men m pa t gentan** - I really felt like going to "**Jele**" but I didn't have time. *J**ele** is a name of a place in Okay, where they celebrate parties for tourists.*

**Camp-Périn** - **Camp-Périn**: name of a place in Haiti. Well known for its beauty and nature.

**\*Avril** - April

**Ou pa konn gou peyi a si se nan ti Pòtopren lan sèlman ak ti zòn ki anveronen l yo ou *rete*** - *You don't know the taste of the country if you only stay in Port-au-Prince and places that surround it you stay.*

**Lè w met tèt nan Sid** – when you head south.

**Bèl pyebwa** – beautiful tree

**Respire \*bon lè** – Breath fresh air

**Gen yon pafen \*natirèl** – There is a natural perfume

**Lè w ap espire a lejè!**- The air you're breathing is light.

**Pa gen \*salte** – There is no dirty

**Gen enpresyon** – You have the impression

**Fè foto** – Take pictures

**W ap file nan \*wout la** - You're going fast along the street. F*ile in this phrase means to go fast referring to a driver.*

**Nan \*mitan \*jaden yo** – In the middle of the gardens

**\*Diri** – Rice

**Yo fè peyizaj la vin bèl** – They make the sight to be beautiful

**Yo \*lave \*lespri w** – They clean your spirit.

**Estrès ou ale** – Your stress goes away

**Pyès moun p ap pran l** – Nobody will take it

**Mwen raple l li bliye moto a deyò a** – I reminded him that he forgot the moto outside.

**Bò isit la w te mèt kite afè w atè** - Here, you can leave your things even on the ground

**Rann ou \*sèvis vòlè l** – You will not find anyone to steal from you

**Respekte l** – Respect it

**M tou fèmen \*bouch \*mwen la** - I shut my mouth

right away.

**Tout timoun rele w tonton** – Everybody call you uncle

**Anplis, menm lè yo *prese** – Even when they are in a hurry

**Fòk yo fè yon ti kanpe pou pale ak ou** – They have to stop a little bit to speak to you.

***Resevwa etranje** – receive foreigner

**Yo konn tèlman pran ka m, m wont** - Sometimes they care for me so much, I am ashamed. *They are used to caring for me so much, I am ashamed.*

**M konn anbarase vre wi** - I am really used to feeling embarrass.

**Si yo di w wi, se wi. Men si yo di w non tou, se non** – If they say yes, it is yes and if they say no, it is no.

**Pa anmède yo** - Don't hassle them

***Tribinal** – Court

**Enben se maji moun sa yo ki ni *lapolis, ni *lalwa, ni tribinal** – So, it's their magic which is their police department, their law, their tribunal.

**Fè *abi** – Abuse

**Yo pa nan *jwèt!** – They are not playing or fooling around

**Pou bagay manje sa a ki fè m pa ka fin alèz ak nèg andeyò** - It's for the question of « eating » killing that makes me unconfortable with contrysiders. In Haitian's belief if someone dies and they think it was killed using magic they say "they ate that person"

**Fè *plent pou ou** – Lodge a complaint against you

**Se rale *manchèt** – Take machete

**Yo fè lòt tounen *zonbi** – They made others become zombie: This is a very powerful Haitain believing in the superstition of zombie.

**Se mache sou 13 ou pou w pa pile 14** - Don't cross the line. It is another warning expression.

**San sa, y ap voye w nan peyi san chapo** - Without it they will send you in the country of no return. Another expression signifying death *"peyi san chapo"*.

**Ou pral avè m** – are you going with me?

*Lespri – Spirit. **Espri** is another spelling.

# UNIT NINE
## Lavi yon Jenn Fanm ak yon Jenn Gason
## Life of a young woman and a young man

*Rachèl se yon demwazèl ki toujou renmen planifye tout bagay anvan l koumanse fè yo. Se konsa l toujou gen yon plan pou chak semenn. Danyèl, se yon jenn gason ki gen menm abitid la tou. Yo se 2 bon zanmi. Yo rankontre yon jou dimanch pandan yo pral legliz epi yo koumanse pale de plan yo.*

**Rachèl:** Bonjou Danyèl. Kouman w pase semenn nan?

**Danyèl:** Bonjou Rachèl. Mwen byen gras a Dye, mèsi. Mwen te pase yon bon semenm tou. E pou ou? Kouman sa te ye?

**Rachèl:** Ni mwen tou. M te pase yon bon semenn. Ou te fè tout sa w te pwograme pou w te fè nan semèn ki sot pase a?

**Danyèl:** Machè! M pa gentan fè tout non.

**Rachèl:** Kisa ki pase? Ki mirak ou pa gen tan fè yo! Jan m konnen w se moun ki gen disiplin!

**Danyèl:** Men sa k pase! M konn ale lekòl soti lendi pou rive vandredi. Epi chak jou m te konn al lekòl la bò 7è nan maten epi m konn tounen bò 2è yo. Apre sa m konn pase dezèdtan ap etidye. Nan apremidi, m

241

konn gen tan pou m al nan lekòl mizik la pou m ka pratike pyano. Men semenn sa a, tout bagay chanje. Poutèt chofè yo t ap fè grèv pou gaz la ki monte, li te difisil pou m jwenn machin pou m tounen lakay mwen. Sa fè m pa gentan al nan mizik nan semenn nan. Mwen pat al nan kou anglè a nan samdi maten tou. Paske pwofesè lekòl yo te bay randevou an jou samdi a. Epi m pa renmen sa pyès non!

**Rachèl:** Mwen pa renmen sa tou non.

**Danyèl:** E oumenm: Ou te gentan fè tout bagay?

**Rachèl:** Mwen te prèske fè tout. Se yon ti fatig ki fè m pat gentan fè lekti nan mèkredi swa sèlman. Men se pa yon pwoblèm.

**Danyèl:** Ou gen yon bèl wòb wi. Li fè w byen anpil.

**Rachèl:** Mèsi Danyèl. Ou gen yon bèl vès tou.

**Danyèl:** Mèsi. Kisa w pwograme pou semenn nan la a?

**Rachèl:** O, o! anpil bagay. Ou konnen se yon mwa ki fenk antre. M konnen mwa sa a konn gen anpil lapli ki tonbe ladan l. Konsa m pral achte yon parapli demen maten. Yè m te achte 2 kat pou yon konsè m prale ak yon zanmi. Apre demen, mwen pral vizite manman Direktè lekòl la nan fen semenn nan. Paske li lopital. Li gen yon pwoblèm tansyon. Apresa, se menm bagay mwen gen abitid fè yo m pral fè. M pral lekòl chak maten. M pral legliz chak apremidi epi m ap etidye. E oumenm? Kisa w planifye la a?

**Danyèl:** Apre sa m gen abitid fè yo. M pral Senmak. Se yon bèl vil. Yo di m bagay yo pa chè laba a. M pral achte yon tenis. M pral vizite plaj ki lotbò a tou pou m ka planifye yon jounen pou timoun lekòl yo. M pral nan Ministè a tou pou m ka al chache diplòm etid segondè m lan. Tankou demen, m p ap al lekòl la non. M pral achte fil pou m fè braslè. M gen yon kolonn etranje k ap fin vizite zòn bò lakay la. M ap tou pwofite pou m fè braslè plizyè koulè ak plizyè fòm. M ap mete drapo ameriken an sou yo. M ap ekri non peyi an sou yo. M pral prezante yo zèv atizanal tou. Konsa, m ap tou fè yon ti lajan ak yo. Paske m bezwen kòb tou.

**Rachèl:** Li bon wi. W ap devlope lespri w. Gwo antreprenè yo, se konsa yo te koumanse tou wi. Yo fè tèt yo travay epi yo jwenn yon solisyon, yon aktivite ki pou pèmèt yo fè lajan osinon rezoud yon pwoblèm.

**Danyèl:** Y ap bay yon seminè sou fason pou moun vann epi kanpe pwòp antrepriz yo wi.

**Rachèl:** Se vre!

**Danyèl:** Wi

**Rachèl:** Ou patisipe nan yo deja?

**Danyèl:** Wi. Se apre m fin patisipe nan youn, m vin wè m gen yon seri bon lide k ap vin nan tèt mwen. Yo ban m yon pakèt teknik pou m abòde moun, pou m ofri yo sa m genyen epi pou m moutre yo nesesite ki genyen pou yo achte sa m ap ofri yo.

**Rachèl:** Sa a bon nèt! Kouman pou yon moun patisipe ladan l?

**Danyèl:** Fasil! Ou enskri pou 500 goud pou m ka rezève plas ou. Apresa, vin nan seminè a. Ou pa bezwen pote anyen. Y ap ba w tout materyèl ak founiti w ap bezwen. Si w gen lòt zanmi ki entèrese ak sa tou, envite yo. M garanti w sa, ou p ap regrèt.

**Rachèl:** Ki dat menm l ap fèt?

**Danyèl:** Jou k ap samdi 13 fevriye 2016 la.

**Rachèl:** M gentan entèrese la a wi. Ok! M pral pale sa

ak papa m. Li toujou ap ankouraje m al nan bagay ki serye, bagay k ap ede m devlope kapasite m pou m dirije. M panse l ap byen kontan. Se sa k fè m panse l ap tou peye tou. M pral pale ak 2 zanmi m gen nan legliz la tou. M pral envite yo. M panse y ap byen entèrese ak sa.

**Danyèl:** L ap byen bon. Si w vin ak 5 moun, w ap ka vin gratis.

**Rachèl:** Sa l fè! M deja gen bous sa a. M pral demele m pou m jwenn menm 7 moun menm. Jan m konnen m gen zanmi! Konbyen tan seminè a ap dire?

**Danyèl:** L ap dire tout jounen an. Soti 8è nan maten pou rive 5è nan aswè.

**Rachèl:** O! tout jounen menm! Y ap bay manje?

**Danyèl:** Non! Ki manje sa! Yo konn bay manje nan seminè?

**Rachèl:** Wi. Gen kote yo bay manje wi.

**Danyèl:** Enben yo p ap bay nan sa a. Y ap sèlman bay yon ti bagay pou bwè. Si w bezwen manje, mache ak afè w pou w manje. Y ap bay yon poz pou 30 minit. Soti midi pou rive midi 30. Apresa, antre vin kontinye.

**Rachèl:** Se pa grav. M ap mache ak manje m. Epi m ap di zanmi m yo pou yo vin ak manje pa yo tou. Ki kote seminè sa a ap fèt?

**Danyèl:** Moun k ap òganize l yo poko fiksye kote y ap fè l non. Men se nan yon otèl nan kapital la. Yon bon kote ki ka pran 300 moun byen alèz.

**Rachèl:** Kimoun ki prezantatè a?

**Danyèl:** Ou pa konn tande pale de yon mesye yo rele Robens?

**Rachèl:** Wi. M konn tande yon non konsa wi. Kimoun

li ye?

**Danyèl:** Mesye sa a gen yon metriz nan maketin ak relasyon piblik. Li se pwofesè nan inivèsite leta a. Li gen yon magazen k ap vann founiti pou lekòl: òdinatè, enprimant, liv, kaye, kreyon, plim, gòm, règ, elatriye. Tout sa w konnen moun k ap etidye ka bezwen, magazen misye a genyen l. Sa vle di misye gen eksperyans lan ak tout konesans lan tou. Se moun konsa ki ka moutre kijan bagay yo fèt. Paske li fè yo tou limenm.

**Rachèl:** M ap panse pou m fè yon boutik pou m vann rad pou timoun. Konsèy misye yo ka byen ede m. Ki kote pou m pase enskri?

**Danyèl:** M gen fomilè wi. Pot kòb la ban m epi m ap tou enskri w.

**Rachèl:** Si m enskri, nou pa fè seminè a, w ap remèt mwen kòb mwen wi!

**Danyèl:** Kote w jwenn ak bagay sa a? Ou pa konnen lajan ki antre pa soti. Si ta gen difikilte pou l ta fèt nan lè nou te pwograme a, n ap ba w yon lòt randevou. Men m p ap ka ba remèt ou lajan an.

**Rachèl:** O! yo aprann ou raketè tou?

**Danyèl:** Se pa raketè non. Se prensip.

**Rachèl:** M ale papa.

**Danyèl:** Fòk ou vin enskri a wi!

**Rachèl:** M ap vini. Pase bon jounen Danyèl!

**Danyèl:** Mèsi. Pase bon lajounen tou. M ap tann ou pou w vin enskri a.

**Rachèl:** Pa gen pwoblèm.

*Se konsa 2 zanmi yo separe. Yo chak pran chemen yo pou yo al regle zafè yo.*

~*~

**Yon jou \*dimanch** – On a Sunday day

**Kouman sa te ye?** – How was it?

\***Pwograme** – program

**Disiplin** - Discipline

\***Vandredi** - Friday

**Dezèdtan** – two hours

**Pyano** – Piano

**Abitid** - Habit

**Tout bagay chanje** – Everything changed

\***Gaz** – gas

**kou anglè** – English course

**Paske \*pwofesè lekòl yo te bay \*randevou nan jou \*samdi a** – because the teacher set up a class on Saturday.

**Prèske** - Almost

\***Lekti** – Lecture / Reading

**Ou gen yon bèl \*wòb** – You have a beautiful dress

**Yon bèl vès** – A beautiful suit

\***Parapli** – Umbrella: It is a synonym of **Parasol**

**Konsè** - Concert

**Lopital** - Hospital

**Tansyon** – Hypertension

**Chè** - Expensive

**Tenis** – Sport shoes

**Ministè** – Minister of education

**Diplòm** – Certificate / Diplom

**M pral achte fil pou m fè braslè** – I will buy strings to make bracelets

**Yon kolonn etranje** – A lot of foreigners: **Y*on kolonn / yon pakèt / yon bann** are all synonyms meaning a lot or much.*

**Plizyè koulè ak plizyè fòm** – several colors and shapes

*Drapo - Flag
Antreprenè - entrepreneurs
Solisyon - Solution
*Rezoud yon *pwoblèm – Solve a problem
Kanpe pwòp antrepriz yo wi – Establish your own business
Teknik – Technique / Strategies
Pou m abòde moun – To address people
*Ofri – Offer
*Moutre – Show : Another spelling for montre.
* Nesesite - Need / Necessity
Ou enskri pou 500 goud – You enrol with 500 gouds
Rezève - Reserve
Materyèl ak founiti – Materials and tools
Envite - Invite
*Regrèt - Regret / sorry
Ki dat menm l ap fèt? – What is the exact date?
Ankouraje - Encourage
W ap ka vin gratis – You could be free
*Devlope - Develop
M pral demele m - I will do my best./ I will try by all means
Òganize - Organize
*Fiksye – Arrange
*Kapital – Capital
Yon metriz – A master / Specialization
*Relasyon *piblik – Public relation
*Òdinatè –Computer
*Enprimant – Printer
*Kaye – Notebook
Kreyon - Crayons
Plim – Pen

**Gòm** – Eraser
*\*Règ** – Ruler
**Eksperyans** – Experience=
**Boutik** – Store / Boutique
**M gen fomilè wi** – I already have the form
**Ou pa konnen lajan ki antre pa soti** -? You know, money that comes in, doesn't go out. Haitian Creole expression stating that once you pay, you will not see your money back.
**O! Yo aprann ou raketè tou** - Oh! Have they also taught you to be a racketeer
**Se prensip** – These are principles / That's the rule / It's principle
*\*Fòm** - Shape

# UNIT TEN
## Lavi yon Papa Pitit
## Life of a Father

*Nono soti nan katye kote li te rete a pou l al abite nan yon lòt katye. Lè l rive nan lòt katye a, li pot ko gen zanmi. Konsa, yon jou pandan l ap pwonmennen, li kontre ak Youri ki se yon jenn gason ki leve nan katye a. Nono ak Youri koumanse pale konsa:*

**Nono:** Bonjou mesye.

**Youri:** Bonjou. Kouman w ye?

**Nono:** Mwen byen mèsi. E oumenm?

**Youri :** Mwen anfòm.

**Nono :** Se yon bèl apremidi. Ou pa panse sa?

**Youri :** Wi. Apremidi a bèl vre wi. Sitou gen yon bon ti van k ap vante. Epi lè solèy pral kouche, katye sa a bèl anpil!

**Nono :** Ou genlè fèk vin rete nan zòn nan?

**Youri :** Wi. Nou pa gen anpil tan depi mwen ak tout fanmi m vin abite isit la non.

**Nono :** Se vre ! Ou pa sanble yon moun m konn gen abitid wè vre. Bon ! Mwen te byen kontan wè w. Byenvini nan katye a !

**Youri :** Mèsi. M remake se pa katye a sèlman ki bèl,

menm moun ki ladan l yo renmen pran ka moun tou.

**Nono:** M byen kontan w renmen zòn nan.

**Youri:** Sanble w gen anpil tan nan katye a oumenm?

**Nono:** Wi. Anpil tan. Tout paran m yo leve nan katye sa a. Epi se la m fèt tou. Depi m ti katkat, se la a m rete. Tout moun nan zòn nan rekonèt mwen epi m konnen yo tou.

**Youri :** Mwen rele Youri. E oumenm?

**Nono:** Mwen rele Nono. Depi w mande nenpòt moun nan zòn nan, pa gen ladan yo k ap di w yo pa rekonèt mwen sof sa ki ta fenk vin rete nan katye a.

**Youri :** Mwen byen renmen sa. Yo di vwazinaj se fanmi. Kidonk li toujou bon lè yon moun gen vwazen wi. Epi sitou si nou te leve ansanm. Ou janm al pase detwa jou lòt kote?

**Nono :** Wi. M konn al plizyè lòt kote pou vakans mwen yo wi. Men se matant ak tonton m gen nan zòn sa yo. Yo renmen lè m al pase vakans ak yo. Epi se yon plezi pou m bò kote kouzen ak kouzin mwen yo. E oumenm?

**Youri :** Mwen pase nan plizyè katye mwen menm. M poko gen kay pa m. Sa fè m toujou ap chache kay pou m afèmen. Pafwa m oblije kite kay kote m rete paske m pa renmen zòn nan oswa mèt kay la pa vle kontinye lwe m kay la. Li pa fasil pou mwen ditou. Mèt kay yo konn frekan tou. Se pou sa ki fè prèske chak ane m nan yon katye diferan.

**Nono :** Oups ! pwoblèm. Mwen swete w pa jwenn ka sa yo nan katye sa a.

**Youri :** Mwen swete sa tou.

*Konsa telefòn Youri a sonnen.*

**Youri :** Eskize m wi. Se pitit gason m lan.

**Nono :** Pa gen dange.

**Youri :** Alo

**Pitit gason :** Bonswa papa.

**Youri :** Bonswa pitit mwen. Kouman sa ye?

**Pitit gason :** Mwen byen wi. E pou ou?

**Youri :** Mwen trankil. Di m non, kisa ki pase?

**Pitit gason :** Anyen non. M antre lakay la depi yon bon moman. Mwen pa wè w. M mande manman m pou ou, li di m ou soti. M te vle pale ak ou. Mwen rele w.

**Youri :** Ok. M pa lwen non. M tou pre a la a m ap pale ak yon zanmi. Kisa w ap fè la a oumenm?

**Pitit gason :** M ap repase leson m yo. Paske m ap gen egzamen nan semenn k ap vini an.

**Youri:** Kot manman w ak Lizèt.

**Pitit gason :** Yo la wi.

**Youri :** Ou manje deja?

**Pitit gason :** Wi. M gentan manje wi.

**Youri :** Kisa manman w ap fè la a?

**Pitit gason :** L ap bale. L ap netwaye lakou a.

**Youri :** E Lizèt, kisa w wè l ap fè?

**Pitit gason:** M wè l nan salon an. L ap pale nan telefòn. Òdinatè li a limen epi gen liv ak kaye kote l la. Li genlè ap fè yon devwa. M te tande l t ap pale manman de yon ekspoze li gen pou l fè demen. Sanble se li l ap prepare tou.

**Youri :** ok. M ap vini talè. Kontinye etidye.

**Pitit gason :** Kisa w ap pot pou mwen lè w vini?

**Youri:** Kisa w ta renmen m pot pou ou lè m ap vini?

**Pitit gason :** vin ak pen ak krèm ak bonbon. E e…epi vin ak Sik pou n ka fè ji. Paske m wè manmi vin ak anpil zoranj sot nan mache jodi a.

**Youri:** Si n ap fè ji apremidi a, m pa bezwen vin ak krèm ankò. Kisa w panse?

**Pitit gason :** Krèm lan pa pou mwen non. Se pou yon ti zanmi m ki rete dèyè lakay la wi. M ap ba li l.

**Youri :** Ok. M ap vin ak sa w di m yo. Di moun yo m ap vin talè.

**Pitit gason:** Ok. Babay Papi.

**Youri:** Babay.

*Youri rakroche telefòn nan epi l rekoumanse pale ak Nono.*

**Youri:** Eskize m ankò wi.

**Nono:** Se pa grav.

**Youri:** Pitit gason m sa a!

*Youri souri pandan l ap souke tèt li. Vizaj li vin plen ak lajwa epi l met de men l nan pòch li tankou moun ki fyè de tèt li. Nono ki remake sa, li fè yon ti souri tou. Paske sa fè l plezi wè kè moun kontan.*

**Nono :** Ou sanble renmen l anpil?

**Youri :** Wi. Mwen renmen l anpil, ni pitit fi m lan tou. Mwen ak madanm mwen, Bondye ban nou de bon timoun. Se pi gwo kado Bondye te ka fè nou.

**Nono :** Wi. M konn wè jan papi kontan lè l avè nou lakay la tou. Sa fè m konprann gen pitit sanble yon bèl bagay.

**Youri :** Ou pa ta imajine sa ! Se tankou w wè oumenm ankò, lè w ap gade yo. Fason yo ye ak ou rann lavi w fasil. Lè bagay yo difisil, depi m panse ak yo sèlman, m reprann fòs ankò. Se tankou lavi a gen yon lòt rezon pou viv li.

*Nono gade Youri k ap souri pandan l ap pale a. Youri menm fèmen de zye l pou di sa l santi. L ap di sa ak yon pasyon. Ou santi se viv l ap viv. Lajwa li a tèlman anpil ou ka santi l menm jan w santi yon chalè dife.*

**Nono :** M panse w pral pase yon bon sware ak yo lè w rive.

**Youri:** wi. Se yon plezi wi lè m nan kay la. Chak swa, nou toujou chache yon bagay pou nou fè ansanm. Aswè a menm, se ji nou pral fè. Se de kont de. Mwen ak pitit gason m lan pral fè yon ji. Epi madanm mwen ak pitit fi m lan pral fè youn tou. Epi n ap wè sa ki pi bon. Pafwa se manje nou fè. Sa ki pi gou a, ekip li a genyen. Epi lòt ekip la ap felisite l. Lè fini, ekip ki pèdi a ap fè sa lòt la mande a.

**Nono :** Waw ! Sa a bèl. Medàm yo konn kite nou genyen yo?

**Youri :** Se pa fasil. Yon lè konsa nou genyen.

**Nono :** Kisa yo konn fè n fè lè n pèdi?

**Youri :** Medàm sa yo renmen fè nou danse oswa yo fè nou lave tout veso yo. Men lè n genyen tou, nou fè yo netwaye lakou a.

**Nono :** Bèl bagay ! E kimoun ki jij nan lè n ap fè konkou sa yo?

**Youri :** Pafwa se nou ankò. Pafwa se yon zanmi nou envite. Kisa w ap fè aswè a?

**Nono:** M poko gen anyen ki pwograme non.

**Youri :** Enben vin lakay la. W a byen fè jij. Moun lakay yo ap byen kontan. Men yo pa p vle se yon gason sèlman ki jij. Ou pa gen sè.

**Nono:** Wi, ti sè m nan la wi.

**Youri :** Ok m ap byen kontan si nou vini lakay la pou moman sa.

**Nono :** Ki kote kay ou a ye la?

**Youri :** Gade ! Depi w fin kite kafou sa a. Kay blanch ki gen baryè nwa a, se kay mwen.

**Nono :** Pa gen pwoblèm. Mwen menm, se devan lakay mwen nou ye la a. Kay krè m ki lòtbò lari a, se kay nou an.

**Youri :** Ok Nono, kite m al achte bagay yo. M ap tann ou wi !

**Nono :** Wi. Mwen ak ti sè m nan pral lakay ou talè konsa.

**Youri :** Enben n ap wè talè.

**Nono:** Orevwa mesye Youri.

*Se konsa Youri deplase ak kè kontan pou l al nan makèt la. Li pral achte bagay yo pou l al pote lakay li. Nono, limenm leve, li travèse lari a pou l al lakay li a. Li vle gentan bay ti sè l la nouvèl la anvan l soti al fè yon lòt bagay.*

~\*~

**Li pot ko gen zanmi** - He did not have Friends yet.
*Pot ko is the past tense (pa te ko) and Po ko present.*
**Pwonmennen** – Go for a walk
**\*Vante** – Blow
**\*Alo** – Hi / Hello
**Epi lè solèy pral kouche** – Then when the sun is going to lay down
**Byenvini nan katye a** - Welcome to the neighborhood
**Remake** - realize
**Depi m ti katkat, se la a m rete** - Since I was a little

child, I have lived here. **Ti katkat** it is the same as **ti bebe\***.

**Yo di \*vwazinaj se fanmi** – They say that neighbors are family'

**Ou pa janm al pase detwa jou lòt** kote – Have ever gone to spend two or three days at another place

**Matant** - Aunt

**Afèmen** - to lend

**Mèt kay yo konn frekan tou** - The landlords tend to be disrespectful too.

**M ap repase leson m yo** – I am reviewing my lessons.

**L ap bale. L ap \*netwaye lakou a** – She is brooming. She is cleaning the yard.

**\* Krèm** – Cream

**Epi vin ak \*Sik pou n ka fè \*ji** – So, come with sugar to prepare the juice.

**\*Zoranj** – Orange

**Rakroche \* telefòn** – Hang up the phone

**Souke tèt li** – Shake his head

**Vizaj li vin plen ak lajwa** – Her face became full with joy: An expression to indicate the joyfulness of a person.

**Moun ki fyè de tèt li** - People who are proud of themselves.

**Souri** - Smile

**Kado** – Present / Gift

**Fason yo ye ak ou rann \*lavi w fasil** – They way they are with you, make your life easier.

**M reprann fòs ankò** – I regain my strenght once again

**Fèmen de zye l** – Close both eyes

**\*Pasyon** – Passion

**\*Chalè \*dife** - Heater / Fire heat

**Se de kont de** – It is two against two

**Felisite** - Congratulate

**Lave tout veso yo** - Do the dishes. Clean all the bowls / plats.

**E kimoun ki \*jij nan lè n ap fè \*konkou sa yo** – And who is the umpire when you are doing those kind of competitions?

**Depi w fin kite kafou sa a** – As soon as you pass that traffic light

**\*Nouvèl** – news

**\*Bonswa** – Good evening

**\*Ekspoze** – Expose

~\*~

: Check the Grammar Notes section at the end of the book and Please review **Teach Yourself Haitian Creole Volume 1** and make sure you master all grammar points

# UNIT ELEVEN
## Rèv yon Papa
## Dream of a Father

*Lisa ak Rene se de moun k ap travay nan yon otèl. Lisa se yon kizinyè epi Rene se yon jadinye. Se li k ap pran swen flè, gazon, ak tout pyebwa ki nan lakou lotèl la. Yo rankontre nan kizin nan pandan Rene vin chache zouti li nan depo a. Yon tonbe pale de tout bagay.*

**Lisa :** O ! Rene ! ou matinal wi ! Ki mirak m wè w la a granm maten sa a?

**Rene :** Aaa... Ou sezi ! Se mwen ki pou mande w kouman w fè la a bonè konsa. Paske se ou ki pa konn vin la a nan lè sa yo.

**Lisa :** M pat konn vin bonè vre non. Men ou konnen se vakans, gen anpil moun ki fè rezèvasyon yo. Epi lotèl la ap resevwa anpil gwoup nan peryòd sa a. Yo mande m vin travay pi bonè pou yo ka fè planifikasyon epi kontwole ak mwen sa ki disponib epi sa pou yo achte.

**Rene :** Konsa wi ! Depi se vakans, tout aktivite ogmante. Kouman w ye? E lòt yo?

**Lisa:** Tout moun byen ak Bondye. Pou mwen, ou

konnen… M ap fè efò ! E pou ou?

**Rene :** Mwen byen tou wi. Li gentan ap fè lapli deyò a wi.

**Lisa :** Pa ban m ! M te wè tan an pare vre lè m t ap antre a. Men m pat panse lapli a t ap tonbe non. Lapli pa konn tonbe konsa nan moman sa yo non. Sa k dwe pase la a?

**Rene :** Bondye ki konnen. Li bay lapli lè l vle. Mwen byen kontan se ti lapli a nou genyen. Li byen pou peyizan yo ak jaden otèl la. M p ap bezwen ap wouze yo. M ap pwofite bay gazon an angrè pou l ka vin vèt epi pou l ka grandi byen vit.

**Lisa:** Moman ki sot pase a, te gen yon sechrès ki te rèd anpil wi nan peyi a. Pousyè t ap fè moun eksplikasyon. Epi m tande peyizan yo t ap rele nan radyo pou yo di jan rekòt yo pèdi.

**Rene :** Sa m renmen nan peyi sa a, se yon moman pa gen lapli, li fè chalè. Apresa lapli pran tonbe epi li vin fè frèt.

**Lisa :** Ki fè frèt? Ou pa tande pale de lòt peyi yo. Lè l fè frèt nan peyi sa yo, menm krache w krache, avan l rive atè l gentan tounen glas. Tout pyebwa tounen fèy. Yo di ata lekòl moun konn pa ka ale tèlman fredi a rèd.

**Rene :** Bagay la di ! Si nèj te konn tonbe nan peyi Ayiti, kisa w t ap fè?

**Lisa :** Bon ! M t ap chache yon jan pou m viv nan peyi a kanmenm paske se peyi m li ye. M t ap oblije achte gwo rad. M panse moun pa t ap ka mache a pye nan peyi a tou non. Tout moun t ap oblije gen machin oswa yo t ap oblije mete lòt fòm bis pou moun te ka pran. Moun pa t ap ka itilize kamyonèt pou fè transpò tou non. Paske fredi sa t ap fin touye moun.

**Rene :** Pandan n ap pale a, m ta dwe al achte angrè a wi. Si m te gen parapli, m t ap al achte l koulye a. Si w te bon zanmi m, m tap tou mande w prete pa w la.

**Lisa :** Se tout pawòl sa yo pou w di pou w mande m prete yon parapli? Bon ! kòm ou di m pa zanmi w, m p ap prete w. Epi m pa genyen tou. Si Lwiz te la, m t ap mande l prete pa l la pou ou. Madanm sa a toujou prepare. Depi l fin gad meteyo nan maten, li tou pran tout afè l.

**Rene :** M konn sa ! Depi w te ka fè yon bagay, ou t ap fè l. Se bon zanmi m ou ye, pa vre?

**Lisa :** M tande y ap di w gen yon pitit ou k ap gradye. Kisa w ap fè la a? Ou pral fè fèt lakay ou la?

**Rene :** Wi dezyèm pitit gason m lan ap gradye nan mwa k ap vini an. L ap soti nan lekòl segondè pou l al nan inivèsite. Si m te gen lajan, m t ap achte yon gwo kado pou misye. Si l te gentan gen paspò tou, m t ap achte yon viza pou li. M t ap voye l al pase yon mwa ak matant li lòtbò dlo.

**Lisa :** Kisa l pral etidye la a?

**Rene :** Li di m li ta renmen vin yon medsen. Etidye medsin nan peyi sa a, se pa kaka kòk non! Si yon moun pa ka antre nan inivèsite leta a, li oblije al nan prive si l gen kòb. Oswa l ka kite peyi a tou. Men, si l gen kòb oswa l ta jwenn yon bous.

**Lisa :** Si w ta gen ase lajan, ou t ap voye l al etidye nan inivèsite prive oswa w t ap voye nan peyi etranje.

**Rene :** Tout posibilite ki devan m yo gen pwoblèm ladan li. Se opsyon leta a ki t ap bon pou mwen. Men se nan konkou pou moun nan antre nan lakòl leta. Si m te gentan lajan, m t ap kite l etidye nan peyi a pito.

Paske se vre ke li t ap jwenn plis teknoloji, li t ap jwenn lòt opòtinite, men si l ap tounen vin viv nan peyi a, l ap difisil pou yo ba li validasyon pou pyès li yo epi asepte l fè estaj epi travay. Anplis, m pa konn sa k pral fè vrèman. M pa gen moun k ap viv nan peyi etranje. Pa gen anyen ki di li p ap al tonbe nan tout vye vis olye se etidye l al etidye.

**Lisa :** Wi ! mwen dakò ak ou wi. Ou pa ka kite pèrèz pa w anpeche ti gason an pran desizyon li. Kòm mwen konnen se yon ti gason ki entèlijan li ka byen bon nan konkou a. Mwen byen renmen l. Li enteresan. Si m te gen mwayen m t ap ede w prepare yon bèl fèt pou li. Epi si m t ap gen tan, se mwen ki t ap nan kuizin nan fèt w ap fè pou li a.

**Rene :** M poko di l anyen non pou gradyasyon an. M pito fè l sipriz la pito. Si m di l sa, l ap manke. M poko chita pale ak li sou kote l pral etidye a tou non. Paske si m gentan di l m p ap gen kòb pou m mete l nan lekòl prive, li ka dekouraje. M ap tann tout bagay fini pou m ka di l sa m ka fè pou li.

**Lisa :** Ou byen fè. Bagay yo se youn apre lòt. Kou l fin ak etid sa yo w ap pale l de kapasite w. Men m panse l ase gran pou l konprann sa w ka fè ak sa w pa ka fè.

**Rene :** Pitit mwen se bank mwen yo ye. M ap envesti tout sa m genyen pou m fè yo vin sa yo ta renmen devni an. Men si se pat lekòl prive m t ap peye pou yo depi nan primè, m t ap gentan gen lajan sere pou m ta mete yo nan gwo inivèsite nan peyi a. M t ap menm ka voye yo etidye lòtbò.

**Lisa :** Mwen byen renmen paran ki gen sousi pou pitit yo, men gen pitit ki pa konprann sa non. Yo bay pwoblèm, yo pa respekte moun. Menmsi sa, pito w gen pitit tan w pa genyen. Paske si m pat gen pitit, m pa t ap janm ka al vizite peyi etranje. Se yo ki prepare tout bagay epi achte tikè, achte rad,.. tout bagay.

**Rene:** Kite m al achte angrè a tande. Paske m pito mouye pandan m pral achte angrè a pase pou m pa pwofite lapli a. M swete w fè tout sa k kapab pou w vin nan gradyasyon an. Menmsi w pa ta rete. L ap byen fè m plezi wè gen kòlèg ak bon zanmi mwen nan fèt la.

**Lisa :** Ale non. M ap gad pou m wè sa m ka fè. M panse li lè pou m pase nan biwo sipèvizè a, pou m ka koumanse pare bagay yo. M panse l gentan vini koulye a.

**Rene :** N ap wè talè Lisa.

**Lisa :** Non. M pa kwè n ap wè pou jounen an non. M pral achte ak moun yo apre reyinyon an. M ap pase tout jounen an nan lari.

**Rene :** Enben, n ap pale demen si Bondye vle.

**Lisa :** Ok. Salye tout moun pou mwen.

*Rene soti anba lapli a pou l al achte angrè a epi Lisa al nan biwo pou l al pale ak dirijan yo.*

~*~

**Yon kizinyè** - a cook

**Jadinye** – gardener

**Se li k ap pran swen *flè** – he's the one taking care of the leaves /flowers

**Kizin** - kitchen

**Rene vin chache *zouti li nan depo a** – Rene came to look for his tool at the warehouse.

**Ou matinal wi !** – You are an early person

**Rezèvasyon yo** – reservations

**Epi otèl la ap resevwa anpil *gwoup nan peryòd sa a** –

And then the hotel receives many groups at that time.

**Pi bonè** – earlier

**Fè planifikasyon** – make plans

**Kontwole** – control

**Disponib** – available

**Tout aktivite \*ogmante** – all activities increased

**M te wè tan an pare vre lè m t ap antre a** – I saw the weather was fine when I arrived - Really, it looked like rain when I arrived.

**Sa k dwe pase la a** – what happened - What might happened?

**\*Peyizan yo ak jaden otèl la** – countrymen and the garden of the hotel.

**M p ap bezwen ap \*wouze** – I won't need to water

**M ap pwofite bay gazon an angrè pou l ka vin vèt epi pou l ka grandi byen vit** - I will take advantage of that to put fertilizer on the grass so that it can be green and grow fast.

**Sechrès** - drought

**\*Pousyè t ap fè moun eksplikasyon** - dust was bothering everybody.

**\*Radyo** – Radio

**Rekòt yo pèdi** – harvests were lost

**Li fè chalè** – it is hot

**Li vin fè frèt** – it is cold / it become cold

**Menm krache w krache** - even when you spit

**Anvan l rive atè l gentan tounen glas** – before touching the ground it becomes ice.

**Tout pyebwa jete fèy** – all trees lose their leaves

**Yo di ata** – they say even

**Fredi a rèd** – the cold gets worst

**Bagay la di** – things are hard / difficult

*****Nèj** – snow

**Mache a pye** – walk on foot

*****Posibilite** – Possibility

**Transpò** - transportation **Paske fredi t ap fin touye moun** – because the cold was killing people.

*****Prete** – Lend / Borrow *****Pawòl** – word

*****Madanm sa a toujou prepare** – that woman is always ready

**Gad *****meteyo** – watch meteorology - watch weather forecast

**Dezyèm** – second

**Kado** – present / gift

**Paspò** – Passport

**Viza** - Visa

**Lòtbò dlo** - abroad

**Se pa *****kaka kòk non** - It's no joking matter. / it's not a game.

*****Prive** – Private

*****Ase** – Enough

**Opsyon** - Option

**Men se nan konkou pou moun antre nan lakòl leta** – But it is through contest to enter public university.

**Opòtinite** – opportunity

**Ba li validasyon pou pyès li yo** – validate his documents

**Tonbe nan tout *****vye vis** – fall into all old /evil vices

**Mwen dakò ak ou** wi – I agree with you.

**Pèrèz** – laziness / fright / fear

**Anpeche** – jeopardize / prevent

**Entèlijan** – intelligent

**Li enteresan** – he is interested

**\*Kizin** - kitchen
**M pito fè l sipriz la pito** – I prefer to surprise him
**Li ka dekouraje** – he could be discourage
**Pitit mwen se \*bank mwen yo ye** - my children are my Banks. In the sense, the children are his future.
**Envesti** – investment - invest
**Devni** - become
**\*Sousi** - Worried
**\*Biwo** – office
**Sipèvizè** - superviser
**Kwè** – believe / trust
**Reyinyon an** – the meeting
**M p ap manke. Mèsi.** – I won't miss. Thanks
**\*Dirijan** – Leader / Regent
**\*Glas** – Ice
**Grandi** – Grow

# UNIT TWELVE
## Yon maten
## One morning

*Alex se yon jenn gason ki leve nan yon fanmi kote moun respekte tèt yo. Tout paran l yo ap travay ak tèt yo. Men li menm, deside pa travay ak moun nan fanmi li. Konsa, yon jou, li leve nan kabann li nan maten, li pran chemen kizin nan pou l al chache yon bagay pou l manje. Li kontre ak frè li Alix, nan koulwa a epi yo koumanse pale.*

**Alex:** O ! apa w gentan abiye? ki kote w prale la a granm maten sa a?

**Alix:** Mwen gen randevou ak yon moun ki pral moutre m yon kote.

**Alex:** Kouman nwit lan te ye pou ou?

**Alix :** Li te byen wi. E pou ou?

**Alex :** Aa ! m pase yon move nwit.

**Alix :** Sa k pase menm?

**Alex :** Monchè ! nèg pa t ka dòmi. M t ap panse sa m pral fè nan tan k ap vini yo. Epi kou yon ti dòmi vin nan zye m la a, m tonbe fè move rèv.

**Alix:** Oups! M pa renmen move rèv non mwen menm.

**Alex:** Ni mwen tou.

**Alix:** Sa k pwoblèm nan, se pa move rèv la non. Se paske w pa ka reveye lè w ap fè l la.

**Alex :** Lè yon moun nan ka sa a vre, si w te kapab ou t ap tou reveye wi. Se domaj ou p ap kapab !

**Alix :** Bon ! Gen yon bagay ki pi rèd. Se lè w fin eseye nan move rèv la, ou pa anvi dòmi ankò. Sitou si chanm lan fè nwa epi w poukont ou ladan l.

**Alex :** Gen de lè m konn santi se nan dòmi m ye, men m pa ka reveye tèt mwen non.

**Alix :** Se sa k fè w leve ta konsa jodi a?

**Alex :** Ki lè l ye la a?

**Alix :** Li 8 è. Ou pa tande y ap moute drapo.

**Alex :** Waw ! Epi m te bezwen leve bonè jodi a wi. Franchman m panse se 6 è yo li ye wi.

**Alix :** Enben… Dòmi twonpe w. Si m te konnen w t ap bezwen leve bonè maten an, m t ap reveye w byen bonè, depi bò 5 è a menm. Kisa w t ap pral fè menm ki fè w te vle leve bonè a?

**Alex :** Monchè ! m te vle gentan fè yon pase nan magazen an kote tonton m nan anvan m al nan travay.

**Alix :** Kisa w fè tonton m?

**Alex :** Mwen bezwen antre nan fè komès pito. Mwen anvi envesti nan lajan m genyen labank lan pou m ka fè sa. Men m bezwen tande konsèy tonton m anvan m fè sa. Paske w konnen li nan domèn nan lontan.

**Alix :** Kouman? W ap kite travay la?

**Alex :** Monchè ! M gen 2 lide. M anvi kite l nèt pou m al fè komès oubyen nenpòt aktivite pa m. Epi m anvi envesti lajan nan komès yon moun epi m kontinye nan travay la.

**Alix:** Tou 2 lide yo bon. Sof ke se yon sèl ou sanble ka fè. Kisa w deside menm?

**Alex :** Se sa k fè m ap panse anpil la wi. Mwen poko wè kiyès nan yo pou m fè non.

**Alix :** Kite m di w ! Ret trankil epi w ap jwenn sa pou w fè.

**Alex :** Talè ! Kisa w konseye m menm, oumenm?

**Alix:** Si se te mwen, m t ap kite travay la pou m al fè aktivite pa m pito. Ou gen yon pakèt atou. Ou gen kòb la, menmsi l pa anpil, epi w gen fanmi w ki nan domèn nan depi lontan. Epi w genyen m la a, pou ka ba w kout men. Kisa w bezwen ankò?

**Alex :** M dakò. Men gen yon pakèt bagay m pa konnen. Epi m pa menm konnen si y ap mache. Anplis, m pa ta renmen pèdi ti kòb mwen an.

**Alix:** M konprann ou! Men w pa ka kite pèrèz fin avè w tou non. Sèl fason pou w vrèman konnen si yon bagay ap mache, se fè l.

**Alex :** E si m koute lòt lide a? Sa w panse?

**Alix :** Li pa mal tou non. Men, jan m konnen w pa renmen leve bonè nan kabann ! Ou p ap ka al nan travay lè w vle nan travay moun yo.Tandike si se afè pa w, ou ka ale lè w vle. Anplis ou poko konnen si gen moun k ap asepte pran lajan w nan aktivite yo. Sof si w ta kreye aktivite a epi w ta mete yon moun travay ladan l pou ou. Ki aktivite w pi enterese kreye menm?

**Alex :** Mwen ta renmen fè yon depo kola. Mwen t ap pral achte nan konpayi a an gwo epi m t ap vin vann an detay ak moun zòn nan.

**Alix:** Si m te ou, m t ap vann byè tou. Paske moun renmen bwè l nan tout aktivite y ap fè, kit se te nan fèt, nan antèman, osinon lakay yo. Ou te ka vann li glase tou pou si ta gen moun ki ta renmen vin bwè nan boutik la tou.

**Alex :** Se pa boutik non m ap fè a, se depo. Mwen p ap fè boutik, ni ba, paske m pa renmen bwi epi m pa vle moun vin ap pale nan zòrèy mwen. Epi fòk mwen kite pou moun ki achte pa kès yo ka gen kliyan tou.

**Alix:** ok! Fè l non. Mwen gentan wè sa m pral fè tou. Ou konnen ! si m gentan konnen w te entèrese ak sa, m t ap gentan chache yon kontak pou ou wi. Ou t ap achte ak yon bon pri epi m t ap fè w jwenn yon bon pozisyon pou w mete depo a, paske m te wè yon kay yo t ap anfèmen sou lari a, tou pre a la a.

**Alex :** Ou pa konnen si yo gentan anfèmen l?

**Alix :** Non. Mwen pa konnen non. Kou m soti la a, m ap pase bò kote a la pou m wè si ansèy la toujou la.

**Alex :** Si w te ka jwenn ni mèt li oswa moun k ap anfèmen l lan, ou ta tou mande konbyen yo mande pou yon ane a.

**Alix :** Mwen te wè yon nimewo telefòn nan ansèy la tou wi. Menm si m pa ta jwenn moun ki pou ta ban m enfòmasyon, m ap rele nan telefòn pou m mande.

**Alex :** L ap bon ! mèsi frè m. Pa bliye non.

**Alix :** Pa gen pwoblèm non. Mwen soti wi. M ap di w sa k pase pita. Gen manje sou dife a wi pou si w ta vle pran yon bagay anvan w soti.

**Alex :** Ou te gentan fè manje tou !

**Alix :** Menwi.

**Alex :** Mèsi. M mèt soti ak kle a oswa met kle a kay vwazin lan?

**Alix:** M panse w ka soti ak li paske m p ap antre bonè apremidi a.

**Alex:** Ok.

*Alix soti al nan aktivite l epi Alex al prepare l pou l al travay.*

~*~

**Kote moun respekte tèt yo** – Where people respect themselves.

**Granm *maten*** - *dawn*

**Move rèv** – Nightmare

**Reveye** – wake up

**Se domaj ou p ap kapab !** – It a pity you cannot do it.

**Ou pa tande y ap moute drapo -?** Don't you hear that they are hoisting the flag?

**Franchman** – frankly

**Dòmi twonpe w** – Sleep cheated on you

**Fè yon pase nan magazen** – Go the store

**Envesti** – invest / investment

**Li nan domèn nan** – He's on that field of expertise

*****Enterese** – Interest

*****Konseye** – Advice / Counsel / suggest

**Lide** – idea

**Ret trankil** – be quite / stay calm **Tandike si se afè pa w** - while if it is your thing

**Ki aktivite w pi enterese kreye menm?** What activity are you interested to create most?

**Depo kola** - Cola depot

**Antèman** - Burial

*****Bwi** – noise

**Anfèmen** - to rent

**Ansèy** - sign

**Gen manje sou dife a** – There's food on the burner (Stove).

**Ou te gentan fè *manje tou !?** Where you able to cook?

269

**\*Vwazin** – Neighbor
**\*Komès** – Trade / Commerce / Business
\***Pri** – Price

# UNIT THIRTEEN
## Rara
## Rara Music

*Gabi se yon jenn gason ki leve lavil. Li pa konn anyen nan bagay andeyò. Se di y ap di l jan bagay yo ye lòtbò a. Yon jou, li kontre ak Sonn, yon lòt jenn gason ki se kouzen l, ki vin pase konje pak la ak li. Li pwofite pale ak li, mande l jan bagay yo ye andeyò.*

**Gabi:** Kouzen, kouman nèg ye?

**Sonn:** Trankil wi kouzen. E pou ou, kouman sa ye?

**Gabi :** Tout bagay anfòm wi. N ap frape, n ap goumen.

**Sonn:** Se sa l ye wi. Nou pa gen chwa non. Peyi sa a, yon nèg oblije goumen ladan l wi.

**Gabi :** Pale m non, kouman bagay yo ye andeyò a pou moman an la a?

**Sonn :** Tout bagay byen. Tout moun ap fè aktivite yo. Sa k ka fè jaden ap fè jaden. Sa k ap vann ap vann. Moun ap fèt, moun ap mouri.

*Yo tonbe ri. Epi youn bay lòt lanmen.*

**Gabi:** M raple m premye fwa m t al andeyò, ane ki sot

271

pase a, se te nan menm peryòd sa a. M pa regrèt moman an menm. Te gen anpil plezi. M te sezi wè jan moun yo òganize yo. Epi m te renmen rara a anpil.

**Sonn:** Zafè rara a, se yon lòt bagay vre wi!

**Gabi:** M konn wè rara nan vil la. Pa egzanp, lè gen manifestasyon, lè gen gwo ekip foutbòl ki gen anpil fanatik chanpyon nan mondyal. Men bann rara mwen wè andeyò yo, se yon bagay apa!

**Sonn:** Wi. Rara a nan san nou kòm ayisyen sitou pou moun ki ret andeyò yo. Men yo menm, yo gen jan pa yo fè l.

**Gabi:** Men, m ap mande m si nan tout vil pwovens yo ki gen rara.

**Sonn :** Sa ka rive gen rara nan tout peyi a. Men gen kèk kote ki gen gwo repitasyon pou zafè rara a. Lè w pran Bèlè, nan Pòtoprens, Leyogàn, nan depatman lwès, ak ti rivyè latibonit, nan depatman latibonit. Se la yo ki gen sa yo rele rara a.

**Gabi :** Nan kote sa yo, ki kote rara a plis mare ak kilti nou? M vle pale de kote rara a pi orijinal.

**Sonn :** Se sa nan ti rivyè latibonit lan. Paske moun yo pote sa yo plante nan lokalite kote y ap evolye a nan defile a. Gen yon kolonn majorèt ki pote bagay tankou berejèn, joumou, mayi, pwa, tout sa yo plante, de tout sa yo viv, nan men yo devan bann nan lè l ap pase.

**Gabi :** Sa Bèlè ak lòt zòn nan kapital la, lè se pa manifestasyon, yo sèlman pase pou yo anime, mete plezi. Men m pa konn wè majorèt non.

**Sonn :** Sa Leyogàn nan li menm, yo di se preske fanfa li ye. Yo plis itilize enstriman a van ki soti nan peyi etranje pou mete ladan l.

**Babel** : Ban m plis enfòmasyon sou bann rara latibonit yo. Kouman yo fè bann yo menm?

**Sonn:** Gen plizyè kalite bann rara. Tankou gen konpa. Se bann ki jwe ak banbou, tanbou, kès, ak ti banbou. Sa vle di, gwo bann yo pa gen sa a. W ap jwenn tou bann " ak plak", plis sa l gen, se mizik a van. Ladan l, ou jwenn twonpèt, saksofòn, se sa yo ki bal plis chalè.

**Gabi** : An an ! Yo pa gen kònè non yo menm?

**Sonn:** Non. Yo genyen yon bagay ki rele piston.

**Gabi:** Piston! Kouman piston an ye limenm?

**Sonn:** Bon! Piston an li menm, se menm jan ak kònè a, men yo pa gen menm son. Se piston an sèlman yo itilize nan bagay a tòl yo nan bann sa a. M vle pale de bann a plak yo. Men bann a kònè a, li gen kònè nèt. Ou ka jwenn nenpòt 5 kònè ladan l.

**Gabi:** Epi yo gen tanbou tou?

**Sonn:** wi. Yo gen pè tanbou. Yon manman ak yon segondè. Manman an pi gwo. Se li k ap foule.

**Gabi:** Kouman l ap foule a?

**Sonn:** Lè m di foule a, tankou lè y ap jwe batri, èske nèg la pa gen yon senbal anba pye l?

**Gabi** : Wi, egzakteman.

**Sonn** : Enben se konsa. Manman tanbou a la pou l foule. Pou l kenbe rit la, pou l mete yon gwouv nan sa y ap fè a.

**Gabi** : E bann a pye a limenm?

**Sonn** : Bon ! bann sa a limenm, nou kapab di li san enstriman. Men yo gen yon jan yo fè l. Se men yo, pye yo ak chante y ap chante a ki fè l. Pye yo al sou ton. Pye yo frape ansanm. Yo leve pye a ansanm, yo depoze l ansanm. Yo gen mouvman y ap bat men epi y ap chante. Men bòt ki nan pye yo a tou gen yon bagay tankou yon klòch ladan l. Tout tan y ap frappe pye yo, klòch la ap sonnen.

**Gabi:** Bann yo menm, yo soti nan yon kay? M konn tande gen lakou pou sa. Kouman yo fè pou yo fòme yo?

**Sonn :** Wi. Bann nan soti nan yon lokalite. Selon lokalite a tou, tou depann de lajè li , li ka gen nenpòt 2 bann. Chak bann yo gen yon non. Yo gen yon banyè ki di kote yo soti. Epi nan tout bann yo gen yon moun yo rele jadàm. Li gen fwèt kach nan men l. Se li k ap mennen moun k ap danse yo. Se li k ap met lòd. Si yon moun ap fè rebèl, l ap ba l gwo kout fwèt kach.

**Babi:** Kisa! Men m konn wè se atè y ap frape fwèt kach la?

**Sonn:** Wi. Lè sa a, y ap met chalè nan bann nan. Sitou nan defile yo.

**Babi :** Yo pa konn fè konkou?

**Sonn :** Wi. Moun nan sektè prive yo konn òganize konkou pou yo. Men anvan yo fè sa, yo fè reyinyon ak prezidan bann yo pou ba yo modalite konkou a. Si bann youn yo ta goumen, ane k ap vini an, li p ap nan konpetisyon an epi yo pral arete prezidan an jis lakay li. Òganizatè yo bay chak bann, pa egzanp 2 mil dola. Se pa anyen l ka fè non, men li konn ede. Paske nan yon bann rara, yo ka depanse 30 a 40 mil dola ladan l. Paske fòk yo abiye, achte enstriman elatriye.

**Gabi:** An! M pat panse yo te konn goumen non?

**Sonn:** O wi ! Nan fè polemik, goumen konn met pye epi si yon moun gen pwoblèm ak yon lòt, bann li an te konn atake bann lòt moun nan. Men sa pa fèt menm jan an ankò. Bagay yo vin sivilize.

**Gabi:** Yo fè konkou an nan tout lokalite yo nèt,

osinon?

**Sonn:** Non, se yon bagay ki te konn fèt Leyogàn. Apre sa yo vin ak li nan bouk ti rivyè latibonit. Bann sot nan tout lokalite pou vin defile sou gran ri a, epi yo rekonpanse twa premye yo. Kritè yo, se fason yo abiye, koegrafi epi vaksin yo.

**Gabi:** Kisa ki vaksin nan?

**Sonn:** Vaksin nan se melodi a. Se jan mizik la akòde, bon son y ap bay la.

**Gabi:** Se achte yo achte enstriman yo, oswa se fè yo fè yo?

**Sonn :** Se achte yo achte yo. Pa egzanp, banbou yo, se kote ki gen gwo banbou yo konn al achte yo. Epi lè yo vini, yo prepare yo. Tankou piston an limenm, se bay yo bay fè l. Moun nan, fò l ale pou l bay dimansyon li bezwen an, pou l chache son li bezwen an. Kès la, se bagay etranje. Yo achte l byen chè.

**Gabi :** E mizisyen yo?

**Sonn :** Se peye yo peye anpil ladan yo pou vin jwe pandan konkou a. Sitou pou nèg k ap jwe mizik a van yo. Nèg k ap jwe saksofòn nan gendwa ap jwe pou nenpòt 3 mil dola epi nèg k ap jwe twonpèt la ka ap touche 3 mil osinon 2 mil senksan.

**Gabi:** Enben bann rara yo byen òganize?

**Sonn:** Wi. Sa w te konprann? Ou te panse se te yon bagay konsa konsa?

**Gabi :** M swete al nan pwogràm sa a nan ane ki ap vini an. Sa a twò bèl.

*Yo kontinye pale sou rara tout jounen an paske tèlman gen bagay pou moun di sou kilti ayisyen. Chak zòn gen yon tradisyon. Menm pou pwòp ayisyen, se aprann y ap aprann konn jan moun k ap viv nan lòt vil yo ap viv.*

~\*~

**\*Pak** – Easter

**N ap frape, n ap goumen** – We are struggling. Creole Expression to state that you are living.

**Moun ap fèt, moun ap mouri** – People are being born, people are dying.

**Yo tonbe \*ri. Epi youn bay lòt lanmen** – They started laughing shook hands.

**Raple** – Remember. It is a French deformation, normal creole would be Sonje.

**Lè gen manifestasyon** – When there is demonstration.

**Lè gwo ekip foutbòl ki gen anpil fanatik chanpyon nan mondyal** – when big soccer team that has lots of fans wins in the world cup.

**Se yon bagay apa** – that is something else.

**\*vil pwovens yo** – cities in the provinces

**Repitasyon** - Reputation

**Ki kote rara a plis \*mare ak kilte nou?** In which zone is Rara closer to our culture?

**Y ap \*evolye a nan defile a** - they are evolving in the parade.

**Gen yon kolonn majorèt** - There are a lot of cheerleaders.

**\*Berejèn** – Eggplants

**\*Arete** - Arrest

**Joumou** – Pumpkin

**\*Mayi** – Corn

**Pwa** – Beans

**\*Plante** - plant

**Fanfa** - brass band

**Enstriman** – Instruments

**Konpa** – Type of Haitian music
***Atake** – Attack
***Chante** – Sing
***Chwa** – Election / Choice
***Egzanp** – Example
***Gran** – Big
***San** – Blood
**Se bann ki jwe avèk banbou, *tanbou, *kès, ak ti banbou** - It's band where it is played bamboo, drum, snare drum, and little bamboo.
**W ap jwenn tou bann " a plak"** - You are going to find also band with plate or *bann a *plak. It is the name for this type of group playing Rara with all kinds of metal instruments.
**Twonpèt** - Trumpet
**Saksofòn** – saxophone
**Kone** – cornet **Piston!** - Valve/ piston
**Tòl yo** - sheet-metals
**Se li k ap foule** - It's the one that is leading.
***Batri** - Drums
**Pou l kenbe rit la** – For him to keep the rythm
**Gwouv** - groove
**Yon banyè** - A banner
**Jadàm** - gendarme
**Li gen fwèt *kach nan men l** - He has a whip in his hand.
**Si yon moun ap fè rebèl, l ap ba l gwo *kout fwèt kach** - If someone is rebelling, he's going to whip him.
**Sektè prive yo** – Private sector
**Modalite konkou a** – the rules of the contest
**Konpetisyon** - comp etition

**Nan fè polemic** - Doing polemic
**Bagay yo vin sivilize** – things are civilized now.
**Kritè yo** - the criteria/ the rules
**koegrafi epi vaksin yo** - Coreography and melodies
**Bay dimansyon** – give measure - dimension
\***Touche 3 mil** – Earn 3 thousand. It is very important to note that Haitian use the verb touch when referring to getting paid or earning money.
**Fòme** – Form / Shape

# UNIT FOURTEEN
## Preparasyon pou al nan Plan
## Preparing a plan

*Telefòn lakay Frank sonnen, Papa l sèlman ki te nan kay la, li dekwoche.*

**Liksèn:** Alo, bonswa.
**Papa:** Bonswa.
**Liksèn:** Mwen ka pale ak Frank silvouplè?
**Papa:** Li pa la non. Se kiyès k ap mande pou li?
**Liksèn :** Liksèn, yon kondisip li.
**Papa:** Liksèn ! Se pa ou ki te vin lakay la lotjou a?
**Liksèn :** Mwen te vin lakay Frank mèkredi pase a vre wi. Men m pa konn si se mwen w te wè a non.
**Papa :** Wi, mwen kwè sa. Se oumenm menm. Ou te gen yon mayo ble sou ou ak yon chapo pay nan tèt ou.
**Liksèn :** Se vre. Se te mwen. Enben se ak papa Frank m ap pale la a?
**Papa :** Wi, se ak limenm w ap pale la a.
**Liksèn :** O ! Kouman w ye menm?
**Papa:** Mwen byen, Liksèn. E oumenm?
**Liksèn:** Mwen byen, mèsi.
**Papa:** Kouman paran w yo ye?

**Liksèn:** Yo byen wi. Kouman manman Frank ye?

**Papa:** Madanm mwen byen wi, mèsi. Li al nan yon reyinyon nan legliz la. Ou konnen se li ki prezidan gwoup dàm legliz la.

**Liksèn :** Ok ! Ki mirak ou pa soti jodi a !

**Papa :** Non, mwen pa soti vre non. Jodi a se konje. Se premye jou nan konje anyèl mwen gen nan travay mwen.

**Liksèn :** An ! mwen konprann. Paske si se pa te konje a, m pa t ap jwenn ou nan telefòn nan .

**Papa :** aaa ! Ou pa t ap jwenn mwen vre non. Paske nèg pa chita menm. Travay sa a pran tout tan m. Se sèl jou dimanch yo m lib. Menm lè sa a. Se nan legliz la m prèske pase tout jounen an.

**Liksèn :** Kilè Frank ap tounen la a, silvouplè?

**Papa:** M pa ka di non. Mwen te fè yon ti kouche, lè m leve, se do l mwen wè nan baryè a k ap soti.

**Liksèn :** Ou pa konnen ki kote l dwe ale?

**Papa :** Mwen pa gen okenn ide. Li ka nenpòt kote. Ou te gen randevou avè l?

**Liksèn :** Wi. Men se pa pou koulye a non. Se pou aswè a. Mwen te vle pale yon bagay avè l avan.

**Papa :** Se yon bagay mwen ka ede w?

**Liksèn:** Bon! Mwen pa konn si w ap kapab.

**Papa :** Kisa l ye menm?

**Liksèn :** Mwen te dwe achte yon tant pou nou ka al nan plaj la aswè a, men kantite kòb mwen te panse m t ap jwenn nan, mwen pa gentan jwenn li. Lè mwen rive labank lan, te gen twòp moun nan liy lan. Mwen te oblije soti al regle yon lòt bagay. Men koulye a, nan lè l ye a, labank ap gentan fèmen distans pou m al nan yon lòt sikisal.

**Papa:** A bon! Ou pa gen kat kredi avè w. Ou ta peye ak li.

**Liksen :** Mwen genyen wi, men m p ap ka peye ak li paske kòb tant lan vann nan twòp. M ap bezwen kòb la pou m fè yon lòt tranzaksyon.

**Papa:** Pa gen ATM nan zòn kenkayri kote w ye a, oswa tou pre l? Ou te ka fè retrè nan youn ak kat debi w, si w genyen.

**Liksèn:** Sa a se yon bon lide vre wi, men sa ki genyen yo an reparasyon. Mwen wè yon pakèt teknisyen ap ranje yo. Epi m tande anpil moun ap plenyen. Y ap di yo pa t ka itilize yo depi semenn pase a.

**Papa :** Bagay yo bon jan mare pou ou la a vre wi. Nou pa t ka pwograme plaj la pou lajounen pito?

**Liksèn :** Non. Lajounen an manke plezi.

**Papa :** Enben se pa premye fwa n ap al nan plaj aswè?

**Liksèn :** Non, se pa premye fwa non. Sa a ap fè twazyèm fwa nou. Premye fwa a, te gen yon pwogràm sou plaj la. Yo t ap fè yon bal. Dezyèm fwa a, pa t gen pwogràm. Fredi manke touye nou. Gen yon van frèt ki t ap vante epi pa t gen anpil moun sou plaj la. Nou te oblije al nan yon otèl tou pre a. Fwa sa a, nou te vle pase sware a sou plaj la menm. Se pou sa m bezwen tant lan.

**Papa :** Ok ! Ou pa eseye rele sou selilè Frank lan? Li te ka pase achte l limenm si l gen kòb nan men li.

**Liksèn :** Mwen eseye deja wi, men m pa jwenn li. Telefòn li genlè dechaje.

**Papa:** A! Se vre wi. Gen yon pwoblèm kouran nan moman sa a nan katye a. Menm lè l chaje l sou invètè a, li gentan dechaje l byen vit. Paske l toujou konekte sou entènèt avè l epi l renmen jwe jwèt sou li tou. Li te gen pou l te achte yon bakòp, li kòmande l, men li poko rive.

**Liksèn :** Pwoblèm ! Kisa w panse m te ka fè la a? Se fason sa a nou ka met yon ti animasyon pou peryòd la wi.

**Papa :** Ok. Mwen kwè m gen yon tant nan depo a wi. Li pa gwo non. Yon zanmi m te pote l fè m kado apre tranblemann tè 12 janvye 2010 la. Nou konbyen k prale?

**Liksèn :** Se nou 4 ki prale. Mwen, Frank ak 2 lòt zanmi nou t ap rakonte sa epi ki enterese.

**Papa :** Nou gen chans. L ap bon. Men se prete m ka prete nou li. Kou nou tounen, pou n remèt mwen afè m. Epi fòk li pa gen tèt fè mal.

**Liksèn :** Mèsi. Ou mèt fè n konfyans. N ap pote l ba ou jan w te ban nou l lan.

**Papa :** Nou te koute bilten meteyo pou jounen an?

**Liksèn :** Non. Poukisa?

**Papa :** Nou pa ka al nan plaj san nou pa konnen previzyon meteolojik yo. Sitou se nan sware nou prale. Se fason pou n konnen jan lanmè a ap ye epi si ap gen lapli. Nou manke prepare bagay la, ti mesye.

**Liksèn :** M swete p ap gen anyen nan bagay sa yo. Paske si lapli a ta tonbe, l ap kraze tout bagay nou te gentan planifye yo. Pandan n di sa a tou. Mwen pral branche sou entènèt pou si yo prevwa lapli pou aswè a, sitou pou kot sid la. Selon jan sa ye, pou n ka gentan fè yon lòt bagay.

**Papa :** L ap bon wi.

**Liksèn :** Se sèl Frank ou genyen kòm pitit?

**Papa :** Non. Misye se senkyèm pitit mwen epi li se katriyèm pitit gason m. Sa vle di m gen 4 pitit gason ak yon pitit fi. Se sèl li k ap viv avè m. Premye a gentan marye, li lakay li. Dezyèm lan ap viv Lafrans. L ap fè yon metriz laba a. Twazyèm lan ak katriyèm lan ap etidye Etazini. Frank, ki se dènye a ap viv ak nou isit la. Li p ap rete tou non. Kou l fin etid klasik li, li gen chans al etidye, eee… jeni nan peyi Almay.

**Liksèn :** Enben w pral ret poukont ou nan kay la ak madanm ou?

**Papa :** Non, sa k ap viv Etazini yo p ap rete. Kou yo fin etidye, y ap tounen vin viv nan peyi yo paske yo pa renmen peyi blan. Epi y ap gentan fini anvan Frank fin ak etid segondè. Sa ki fè m p ap poukont mwen.

**Liksèn :** Mwen byen kontan.

**Papa :** Ou gen lòt frè ak sè?

**Liksèn :** Non. Se mwen sèl manman m ak papa m genyen. Men m pa renmen peyi etranje. M ap ret nan peyi a pou m etidye. Bon! M dwe al regle rès bagay yo pou pita. Mèsi anpil pou konsèy yo.

**Papa :** Pa gen pwoblèm. Mwen byen kontan nou fè ti pale a wi. M ap met tant lan sou men pou nou.

**Liksèn :** Mèsi. Pase bon apremidi mesye.

**Papa :** Babay Liksèn. Pase bon apremidi.

**Liksèn:** bay.

*Yo rakwoche telefòn yo. Liksèn kontinye prepare bagay yo pou aktivite sware a. Epi papa Frank menm tou al ouvè depo a pou l chache tant lan pou mesye yo.*

~*~

**Yon kondisip li** - His fellow student

**Mayo *ble** – Blue t-shirt

**Non, mwen pa sote vre non** - No, I am not really amazed

283

**Ti kouche** - Nap

**Se do l mwen wè nan baryè a ap soti** – I just saw his back by the gate on the way out

***Tant** – Tent

**Plaj** - Beach

**Sikisal** - branch

**Pou m fè lòt tranzaksyon** – To make other transactions

**Pa gen ATM nan zòn kenkayri w ye a** -? There isn't any ATM in the hardware store where you are?

**Fè retrè** – retire / withdraw money

**Mwen wè yon pakèt teknisyen ap ranje yo** – I saw many technicians repairing them.

**Fredi manke touye** nou – The cold almost killed us.

**Ou pa eseye *rele sou selilè** – You did not try calling on the cellphone?

***Lib** – Free / Available

**Telefòn li genlè dechaje** – It can be that his battery is dead.

**Menm lè l chaje l sou invètè a** – Even when he charged it on the invertor.

**Konekte sou *entènèt** – connect to the internet

**Bakòp** – backup

**Nou te koute bilten meteyo pou jounen an?** - Did you hear the meteorological prevision for the day?)

**Pou m konn sa ki *prevwa pou aswè a** – to know the forecast for this evening.

**Etid *klasik** - College

***Jeni** - Engineering / Genius

**Peyi *Almay** - Germany

**Babay** – bye bye

**Bay** - bye

**Ouvè** – French deformation for **Ouvrir** , normal Creole is **Ouvri**

*__Etazini__ – United States

*__Janvye__ – January

*__Kantite__ – Quantity / Amount

*__Rakonte__ – Tell / Recount

# UNIT FIFTEEN
## Chanjman
## Change

*De zanmi al nan yon biwo leta pou y al regle yon bagay. Lè yo rive, yo rete menm kote pou yo ka pase anvan paske yo te la bonè. Twouve gen youn nan yo ki vin deplase paske yon lòt moun fè l chanje lide. Lè l vin retounen kote l te ye deja a, yo tonbe pale konsa.*

**Masèl:** Kisa w vin fè isit la? Ou pa t ka ret kote w te ye a?

**Maks:** Bò isit la pa pou leta ankò? M chita kote m vle.

**Masèl:** Sa k te pran w ki fè w te al lotbò a menm?

**Maks:** M pa gen sa pou m mande w non. M fè sa m vle.

**Masèl:** Kimoun ki te di w laba a te bon? Se pou w te rete.

**Maks:** Moun pa t bezwen di m anyen non pou m fè sa ki bon pou mwen. M pa konn pou ou.

**Masèl:** Mwen m lib. Se mwen ki toujou deside sa m ap fè ak sa pou m fè. Men tèt mwen pa di tankou w. E vre wi, m di w rete la pito, ou sèlman rete w deplase al lotbò a pito. Se konnen w pa t konnen! Koulye a bagay yo pa bon pou ou, ou tounen lakay.

**Maks:** Bon! Kisa w gen nan kò m la a menm?

**Masèl:** Tèt ou di twòp. Se pou w kite. Lè yo di w yon bagay, ou pa janm vle kwè. Se Sen Toma w ye. Se lè w wè w kwè. Di m non, sa k pase w ki fè w chanje lide a menm?

**Maks:** M konnen w wi. Se fawouche w bezwen fawouche m la a. M pa sou san m koulye a. Kite m an repo m.

**Masèl:** Kimoun ki pa vle ba w repo w la a frè? Mwen! Pran repo w non papa.

**Maks:** Poukisa w pa pale bagay serye pito? Pale sa w bezwen non!

**Masèl:** M bezwen tout bagay mwen, m bezwen w kite tèt di. Epi, fòk nou ta al chache yon bagay pou n manje wi. Paske m bon grangou la a.

**Maks:** Mwen menm, se swaf m swaf. Fò m ta jwenn yon bagay glase la a pou m bwè. Paske m pa wè klè la a menm.

**Masèl:** Ann al nan ti restoran ki pi devan an non! Men m pa konn si manje a gentan kwit. Paske l bonè.

**Maks:** Se pa bonè l bonè non, manje nan restoran sa a toujou prepare ta menm.

**Masèl:** Konbyen kòb ou gen disponib la a?

**Maks:** M pa gen anpil non. M sèlman gen 50 dola. Kòb machin mwen tou ladan l. Fòk mwen ta kite ladan l pou m achte yon ti glas lè m ap antre lakay. Paske m gentan bay moun yo abitid antre avè l chak swa. M pa menm bezwen mande w si w genyen menm, paske m konnen ou fèk touche.

**Masèl:** Mwen fèk touche vre wi, men m gentan gen anpil bagay pou m fè ak kòb sa a: Fòk m al achte yon lòt bòt pou m travay la, fò m ta chanje rad travay la a nèt tou, met sou kòb m te gentan dwe, m pral remèt yo. Paske yo toujou di yon moun pa dwe bouche twou, lè w prete, fòk ou remèt.

**Maks:** Dwe di a pa bon vre non. Men fòk ou sispann plenyen nan tèt mwen. Vin n ale.

**Masèl:** Pandan w ap pale a, ou pa wè kouzen Jozye a?

**Maks:** Ki Jozye?

**Masèl:** Jozye! Pitit gwo madanm ki te rete bò plas la.

**Maks:** M pa wè kiyès toujou non.

**Masèl:** Kite m di w! Misye konn ranje moto. Te gen yon chòp moto lakay yo a. Epi te gen yon machann pate ki konn ap vann devan an.

**Maks:** Ou konnen gen plizyè chòp moto ak moun ki konn ranje moto nan zòn nan, m poko ka wè kiyès nan yo. Epi w konnen m pa twò abitye ak moun sa yo. Se sa k fè m pa kwè m konnen yo.

**Masèl:** Ou konnen l. M pral esplike byen koulye a epi w ap wè w konnen l byen. Se yon kolonn moun wouj yo ye. Misye gen yon pakèt sè. Se yon kolonn timoun ki enteresan anpil.

**Maks:** Annn! Sa k chèlbè anpil yo?

**Masèl:** Wèèè! Se frè yo a.

**Maks:** M wè kiyès koulye a.

**Masèl:** Ok. Ti patnè ki toujou chita sou bout mi devan lakay yo a, se li ki kouzen yo a.

**Maks:** Wiii! Li djòlè anpil!

**Masèl:** Aaa! Ou wè w te konnen l!

**Maks:** M konn nèg sa yo byen monchè. Fawouchè!

**Masèl:** Egzakteman! Ou konnen l vre.

**Maks:** Non m pa panse se te Jozye, pitit madan Frad la, moun kenskòf, ki rete menm kote a tou.

**Masèl:** M pa wè moun sa yo lontan tou non, pandan w

ap di sa a.

**Maks:** Yo la. Yo toujou rete menm kote a. Pale m de ti bat kò a non. Sa k pase misye la a?

**Masèl:** Monchè! Misye chanje konplètman.

**Maks:** Kisa? Chanje? Kouman chanje a?

**Masèl:** o o! m di w misye chanje nèt. Fòk ou ta wè nèg sa a koulye a!

**Maks:** Sa k dwe pase menm?

**Masèl:** Monchè m pa konnen. Sèl bagay, m pase bò plas la plizyè fwa nan jou ki sot pase yo la a, m pa wè misye sou bout mi an ap bay fawouch menm. O! m mande ki mirak. Lè m mande pou li, yo di m se direktè misye ye koulye a.

**Maks:** Direktè! Kote w jwenn ak bagay sa a oumenm?

**Masèl:** Pe bouch ou non, menn. Se pa ba w m ap ba w. Rete pou tande. M al nan biwo misye menm. M fè tankou se yon bagay m al regle pou m ka wè si se vre. M wè yon moun byen kostime dèyè yon biwo, byen serye k ap pale ak yon bann moun. Epi gen yon bann lòt ki chita ap tann li. Si se pa t non l ki te ekri nan pòt la ak ti sin li te gen sou sousi l m wè a, m pa t ap rekonèt li menm. Misye vin gen yon gwo nèg sou li! Moun vin apresye l anpil. Epi y ap pale de li anpil laba a.

**Maks:** Ou toujou sou blag oumenm.

**Masèl:** Ou wè m sanble ak moun k ap bay blag?

**Maks:** Se bon koze w di m la a?

**Masèl:** M di w. Menm mwen, m pa t vle kwè. Se lè m wè misye, yon lòt lè l te pase wè fanmi l yo. Nèg la desann machin li, li salye tout moun. Li chita anndan nan lakou a l ap pale. Si yo pa di w li la, oswa men li, ou pa t ap konnen si se li. Nèg la vin swa! Ou konn jan misye te renmen fè bwi.

**Maks:** Men koze! Sa k ta di sa? Kimoun ki te ka kwè yon nèg konsa ta chanje nan eta sa a?

**Masèl:** M pa konn sa k pase misye, men misye chanje nèt papa.

*Nan pale konsa, pandan y ap mache nan lari a, yon machann k ap pwonmennen nan lari a ak bagay glase vin ap pase lotbò lari a. Mesye yo rele 1 pou 1 vin vann.*

**Maks:** Machann! E machann! Vin vann!

*Machann nan travèse lari a, vin jwenn yo.*

**Maks:** Sa k ap fèt patnè m?

**Machann:** M anfòm wi, bon bagay. Kisa n ap pran la a?

**Masèl:** Ou gen dlo?

**Machann:** Wi, se sa k pa manke!

**Masèl:** Nan sachè oubyen nan boutèy?

**Machann:** Nan sachè.

**Masèl:** Kèt! M pa renmen sa k nan sache yo non.

**Machann:** O o! Se pa menm dlo a?

**Masèl:** Wi. Men m pa renmen yo.

**Machann:** Enben m gen lòt bagay pou bwè wi.

**Masèl:** Non, se dlo sèlman m te vle. Mèsi.

*Machann nan vire do l. L al fè wout li. Mesye yo, yo menm, al nan yon boutik ki te devan yo a.*

**Maks:** Pa gen moun? M vin achte.

**Mèt boutik:** Kisa w vle?

**Maks:** Dlo.

**Mèt boutik:** Talè m ap vini.

*Yon moun parèt vin vann mesye yo.*

**Mèt boutik:** Bonjou.

**Maks:** Bonjou! Vann nou de boutèy dlo silvouplè.

Konbyen yo vann?

**Mèt boutik:** 25 goud.

**Maks:** Ban nou de, tanpri. M pa konn si w ap gen monnen nan 50 dola.

**Mèt boutik:** w ap jwenn.

*Yo pote dlo a bay mesye yo ak monnen an. Yo pran dlo yo, yo peye epi yo kontinye wout la. Pandan yo pran direksyon restoran an, yon moun rele yo nan telefòn pou l di yo sèvis la koumanse nan biwo a. Yo oblije tounen pou y al regle sa yo t ap regle a. Yo tou ranvwaye koze al nan restoran an.*

~*~

**Lotbò** - Over there

**Se Sen Toma w ye** – You are Saint Thomas.

**Se fawouche w bezwen fawouche m la a -?** Now you want to tease me.

**Paske yo toujou di yon moun pa dwe bouche twou l, lè w prete, fòk ou remèt** - They say that someone should never fill up his hole, when you borrow, you must return. This is a proverbial expression meaning that whenever you borrow something, you need to give it back.

**Men fòk ou \*sispann plenyen nan tèt mwen tou** - But you have to stop complaining on me.

**\*Wouj** – red

**Chòp \*moto** – Moto shop

**Sa k chèlbè anpil yo** - Those who are so pretentious.

**Wiii! Li djòlè anpil!** – Yes! He's very braggart!

**Ou toujou sou blag oumenm** – You are always kidding

**Nèg la vin swa!** - The man becomes nice. The idea is that the person become friendly and nice.

**Pwonmennen** – Go for a walk

**Yo tou ranvwaye koze al nan restoran an** - So they canceled the idea of going to the restaurant.

*****Apresye** - Appreciate

*****Restoran** – Restaurant

# UNIT SIXTEEN
## Twoubadou
## Twoubadou Music

*Chelo ak Richa se de moun k ap viv nan menm katye. Youn konn gen abitid pale ak lòt lè yo rankontre. Se konsa yo kwaze pandan yo tou de ap antre nan yon ti restoran pou y al manje, epi yo tonbe pale.*

**Richa:** Bonjou mesye Chelo.

**Chelo:** Bonjou Richa. Kouman w ye?

**Richa:** Mwen byen wi gras a Dye.

**Chelo :** Kouman w ap debouye w ak lekòl la la a?

**Richa :** Tout bagay byen wi gras a Dye.

**Chelo :** Moun lakay ou yo anfòm?

**Richa :** Wi. Yo tout byen ak Jezi. E pa w yo?

**Chelo :** Tout moun anfòm. Ki mirak m kwaze w nan zòn nan !

**Richa :** Bon ! ou konnen, nèg pase pran yon bagay pou vant lan la.

**Chelo :** Sak vid pa kanpe vre non. Sa k nan vant ou, se li k pa w.

*Yo antre nan restoran an, yo chita epi yo t ap*

*kontinye pale. Machann nan deplase vin kote yo epi
yo tonbe pale ak machann nan tou.*

**Chelo:** Sa k gen pou nou la a, machann?

**Machann :** Tout sa n vle wi mesye.

**Chelo :** Ki manje w gen la a?

**Machann :** Gen diri kole, diri sòs pwa, gen viv, gen
pwason, mayi kole ak pitimi. Kisa n ap pran la
amenm?

**Chelo :** Mwen, ban m diri kole ak pwa epi sòs pwason.

**Richa :** Mwen menm, yè m te pran diri ak sòs pwa,
jodi a ban m bannann ak poul. Paske m gen yon gaz k
ap ban m pwoblèm nan jou sa yo.

**Chelo :** Sa fè konbyen la a?

**Machann :** Bannann ak poul la pou 40 dola epi diri
kole ak sòs pwason an menm jan an tou. Sa ki fè 80
dola an tou. Nou p ap pran anyen pou bwè?

**Richa :** Kisa w genyen disponib?

**Machann :** M gen ji natirèl, kola, koka.

**Chelo:** Ki ji w gen la?

**Machann :** Ji sitwon, ji zoranj, grenadya epi papay.

**Chelo :** Ji papay la m vle.

**Machann :** E oumenm jennjan?

**Richa :** Ji sitwon an m vle mwen menm.

**Machann :** Pa gen pwoblèm. Ji papay la pou 8 dola epi
ji sitwon an 10 dola.

**Richa :** O ! Poukisa ji sitwon an chè konsa?

**Machann :** Pa gen sitwon sou mache a non. Li vann
chè anpil. Okontrè, se paske m gen pratik ki vin ak yo
tout ekspre pou mwen ki fè genyen la a.

**Richa :** Enben pa gen pwoblèm non.

*De moun pot manje yo ak ji yo pou mesye yo. Yo
manje byen manje epi yo bwè kont ji yo. Yo leve pou*

*yo ale, yo rale kòb nan pòch yo epi yo peye.*

**Richa:** Mèsi anpil wi machann nan.

**Machann:** Pa gen pwoblèm mesye m yo. Kouman n te wè manje a?

**Chelo:** Bon bagay!

**Richa:** Manje a bon vre wi. Mèsi.

**Machann :** Ok ! m ap tann nou yon lòt fwa.

**Richa:** San pwoblèm.

*Nèg yo pran lari pou yo. Yo pran bis pou retounen lakay yo. Pandan yo nan bis la, yo tonbe pale.*

**Chelo :** Kisa w genyen ki pwograme pou semenn sent lan?

**Richa :** A ! Pwogràm mwen prèske kraze wi. Paske m poko fin ak egzamen yo toujou non. M ap lib jis vandredi sen. E oumenm?

**Chelo :** Mwen gentan gen konje mwen menm. M ap pwofite kòmansman semenn nan pou m dòmi paske m fatige anpil. Apre sa, m pral gad defile bann rara vandredi sen nan Leyogàn. Ann ale non. Ou sot di m w ap gen konje a jis vandredi.

**Richa :** M p ap ka ale non paske w konnen m se kretyen. Jou sa a, se jou pou m al legliz pou m al lapriyè Bondye. Epi ap gen anpil blokis nan lari a nan jou a tou. Paske rara ap nan lari nan tout zòn.

**Chelo :** An ! Se vre ! Eskize m. M bliye si tout fanmi w se levanjil yo ye wi. Enben w p ap al nan pyès pwogràm?

**Richa :** M pral vizite yon zanmi nan samdi. Epi m gen kèk fanmi m pa wè depi lontan, m ap pwofite al lakay yo.

**Chelo:** E dimanch pak, kisa w konn fè nan jou sa a?

**Richa :** Jou sa a toujou espesyal pou moun lakay

mwen ak moun legliz mwen. Nan maten, se gwo kil apre sa, nan apremidi, se konsè. Pafwa yo fè konsè a nan legliz la, men gen lòt fwa, se nan lòt legliz nou konn al nan konsè.

**Chelo:** Bagay malè! E pou ane sa a, ap gen konsè?

**Richa:** Wi. Ap genyen wi. Men m p ap ale. M pral lakay mennaj mwen. M pral nan yon dine paran l ap fè.

**Chelo:** Bèl bagay! Pale m de ti mennaj sa a non. Moun kibò li ye?

**Richa:** Li se moun okap. Se yon kondisip mwen li ye. Nou nan menm klas depi nan primè. Apre rara a, kisa w gen pwograme pou samdi dlo beni ak dimanch pak?

**Chelo :** Samdi a, nan maten, se pou m dòmi. Paske m panse m ap pase tout nwit lan m ap danse rara. Nan apremidi, m pral nan yon ti bal y ap fè nan vil la. Dimanch lan menm, m ap pase bwè de twa byè ak kèk zanmi. Apre sa, m pral nan restoran ak madanm mwen. Paske sa fè lontan m pa soti ansanm ak li. M santi nou bezwen sa.

**Richa :** Ap gen twoubadou nan restoran w prale a?

**Chelo :** Sa w konn nan twoubadou? Te kwè w di se moun legliz ou ye?

**Richa :** Non ! Ou konnen, anvan tout bagay, twoubadou a se yon estil mizik. Sa fè tout moun ka tande l. Oswa tout mizisyen ki renmen l ka jwe l.

**Chelo :** Non. M vle pale de gwoup twoubadou yo.

**Richa :** M pa t vrèman konnen sa yo rele konsa a, men papa m te toujou konn ap pale m de sa. Epi se konsa, yon jou, pandan m al travay Jakmèl, yo mennen m nan yon plaj. Monchè ! m wè nenpòt 5 twoubadou nan plaj la. Yo chak ap anime yon kote.

**Chelo :** Wi. Depi w al Jakmèl, y ap pale w de plaj wi. Epi m tolere ale nan twoubadou tou.

**Richa :** Kèt menn ! Mizik yo bèl ! Sa k pi bèl la, se ak enstriman y ap fè mizik la.

**Chelo :** Wi. Nèg sa yo fè enstriman yo epi yo jwe l ankò. Ou konn non enstriman y ap jwe yo?

**Richa :** Wi. Men se pa tout. M konnen sa ki tankou gita a rele bandjo. M konn graj la ak tchatcha a tou. Yon ti bwat k ap bay son bas la, m pa konn non l.

**Chelo :** Yo rele l enstriman sa a mannouba.

**Richa :** Men m wè se plis nèg k ap jwe tchatcha a ki konn tou chantè a. Epi yo gentan konn jwe tchatcha sa a tou wi! Gen yon seri son nèg sa yo fè tchatcha sa a bay! Eeee ! Se tèt chaje ! M mande jan yo fè fè l. Yon jou m eseye jwe. M pa fouti fè sa mesye yo fè a non. Se pa ti abil nèg sa yo abil.

**Chelo :** Wè monchè ! Men se li ou pi renmen nan enstriman yo?

**Richa :** Tchatcha a se premye a, men mannouba a bay plezi tou wi. M mande m jan yo fè fè l epi mesye yo abil ladan l tou. Ou ta di se yon bon bas nenpòt sis kòd k ap jwe a wi. Epi son an tèlman byen gonfle, fò w ta di l anplifye.

**Chelo :** Yo fè bwat la an bwa epi yo mete plizyè làm kouto nan ouvèti bwat la. Yo fè l tankou yon ti ban. Dekwa pou moun k ap jwe l la ka tou chita sou li. Mizisyen an gen pou l bese pou l pase yon moso kaotchou sou làm kouto yo. Konsa, vibrasyon làm yo vin anplifye gras ak bwat la ki vid. Epi chak làm gen yon son diferan.

**Richa :** Monchè ! Lè m di mesye ki te mennen m nan

plaj la m tolere twoubadou a, nèg yo di m y ap mennen m nan yon twoubadou prive. Demen, nan aswè, yo pase chache m. M rive yon kote, anba yon bann pye bwa, yon kolonn bon patnè ap bwè, boukannen vyann epi y ap jwe twoubadou. De tanzantan, youn bay lòt fè yo kout. A ! M lage m nan twoubadou vre jou sa a !

**Chelo :** Wi. Bagay sa a gaye nèt wi. Anpil plaj nan peyi a, lè w ale, gen yon gwoup twoubadou k ap jwe. Epi restoran yo konn ba yo kontra vin jwe tou pou nan fen semenn yo pou kliyan yo.

**Richa:** Se vre! Yon jou, san m pa t konnen, m antre nan yon ti restoran ak mennaj mwen pou n fè yon ti manje. O O! apre yon ti tan, se gade m gade m wè kèk nèg antre ak enstriman yo epi yo tonbe lage twoubadou atè. M pa kache di w sa, nou te renmen sipriz sa a anpil.

*Bis la vin rive nan estasyon. Li kanpe, mesye yo desann, yo peye chofè a.*

**Richa:** M kontan n te fè ti pale sa a jodi a wi, mesye Chelo.

**Chelo :** Mwen menm tou. Salye tout moun pou mwen.

**Richa :** Orevwa mesye.

**Chelo :** Pase bon apremidi.

**Richa :** Mesi, oumenm tou.

~*~

**Kouman w ap debouye w ak lekòl la la a?** – How are you doing at the school?

***Nèg pase pran yon bagay pou *vant lan la** - I am eating. It is an expression to say that you are grabbing something to eat.

**Sak \*vid pa kanpe vre non. Sa k nan vant ou, se li k pa w** – Empty bag cannot stop. This is a Creole expression to say whatever you have in your belly that is yours (secure), nothing else.

**Deplase** – move from one place to another

**Gen diri kole** - Rice and long been

**Diri ak \*sòs pwa** – Rice and sauce of beans

**Viv** – Groceries. Potato, banana, and yam. The combination of these things are called Viv in Creile.

**\*Pwason** - Fish

**Mayi kole ak pitimi** - Corn meal with long bean and white millet.

**\*Bannan ak poul** – planting with chicken

**M gen ji natirèl, kola, koka** – I have natural juice, Pop, Pepsi. In Haiti Kola and Koka are two different drinks. One is made by Coca-cola and the other by Pepsi.

**Ji \*sitwon** – Lemon Juice

**Ji zoranj** – Orange juice

**\*Grenadya** – Passion fruit

**\*Papay** – papaya

**Tout ekspre pou mwen** - Especially for me.

**Semenn \*sent** – Easter (Holy week)

**Vandredi sen** – Good Friday

**Lapriyè** - Prayer

**Se levanjil yo ye** – They Christians - Evangelic

**Dimanch pak** – Palm Sunday

**\*Beni** – Bless

**\*Estasyon** – Station / Season

**\*Kretyen** – Christian

**\*Estil** – Style. Another spelling **Stil.**

**Se gwo kil apre sa** – It is a big Cult after that

**Bagay \*malè!** - Terrific!

**Mennaj mwen** – My fiancee

**kisa w gen \*pwograme pou samdi dlo beni ak dimanch pak?** What is your plan for easter Saturday and Easter Sunday?

**Yon \*bal** – a dance

**\*Byè** – beer

**Twoubadou** – It is the name for a type of Haitian Music.

**Epi m tolere ale nan twoubadou tou** – Well, I live to go to Twoubado too.

**Kèt menn ! \*Mizik yo bèl !** - Man! The music is beautiful!

**Bandjo** - Banjo

**Graj** - grater. Musical instrument.

**Yon ti bwat (mannouba)** - A little box for a musical instrument called mannouba.

**M pa fouti fè sa mesye yo fè a non** – I cannot do that these men do.

**Se pa ti abil nèg sa yo abil** - Those man are very skillful.

**Ou ta di se yon bon bas nenpòt sis \*kòd k ap jwe a wi. Epi \*son an tèlman byen gonfle w ta di li anplifye** – It's like a real bass with around 6 strings that is playing and the sound is so deep, you'd say it is amplified.

**Làm \*kouto** - blade

**Dekwa** - So that.

**Bese** - to bend down

**Yon moso kaotchou** – A piece of rubber

**Boukannen \*vyann** - smoke meat. The put is puto n the fire for cooking. Store fire.

**Bagay sa a gaye nèt wi** - It has spread completely.

*****Gita** – Guitar

*****Rankontre** – Find / Encounter

# UNIT SEVENTEEN
## Chache Èd
## Looking for Help

*Mari rele Mika nan telefòn yon vandredi apremidi pou l di l yon bagay. Lè telefòn Mika sonnen, li pran l:*

**Mika:** Alo!

**Mari:** Alo. Mika?

**Mika:** Wi

**Mari:** Se Mari. Kouman w ye pitit?

**Mika :** Mwen byen Mari. E oumenm? Sa w ap bay nan peyi a la a?

**Mari:** Anyen menm. N ap gade san pran. Gade non! Ou gentan antre lakay ou?

**Mika:** Non. M poko rive lakay la non. M pral pran machin pou m vini. Ou te bezwen m?

**Mari :** Wi. M bezwen w anpil wi. Mwen bezwen pou w ta ede m fè yon bagay.

**Mika :** Ki bagay li ye la a manman?

**Mari :** Machè ! M bezwen w fè m jwenn yon kote m ka achte sachè anbalaj. Paske m gen yon kòmand manba pou m onore la a. Men m pa ka bay li nan bokal la konsa. Bò kilè w ka lakay ou la a?

**Mika :** M fèk deplase sot nan travay la la a. M ap rive

302

lakay la bò 5 è edmi yo. Fòk ou ta pase anvan 6 è pou m ka fè w pale ak yon moun. Pase depi l fè 6 è, m ap deplase pou n al nan yon konferans.

**Mari :** M ap gentan lakay ou depi bò 5 è 40 yo. Pase m bezwen sa anpil. Moun sa a se yon bon zanmi w li ye?

**Mika :** wi. Li gen moun li k ap travay nan bagay sa yo. Epi l ap pase pran m pou n ale nan konferans lan ansanm. Sa ki fè mwen ka tou pwofite fè w pale ak li.

**Mari :** Ou pa gen yon ide konsènan kantite kòb sa ka koute m?

**Mika :** M pa gen pyès ide sou bagay sa yo non. Men m gen kèk zanmi m ki bon nan bagay sa yo anpil. Se nan sa yo fè karyè yo. Di m non, se nan peyi etranje w ap voye yo osinon se pou moun anndan peyi a, kòmand ou an ye?

**Mari :** M pa ka di w anyen sou sa. Se yon nouvo kliyan m fèk genyen. Se premye kòmand li. M te konn ap pale l de aktivite a, men l pa t ko achte. Koulye a l deside l. Si m di w m konn kote l pral ak yo, se nan manti m ye avè w. Pwiske m poko konn gou moun yo ase, m oblije byen prezante pwodwi a.

**Mika :** M dakò avè w. Enben m ap tann ou pita.

**Mari :** Ok. M ap vini san mank.

**Mika:** Bay, Mari.

**Mari:** Babay Mika.

*Yo rakwoche telefòn nan. Mari leve, l al prepare l pou l vin lakay Mika. Mika menm met telefòn li nan valiz li paske l te nan lari pandan l t ap pale a. Yon taksi ap pase, li fè l siy, chofè a raze l epi Mika di l:*

**Mika:** Kafou Ayopò?

**Chofè taksi:** Non, li p ap bon pou mwen.

*Li derape machin lan epi l ale. Konsa yon lòt vin ap*

*pase. Mika fè l siy pou rete ankò. Li kanpe epi Mika pwoche bò vit la, li di :*

**Mika :** Kafou Ayopò?

**Chofè taksi :** Monte non.

**Mika :** Konbyen?

**Chofè taksi :** 25 goud madanm.

**Mika :** Ok!

**Mika:** Ouvè pòt dèyè a.

**Chofè taksi :** San pwoblèm.

**Mika:** Ou ka moute volim radyo a souple, silvouplè?

**Chofè taksi :** Ou sanble renmen mizik la?

**Mika :** Wi. Mizik sa yo bèl anpil wi.

**Chofè taksi:** O! Ki mirak yon jenn moun renmen mizik lontan sa yo?

**Mika:** Mizik yo te fèt nan tan lontan vre. Men yo gen yon bann verite nan pawòl k ap di yo. Ou ta di se bagay nan moman an moun yo ap eksplike. Epi melodi yo tèlman diferan ak mizik koulye a yo. M toujou anvi konnen sa k te gen nan tan lontan pou m ka pi byen konprann sa k ap fèt koulye a.

**Chofè taksi :** Sa a se byen! M pa kache di w sa, nan tan m, tout moun konn ap chante mizik sa yo. Tout jenn gason ak jenn fanm te konn mizik sa yo byen, paske w te oblije aprann yo pou w te ka alamòd.

**Mika :** Gen anpil bagay ki chanje vre, men gen sa ki rete menm jan an. Sa moun santi pa chaje. Se fason n entèprete l la ki chanje. Ou kondi byen wi !

**Chofè taksi :** Mèsi.

**Mika :** Ou sanble ap kondi depi lontan papa !

**Chofè taksi :** 35 an m genyen depi m ap fè sa.

**Mika :** Waw !

**Chofè taksi :** Wi. M pase 10 an ap kondi kamyon sab.

13 an chofè bis. M prèske konn tout peyi a ak bagay sa a. Epi m gen 12 an chofè taksi. Sa fè m konn vil tankou pòch mwen. M abitye ak wout yo epi m konn jan Chofè ayisyen kondi byen.

**Mika:** Pa ban m! Ou se yon pwofesyonèl nan sa. Ou pa janm fè aksidan non?

**Chofè taksi** : Gras a Dye, non. Sa pa janm rive m.

**Mika** : Sa enpresyone m anpil wi. M wè w granmoun tou pou w ap kondi toujou.

**Chofè taksi** : Kondi se pasyon m. Menm jan doktè a pran plezi l swaye moun nan, se konsa m pran plezi m lè m dèyè volan an. Lè m te chofè kamyon, yo te rele m ti jilèt. Lè m te chofè bis, yo te rele m tchas ; paske m te konn double machin anpil. Koulye a, kòm chofè taksi, kliyan yo rele m presizyon, pou jan m pase nan chòk yo.

**Mika:** Yo gen rezon rele w presizyon an vre. Ou met anpil presizyon nan jan w kondi an. Kilè w panse pran retrèt ou menm?

**Chofè taksi** : koulye a m gen 60 an. Ou wè jan cheve m koumanse blanch. M fè edikasyon timoun yo ak bwa volan an. Se sa k ban m tout byen m. Lè m pran retrèt la, kisa m pral fè? M pral ret sou kont pitit. Non, m pa renmen sa.

**Mika** : Enben retrèt pa bon?

**Chofè taksi** : M pa ka di l pa bon non. Men m gen kèk zanmi m ki te byen enganm lè yo t ap travay. Kou yo vin pran retrèt yo, yo vin granmoun yon sèl kou. Doulè vin anvayi yo. Genyen ki fin entatad, menm moun yo pa konnen. M pa vle tankou yo. M vle lespri m, kòm toujou an mouvman.

**Mika:** M konprann ou epi m dakò avè w. Paske kò a

vin rèd lè l pa fè mouvman epi lespri a vin fèmen lè yo pa itilize l tou. Men non ! touche pou mwen silvouplè. M ap pran l la. Mèsi !

**Chofè taksi :** Mèsi !

**Mika :** M te kontan pale ak ou. N ap wè yon lòt fwa.

**Chofè taksi:** Pa gen pwoblèm non. Yon lòt fwa madanm.

**Mika:** M swete w yon bon apremidi. Epi kontinye met presizyon.

**Chofè taksi:** Mèsi, m p ap manke.

*Mika desann manchin nan. Li travèse lari a pou l al pran yon bis. Chofè taksi a limenm vire pou l kontinye siyone lari a dèyè pasaje.*

*Pandan Mika nan bis la, li pran nan yon gwo blokis. Gen plis pase 45 minit depi bis la kanpe anplas. Li pa janm deplase. Lè Mika wè sa, li rale telefòn li, li rele Mari pou l esplike l nan kisa l ye la a.*

**Mari :** alo !

**Mika :** Mari, pitit, se Mika.

**Mari :** Di m non manman.

**Mika :** Ou gentan rive lakay la?

**Mari :** Men m fenk rive devan lakay ou an la a wi. M sou ou touswit.

**Mika :** Se pou sa m rele w la a menm wi.

**Mari :** Pa di m ou gentan soti non. Li apenn 5 è 40 lan.

**Mika :** Non, se pa sa non pitit. M nan yon blokis sou wout ayopò a la depi plis pase 45 minit. Liy machin nan pa bouje menm. M pa konn sa k pase. M p ap gentan rive lakay ou la pou n pale non. Epi m pa menm konn si m ap gentan al nan konferans lan ankò.

**Mari :** O o ! Enben m ka toujou pale ak zanmi w lan lè l pase lakay ou talè. Sèlman rele l epi di l l ap jwenn mwen lakay ou a. Epi m ta tou mande l enfòmasyon yo.

**Mika :** M pa konn si l ap gentan rive pou l pase chache m lan tou non. Paske se nan lè sa yo li konn ap sot travay tou. Li posib pou misye pran nan blokis sa a tou.

**Mari :** Enben kisa m ka fè la a?

**Mika :** M pa vle fè w ret tann mwen pou grenmesi. Ou mèt tounen lakay ou. N ap pran randevou a pou demen maten. M ap pase nan atelye li a avè w epi w a tou regle tout bagay.

**Mari :** Enben ok, kòkòt. M ap tou mache ak lajan pou m ka tou achte.

**Mika :** Se sa m renmen avè w la, ou toujou pare.

**Mari :** M pa gen le chwa non. M swete lari a debloke pou w ka vin repoze w.

**Mika:** Jan m wè a la, sanble ap tou dòmi nan blokis sa a.

**Mari:** Desann ou pran yon moto, pitit.

**Mika :** Jan lari sa a frajil sa a, m p ap moute taksi moto. M pito tann.

**Mari :** Enben ret tann sè m.

**Mika :** M ale wi. N ap pale demen maten bonè.

**Mari :** Ok. M ap pase pran w.

*Lè yo fin rakwoche telefòn yo. Mari tounen lakay li epi Mika rete nan blokis la. Li byen regrèt li p ap gentan antre bonè lakay li jodi a.*

~\*~

**Sa w ap bay nan peyi a la a?** – What's up? This is a greeting between very close friends. Literally, it means *what are you giving in the country?*

**N ap gade san pran** - Nothing. It is an expression to answer the greeting, which literally means, *"We are looking at without taking."*

**Sachè anbalaj** - packing bag

**Yon \*kòmand manba pou m onore la a** – A peanut butter order, for me, to honour.

**Bokal** - jar

**M pa gen pyès ide sou bagay sa yo non** – I have no idea about these things.

**Karyè** - career

**M ap vini san mank** – I will come no doubt.

**chofè a raze** – the driver pulls up (the taxi)

**Ou ka monte \*volim radyo a silvouplè**? would you mind turning up the radio's volume, please.?

**Otovizè a** – Rearview mirror

**Pou w te ka \*alamòd** – To be on fashion

**\*Mòd** – Fashion

**\*Posib** – Possible

**Se fason n entèprete l la ki** chanje – It is the way we interpret it that has changed.

**\*kamyon \*sab** –Sand's truck

**Sa enpresyone m anpil wi** – It impressed me much.

**\*Kondi se pasyon m** – Driving is my passion.

**Lè m dèyè volan an** – when I am behind the wheel

**Ou wè jan cheve m koumanse blanch** – You see how my hair started to get white

**Byen enganm** - really spry

**Entatad** - senile

**Wout ayopò** - Airport's rout

**\*Liy machin nan pa bouje menm** - The line of cars don't move at all. The traffic jam is so hard that cars do not move.

**Pou grenmesi** – In vain

**Atelye** – Shop

**Enben ok, kòkòt** - So, ok, honey.

**M sanble ap tou dòmi nan blokis sa a.** – It looks like we are going to sleep in this traffic jam.

*\*Doktè** – Doctor

*\*Doulè** - Pain

# UNIT EIGHTEEN
## De (2) Se
## Two Sisters

*Ani antre lakay li ak yon kè kontan epi l parèt sou ti sè l la, li di l.*

**Ani** : Devine kimoun m fèk sot wè la a.

**Nali** : Kimoun ou sot wè a?

**Ani** : Devine m di w devine wi. Jis di yon moun.

**Nali** : M pa konnen, m pa anvi di pyès moun.

**Ani** : Ok. M ap ba w yon ti poul. Yon zanmi nou gen anpil tan nou pa wè ki te lekòl avèk nou nan lise a. Li te vin pati. Anplis li te rete nan katye a.

**Nali** : An ! m konnen.

**Ani** : Kiyès sa, enben?

**Nali** : Yon fi oswa yon gason?

**Ani** : Si m di w si se fi oswa gason l ye, m mèt tou di w non l m fini.

**Nali** : Ok ! ban m tante chans mwen kanmenm : Andre?

**Ani** : Wè ! Ou tonbe ladan l dirèk. Kouman w fè konn se li pwiske nou gen plizyè timoun ki te nan lise a ak nou ki pati epi nou gen anpil tan nou pa wè?

**Nali** : Sa a fasil machè. Se li sèlman ki ka met gwosè

310

lajwa sa a nan kè w. M konnen depi byen lontan, depi w wè ti nèg sa a, ou pa konn kote pou w met kò w.

**Ani :** O ! poukisa w di sa?

**Nali :** Sa vle di se pa vre?

**Ani :** Non. Ou pa ka di sa konsa.

**Nali :** Se sè m ou ye wi. M konn bout ou byen. Si se manti, ou mèt di m.

**Ani :** Bon ! An n kite sa.

**Nali :** Wi ! Men m pa t mande w anyen non mwen. Se ou k vin ap ban m koze.

**Ani :** M dakò. Men w twò cho pou mwen papa.

**Nali :** M ap chache yon jan pou m pa di w sa ankò. Men sa pa fè w pa kontan lè w tande pale de Andre sa a. Si w wè l menm, se pwoblèm. Poukisa w pa di l ou renmen l?

**Ani :** Gad yon tifi mesye ! Sa k pran w la a? Ou fè tankou w pa konnen tifi pa konn di ti gason li renmen l.

**Nali :** Kisa sa fè? Sa a se bagay lontan wi. Si w renmen moun nan, se pou w di l sa.

**Ani :** Se ansyen an m renmen mwen. Ou vle yo pran m pou sa m pa ye? Konnen w pa konnen. Depi w di yon nèg ou renmen l, li pran w mal. Li di w pa bon. Paske si w te bon, ou pa t ap di l sa. Ou t ap kite se li ki fè premye pa a.

**Nali :** Bagay sa yo se blag yo ye. M pa konn poukisa moun kontinye ap di bagay sa yo toujou nan tan eklere sa a. Gen anpil lòt nasyon ki pa konsa non. Si se gason an ki renmen tifi a, li di l sa. Menm jan an tou, si se fi a ki renmen gason an, li di l sa. Èske sa vle di fi lòt nasyon sa yo pa bon pou sa?

**Ani :** Antouka, m pa pral fè moun gade m mal mwen

menm.

**Nali :** Sa vle di w pito ret mouri ak santiman an nan kè w olye pou w di sa w santi a, pou w retire chay sa sou kè w. Konnen w pa konnen jan w lib lè w di sa w santi olye w kite se moun k ap devine pou ou. Pafwa moun nan pa menm wè sa. Gen kèk lòt fwa, se kite l ap kite w pou l wè sa w ap fè wi. Talè konsa w ta di w pa gen chans.

**Ani :** Yo di pi piti pi rèd. Gade se vre. Tekwè se ti sè m ou ye. Ou vle di w gen plis lespri pase m. Si se te ou, ou t ap di l sa?

**Nali :** Kite se te mwen pou w wè. M t ap di l tout bagay.

**Ani :** Kite bagay sa a Nali, tanpri.

**Nali :** Pa ouvè je w ! Se ou k ap wè l wi.

**Ani :** Pandan m t ap pale ak li deyò a talè a. Li te mande m pou ou wi.

**Nali :** Se vre !

**Ani :** Wi. Li chanje nèt ou konnen.

**Nali :** Konsa wi, depi w gen anpil tan w pa wè yon moun, pwochèn fwa w wè l la, l ap parèt etranj pou ou epi w ap toujou wè l chanje. L ap difisil pou w wè se menm moun nan lè w ap gade l. Sitou si l te piti, dènye fwa w te wè l la... Mm !

**Ani :** M sot achte manba la a wi ak kasav okap, epi m gen lèt tou. Ou bezwen?

**Nali :** Ban m enpe lèt pito. Paske yo di manba bay moun bouton. Poutèt sa, pa gen okenn moun k ap fè m met bagay konsa nan bouch mwen. Ou ka ban m yon ti moso kasav tou souple?

**Ani :** Kote sa ! Manba pa bay bouton nan figi vre non. Se paske moun ki di sa a pa vle yo manje manba l wi ki fè l di sa.

**Nali :** Antouka, kit se te vre, kit se te manti, m p ap mete l nan bouch mwen. M bezwen figi m ret entak.

**Ani :** Enben w pral fè yon wout? Kilè n pral achte kèk bèl rad pou n fè frechè la a?

**Nali :** M poko konnen. Lè w vle. Konbyen kòb ou panse n ta dwe genyen pou n fè sa?

**Ani :** M pa kwè n ap bezwen anpil non. Paske magazen yo ap bay enpe rabè la a, se bagay serye! Ou pa ta panse gen jip k ap vann 50 dola, epi bon bagay ankò wi.

**Nali :** Pandan n ap pale de fèt la, gen yon pakèt pwogràm pou nou la a wi. Gen 2 anivèsè pou mwa a. Epi zanmi sa yo te gentan envite nou depi byen lontan. Ou sonje?

**Ani :** Se vre wi ! Epi gen yon maryaj nan mwa k ap vini an ankò.

**Nali :** M pa t konn maryaj la non mwen. Kimoun k ap marye a?

**Ani :** An ! ou pa t legliz la dimanch lan vre. Yo te fè anons lan wi. Emil ak Janèt k ap marye.

**Nali :** Men koze ! Bon ! epi fèt lekòl la ap nan de mwa wi, mete sou kan jenès legliz la ap òganize apre twa mwa a wi.

**Ani :** Men ka ! Enben n gen pwogràm pou tout ane a wi prèske. Men m pa kwè n ap gen ase lajan pou n achte rad nèf non, si nou ta vle mete youn diferan pou chak okazyon sa yo.

**Nali :** Bon ! ou pa janm konnen kot dlo pase l antre nan bwa joumou. Nou ka byen gen ase wi. Ou pa gen lafwa?

**Ani :** Fòk nou ta fè yon biznis la a. Paske m panse ak

313

sa, n ap ka fè lajan nou fè pitit.

**Nali :** Epi nou ka antre nan yon sòl tou. Sa ka ede nou sanble kòb pou nou koumanse biznis lan.

**Ani :** Se premye men pou yo ta ban nou.

**Nali :** Pou sa, fòk sòl la ta moute ak nou.

**Ani :** Gen yon zanmi nou ki konn moute sòl wi. Li toujou manman. Se mande pou n ta mande l pou n wè lè l ap moute l ankò.

**Nali :** Wi. Ou vle pale de Nadin. Se yon zanmi nou pou n pran vre wi nan bagay sa a. Paske m pa vle moun ap roule m epi m pa ka touche lè lè a rive.

**Ani :** Nou ka fè Nadin konfyans paske li serye epi l gen eksperyans tou. Ou pral mande l sa pita?

**Nali :** Ou pa ka al mande l tou?

**Ani :** Non ! ou konnen li pi zanmi w pase m.

**Nali :** Tank tifi sa a timid ! Enben m pral pale avèk li pita.

**Ani :** M renmen w pou sa !

**Nali :** wi ! Se mwen ki toujou ap sove w. Se nòmal.

*Sou ton sa a, Ani bo Nali epi l al nan chanm li epi Nali limenm kontinye ak lekti li t ap fè a anba galeri a.*

~*~

**\*Devine kimoun m fèk sot wè la a?** – Guess who I just saw?

**Ok. M ap ba w yon ti poul** - ok. I will give you sign

**Ok ! ban m tante chans mwen kanmenm** – Ok! Let me try my chance anyway.

**M konn bout ou byen** - I know you **very well.**

**Chay** - Burden

**\*Kasav** - cassava

**Paske yo di manba bay moun bouton** - Because they

314

say that peanut butter gives spots

**M bezwen figi m rete entak** – I need my face to stay intact.

**Yon *tikras pwòpte** – A little cleanness

**Dayè** - besides / more over

**Fè frechè** - Getting well dressed

**Rabè** – Discount

***Anivèsè** – Anniversary

***Dirèk** – Direct / Straight

Enpe – A bit / little. It is more a French Creole.

***Konfyans** – Confidence / Trust

***Lèt** – Letter / Milk

***Maryaj** – Marriage

***Nòmal** – Normal

***Retire** – Remove

**Ou pa janm konnen kot dlo pase l antre nan bwa joumou** - You never know. This is a proverb and it literally means '*you never know how water get into pumpkin's skin.*'

**Ou pa gen lafwa** - Don't you have faith

**Pase m panse ak sa** – Because I thought about it. **Pase** here is a deformation of **Paske** "because".

**Yon sòl** – A sòl *is a financial activity for saving. Five or more people gather in numerical order, they all put the same amount of money. If there are five people, the same amount will be for 5 months. Each receiving full amount at the given month or number.*

**Paske m pa vle moun ap roule m epi m pa ka touche lè lè a rive** -? Because I don't want people to con me and cannot get paid when it's time.

***Tank tifi sa a *timid!** – This girl is so timid. In this phrase Tank is synomym of T*èlman* – *So.*

**\*Galri a** - the porch
**\*Pwogràm** – Program

# UNIT NINETEEN
## 18 me, Fèt Drapo
## May 18th, Day of the Flag

*Louna ak Erik se de moun ki vin sou channmas la ki chita anba pyebwa yo. Y ap poze. Lè w sot mache anba yon solèy cho, sou yon asfat k ap ponpe chalè, li toujou bon pou w jwenn yon kote w fè yon ti poz. Si pye w chape w tonbe sou channmas la, ou p ap pa fè yon ti poz ak bon van epi gwo lonbray pyebwa yo ap bay. Machann dlo menm ap siyonnen plas la ak dlo byen glase pou ede desann chalè a, rafrechi gòj la, epi met tèt la klè. Tout sou kote a y ap vann tout kalite bagay pou manje epi pou bwè. Soti nan aleken, pase nan fritay, koka, kola, kleren pou rive nan ji natirèl.*

**Louna:** Ouf! Kite w fè yon ti chita. Kouman w ye la?

**Erik:** Mwen byen wi. E oumenm?

**Louna:** Chalè k ap fin ak moun. Karèm nan ap depoze chalè sou moun.

**Erik:** Chalè sa a pa nan jwèt non. Sitou gen yon solèy k ap taye banda l nan syèl la. M gen dlo wi, w ap pran youn?

**Louna:** Ou! Mèsi. Dlo a byen vini la a. Solèy la te tèlman cho nan tèt mwen, m bliye achte. Solèy la

317

toudi m.

**Erik:** Bon! Li gentan fè tout chalè sa a bonè konsa, kouman sa ap ye menm, lè n nan mwa jiyè, out yo?

**Louna:** M pa konn jan n ap fè pitit. Epi w ka wè gen anpil lapli wi, nan lè sa yo. Sa k ka yon tijan bese chalè a pou ban n yon souf. Se pou w gentan prepare w tou pou w al nan plaj oswa nan pisin, paske se sa m wè ki alamòd nan moman an.

**Erik:** Fòk yon moun koumanse panse ak bagay sa yo vre wi. Epi m te konn al nan plaj anpil vre wi, nan tan lontan.

**Louna:** Sa k pase? Ou pa ale ankò?

**Erik:** M ale toujou wi, men se yon lè konsa. Responsabilite pa pèmèt mwen fè sa m te konn fè yo ankò.

**Louna:** Plis responsabilite, plis laj, lòt preyokipasyon.

**Erik:** Amèn!

**Louna:** Mwen, se andeyò m te konn ale, chak vakans. Nan lè sa a se te benyen nan rivyè, mache, kouche anba pyebwa, manje mango, manje kann. A! Se te yon lòt vi!

**Erik:** M regrèt m pa t ret jenn ni m pa t ka tounen timoun ankò.

**Louna:** Ni mwen tou. Domaj sa pa posib.

**Erik:** Ou konn sa m pa ka konprann la? Lè n piti, nou bezwen vin gran. Kou n vin gran, nou ta renmen vin piti ankò.

**Louna:** Wi. Lide sa yo toujou vin nan tèt nou vre wi. Men si n pa pran prekosyon, sa ka ralanti nou tou nan sa n ap fè.

**Erik:** Men bagay yo tèlman chanje tou!

**Louna:** Bon! Se konsa wi. Nou pa ka anpeche yo non.

Menm lè n pa renmen jan yo vin ye a, chanjman ap toujou fèt. Se nou k pou travay pou bagay yo vire nan jan n vle a.

**Erik:** Gade Jodi a, 18 me. Ou pa wè jan lari a vid?

**Louna:** Nan ane ki sot pase yo, 18 me a te konn selebre pi byen vre wi. M pa konprann jan yo fete fèt drapo a menm, koulye a.

**Erik:** Mwen, nan tan m te lekòl, tout elèv konn met inifòm sou yo pou y al nan fèt la. Lè w rive nan lekòl la, yo konn ba w yon ti drapo, mete w nan bis pou w al chanmas. Tout lekòl te konn reyini, sitou pou lekòl leta yo. Yo konn mete yo sou liy, epi fanfa devan, y ap defile pou y al pase devan palè nasyonal.

**Louna:** Nan tan m te lekòl tou, tout kote nan peyi a te konn gen aktivite: parad, defile, sitou pou Akayè. Ou konnen se la drapo a te kreye epi prezidan an te toujou vin fè diskou la a tou.

**Erik:** Te konn gen joune tou pou jou sa a. Sa ki pa lekòl ankò te konn tou pwofite konje a pou y al nan lanmè Akayè, Senmak, Leyogàn, Gresye, elatriye.

**Louna:** Se sa k te konn koz gen anpil blokis sou wout nò a, epi te konn gen aksidan tou wi.

**Erik:** M sonje yon ane, se nan palè a lekòl mwen an te envite. Chak inite nan lapolis la t ap fè parad pa yo nan lakou palè a, ou konnen pa gen lame depi 1994. Epi te gen yon kolonn majorèt, enpe abiye an wouj, enpe an ble, apre sa, rès yo an blan. M sonje yo te gen yon koegrafi yo te fè. Lè w gade yo anlè, nan elikoptè, ou wè yo ekri "LAPE" ak koulè drapo a. Bèl bagay! Epi, jou sa, prezidan repiblik la te fè de diskou pou jounen an. Youn nan Akayè, youn nan lakou palè a.

**Louna:** Koulye a, bagay sa yo pa ka fèt ankò, paske

menm palè n pa genyen. Goudou goudou kraze sa.

**Erik:** Koulye a vre, se didje, se festival y ap fè nan Mayami. Epi tout elèv chita lakay yo. Apenn si w ka jwenn kèk moun k ap fè parad nan zòn channmas la. Sèl sa k toujou kenbe, se diskou prezidan repiblik la nan Akayè. Apre sa, tout bagay frèt.

**Louna:** Gen moun ki toujou al nan plaj tou. Epi gen yon mesye ki toujou moute yon chwal ak rad ansyen moun yo sou li epi yon chapo nan tèt li tankou ansyen jeneral yo.

**Erik:** Se vre! Ou konn wè l tou?

**Louna:** Wi, se prèske tout vil la wi li konn siyonnen ak chwal li a. San w pa panse konsa, pandan w nan bis oswa nan kamyonèt, sitou lè w nan blokis, ou konn wè l ap pase nan mitan machin yo sou chwal la.

**Erik:** Ata epe m konn wè l genyen bò kòt li tou wi. Fò w ta di se Desalin.

**Louna:** Men m santi san ak konsyans patriyotik la diminye anpil nan jou sa yo. Ou pa remake sa?

**Erik:** Se menm konsta a m fè tou wi. Epi se pa nou sèlman ki wè sa non. Se tout moun k ap plenyen pou menm bagay la tou. Sitou pou ansyen yo. Timoun koulye a pa menm konnen sa drapo a reprezante pou nou. Yo pa menm byen konn istwa peyi a. Fòk ou pa sezi si w wè gen moun ki nan klas tèminal epi ki pa menm konn im nasyonal la.

**Louna:** Sa a anraje vre wi.

**Erik:** Se koulye a y ap eseye retounen ak kou sivik e moral la ankò wi nan lekòl yo. Timoun yo pa menm konn sa sa vle di lè yon moun se yon sitwayen ayisyen ni kisa drapo a reprezante. Pase, gade! Lè tout elèv lise ak elèv lekòl nasyonal an ran, fanfa devan, epi n dèyè, n ap chante chan liseyen yo. Ou santi w renmen peyi a! Ou santi kò w ap fè chèdepoul. Ou santi w se yon ayisyen konsekan. Epi moun k ap gade w oswa k ap tande w konn pran nan kouran an tou.

**Louna:** Nan tan sa yo vre, moun te konn santi pwa mo ak pawòl ki nan Desalinyèn nan. Sitou dènye kouplè a kotel di sa bèl anpil, se pou peyi w ou mouri. Jan bagay yo ye koulye a, ou pa santi w renmen peyi a ankò. Moun ki pou pran desizyon yo, yo moutre w yo pa renmen peyi a ak vye chwa y ap fè yo epi tout boulvès ki genyen yo.

**Erik:** Men menm lè w wè yo konsa a, se lè w nan peyi a. Kou w kite l, se lè sa a w ap wè jan w renmen l. Tout bagay mal yo di sou li, w ap santi w deranje.Tout sa ki bon y ap di sou li, w ap santi w fyè.

**Louna:** Wi, yo di sa vre wi. Bon! Si n kontinye ap pale sou jan bagay yo te ye, n ap pase jounen an la a, nou p ap janm fini. Kite m ale tande.

**Erik:** Ou rete lwen?

**Louna:** Wi. M pral jis laplenn l. Oumenm, se moun nan vil la, w rete?

**Erik:** Wi, la a sou Bèlè m rete. De pa, m lakay mwen.

**Louna:** M ale! Pase bon jounen.

**Erik:** Mèsi. Pase bon lajounen tou!

*Yo separe. Louna al lakay li epi Erik ret ap tann yon ti van sou plas la toujou.*

~*~

**Channmas** – it is a name of a park close to the national palace.

**Sou yon asfat k ap ponpe chalè** - On a roadway that is pumping heat.

**Si pye w chape w tonbe sou channmas la** - If by any

chance, you get to channmas. Creole Expression.

**Gwo lonbray pyebwa yo ap bay** – The tree gives them a big shadow*s*

**Rafrechi gòj la** – Cold *the* throat

**Met tèt la klè** - clear the mind

**Soti nan aleken, pase nan fritay, koka, kola, \*kleren pou rive nan ji natirèl.** - *From fast food including Coca-Cola, alcohol to end on natural juice.*

**K ap taye banda l nan \*syèl la** - That is shining in the sky.

**Solèy la toudi m** - the sun makes me dizzy.

**Pou ban n yon \*souf** – to give us a break.

**Plis \*responsabilite, plis \*laj, lòt preyokipasyon** – More responsibility, more age, other preocupations.

**\*Benyen nan \*rivyè** – bath on the river

**Manje \*mango** – eat mango

**Manje kann** – eat cain

**Pran prekosyon** – take precaution

**\*Desizyon** – Decision

**\*Diskou** – Speech

**\*Fete** – partying

**\*Jiyè** - July

**Sa ka ralanti nou nan sa n ap fè** – it can slow us down on what we do

**\*chanjman ap toujou fèt** – there are always new changes

**Fèt drapo** – F*lag's day. It is a national day celebrated in Haiti honoring the flag of the country, where all the people carry a flag.*

**\*Elikoptè** – Helicopter

**Goudou goudou kraze sa** - The earthquake broke it down. *« goudou goudou » is a nickname for an*

*earthquake in Haiti.*

**Didje** - DJ

**\*konsyans \*patriyotik la diminye anpil nan jou sa yo** – Patriotic conscience decreased a lot these days.

**Se menm konsta a m fè tou wi** - I notice the same thing too.

**Im nasyonal la** – National Anthem

**Sa a anraje vre wi** - This is really exceeding exaggerated.

**kou \*sivik e moral** – Civic and moral course.

**Fè chède poul** - to do goose-flesh/ goose-skin

**Santi pwa mo** - Feel the weight of the word

**Maskarad** - masquerade

**Tout \*boulvès** - all the upheavals

**W ap santi w fyè** – You feel proud

**\*Sitwayen** - Citizen

## UNIT TWENTY
### Randevou
### Date

**Klod**: Mario! Vini m pale w!

**Mario:** Sa w fè m?

**Klod:** Vin non menn!

**Mario:** Men mwen.

**Klod:** Yon soti m bezwen fè la a wi patnè. Ou pa gen yon parapli prete m souple?

**Mario :** Gen lakay la wi, men se pa pou mwen.

**Klod :** Mande youn prete pou mwen non frè m.

**Mario :** Se pa gason w ye? Sa w fè parapli a?

**Klod :** Koulye a w ap blaze m. A! pa blo patnè w non menn.

**Mario:** Te kwè se fanm ki toujou bezwen bagay sa yo lè y ap soti.

**Klod :** A monchè ! Sa w ap di la a. Ou pa wè jan tan an mare figi l? Li sanble ka fè lapli wi. Sitou n nan yon sezon lapli.

**Mario :** Kisa sa fè w fè yon ti mouye? Ou pa sik, ou pa sèl sa vle di w p ap fonn. Ni w pa papye pou di w ap chire.

**Klod :** M pa di m se bagay sa yo non. Men m gen dwa pa vle mouye. Se sa k fè m bezwen parapli a prete wi.

**Mario :** Enben achte youn pou si w pa vle mouye.

324

**Klod:** M te gen youn wi. Dayè m te toujou konn gen parapli.

**Mario :** Kouman w fè pa genyen koulye a?

**Klod:** Monchè! Pandan m nan yon restoran lotjou, parapli m te avè m. Te gen yon demwazèl ki tèlman bèl m te wè sou yon lòt tab, poukont li. M pa kache di w sa, m leve m al pale ak li. Nan bay pawòl, m bliye si parapli a te nan bò chèz m te chita a. Pawòl la tèlman bon, lè demwazèl la vin ap prale, m tou akonpanye l. Men kouman m pèdi dènye parapli m lan.

**Mario :** Ou pa ka tounen al chache l?

**Klod :** Se bagay depi lotjou wi m di w. Epi se jis Monwi m te nan restoran an. Ou imajine pou m ap peye machin oswa boule gaz sot Douya pou m al laba a pou sèlman yon parapli ! Epi m pa menm konnen si m ap jwenn li menm. M ka pran kòb machin sa a oswa kòb gaz sa a m achte yon lòt pito.

**Mario:** Enben poukisa w pa achte yon lòt pou w ranplase l?

**Klod:** Si m te gen kòb pou moman an, m t ap achte yon lòt vre wi. Epi menm si m ta gen kòb la nan pòch mwen la koulye a, m pa t ap jwenn achte nan lè sa a.

**Mario :** Gen magazen ki ouvè nan lè a. Men se petèt jis Petyonvil pou w ta monte.

**Klod :** Ou wè bagay yo ! M p ap gentan al jis anwo a la a. Menm lè m ta prale m te ka tèlman jwenn blokis, m pa menm gentan tounen pou m al kote m bezwen an.

**Mario :** Kote w prale menm? Ki fè ata parapli w bezwen epi w mete w fre kou kola kenz lan.

**Klod:** Se menm demwazèl sa a wi, m te kontre Monwi, m sot di w la. Se avè l m gen randevou a.

**Mario** : Devwazèl sa a, li pa wè lapli pare? Li pa ka mache ak parapli pa l, limenm?

**Klod** : Sa w ap di konsa blòdè? E si l pa ta mache avèk youn epi m ta anvizaje vin ak youn nonplis, epi lapli a ta pral tonbe?

**Mario** : W a debouye w. Oswa tou, n a mache anba lapli a, men nan men, lè n pral moute machin nan ak lè n desann.

**Klod** : Konsa w ta renmen patnè w lèd?

**Mario:** Sa a pa t ap lèd monchè. Sa a rele romans. Lapli a t ap fè l frèt, konsa l t ap oblije apiye sou ou pou fredi a, epi w t ap tou pwofite retire vès ou pou w ba li met sou tèt li. Ou wè se pou ou m ye lè m pa vle mande parapli a prete pou ou a?

**Klod** : Monchè se mwen k ta pou di w jan m gen yon patnè ki blaze yon lè. Misye ap sot nan kou ak yon demwazèl nan klas li a, gen yon lapli k pare, ki preske tonbe. Kout loraj ap plede fèt epi zeklè menm ap trase nan mitan nyaj nwa ki gen nan syèl la. Yon sèl kou l fè nwa. Misye kanpe ap tann machin ak demwazèl la. Yon bis vin ap pase, li rete l. Li di ti fi a li mèt ale paske se tou pre a li rete. Se paske l te avè l kifè l t ap tann machin nan. Ti fi a di misye mèsi, li monte l ale epi l di misye ankò : « Antre lakay ou touswit wi ». Kou a te sou Dèlma a epi misye ta pral jis Taba.

**Mario** : Kisa k fè misye pa t pran bis la menm?

**Klod** : Bis la t ap monte Petyonvil, misye limenm t ap viv laplèn. Li te ka gentan ale lontan sa wi. Men l te pito rete ap pale ak tifi a. Koulye a misye pa ka jwenn kamyonèt, ni bis leta yo pou l ta desann. Lapli a di : « Men mwen ! » Misye mouye pat. Se a pye l oblije mache anba lapli a jis li rive nan 33 a. Koulye a l resi jwenn yon kamyonèt pou Jeral Batay. Ni l pa t ka chita paske l te mouye. Li te oblije pran sèso. Sa k pi mal la, kou misye rive nan 33 a, lapli a pase.

**Mario** : Bagay konsa p ap rive w paske w ap nan machin prive oumenm.

**Klod:** Wi, se vre. Men kote m ap pakin machin nan pa kole ak kote m gen randevou a. Se nan yon konsè n prale, kote sa a pa gen pakin disponib pou espektatè yo. Pakin yo rezève pou gwoup yo ak oganizatè yo.

**Mario** : Nan ka sa a, ou oblije peye m wi pou m al chache parapli a prete pou ou.

**Klod** : Kisa w ap fè apremidi a?

**Mario:** Poukisa w mande m sa a?

**Klod** : Ou te ka tou vin ak nou.

**Mario** : Mwen poukont mwen epi nou de a ! Non, mèsi. Kouman m pral ye la a mwen? Se mwen k pral bòdigad nou?

**Klod** : Sa sa fè?

**Mario** : Ou pa serye non menn. Ou pa t ap ri m si m ta asepte soti avè n san m pa akonpanye tou?

**Klod** : Sa a pa grav jan w panse a non. Bon ! Si w pa prale, m dwe w.

**Mario** : Oumenm ! dwe m ! Non, non !Ou gen may twòp pou mwen.

**Klod** : Enben di m sa w vle a? Paske m bezwen parapli a epi se sèl oumenm ki ka fè m jwenn li pou moman an.

**Mario** : Ok ! W ap prete m machin ou an vandredi k ap vini an. Paske ap gen joune koulè nan lekòl la.

**Klod:** Pa gen pwoblèm.

**Mario:** Ak tout gaz wi.

**Klod :** Tout bagay sa menn! Pou yon ti parapli.

**Mario :** Ou dakò oswa w pa dakò? Paske pa gen negosyasyon.

**Klod :** Ok, pa gen pwoblèm. Ou mèt al dèyè parapli a.

**Mario :** Fòk ou ban m yon bagay kòm prèv ke w dakò. Paske talè w ka di w pat dakò kondisyon.

**Klod:** Aaa! Sa pwouve w pa fè m konfyans kòm patnè w.

**Mario:** Ou ban m twòp move kou konsa deja epi m bezwen machin nan vre.

**Klod:** M pa ka ba w ni lisans mwen kenbe, ni kat idantite m, ni telefòn mwen paske m ap bezwen yo pou m itilize. Gade ! Si m pati ak machin nan vandredi, ou mèt tou kenbe chèk y ap ba w pot pou mwen an vandredi apremidi.

**Mario :** Ok ! Ret tann mwen la, kite m al dèyè l prete pou ou.

**Klod :** Ou ta dwe tou ban mwen l wi. Paske m fè tout pale sa a epi w ap fè m al travay a pye vandredi si Bondye vle.

**Mario :** M pa ka ba w sa k pa pou mwen. Ou konn sa byen.

**Klod :** M ap tann ou. Ale non. Fè vit, lè a prèske rive.

*Mario al chache parapli a epi Klod estat machin li pandan l ap tann Mario tounen.*

~*~

**Koulye a w ap blaze m** - Now you're degrading me.

**A! pa blo patnè w non menn** - ah! Don't disappoint your partner, man.

*Sèl - Salt

**Fonn** - to dissolve

**Ni w pa *papye pou di w ap chire** – You are not paper

328

either to say you will tear

**Sa w ap di la a blòdè?** What are you saying, brother?

**Anvizaje** - to consider / to envisage

**Konsa w ta *renmen patnè w lèd** - You'd like your partner to be this ugly.

**Sa a rele *romans** – This is called romance

*__Apiye__ – Support

*__Batay__ – Battle

*__Chèk__ – Cheque

*__Travay__ – Work / Job. You will also hear the deformation of the English word Job **"*Djòb"**

*__Dwa__ – Duty / Law / Rights

**Kout *loraj ap plede fèt epi zeklè menm ap trase nan mitan *nyaj nwa ki gen nan syèl la** - thunder is pealing out and lightning is is drawing in the midst of black clouds in the sky.

**Li te oblije pran sèso** - He was obliged to stand in the back of the tap-tap.

**pakin machin nan** – Parking lot

**espektatè yo** – Expectators / audience

**Se mwen k pral bòdigad nou?** – am I going to be the bodyguard?

**Ou gen may twòp pou mwen** - You're too clever for me.

**A tout gaz wi** - With gas.

**Klod estat machin nan** - Klod starts the car. Estat is the deformation of the English word Start, new generation tends to deform the words and use it in Creole.

*__Resi__ – Receipt / Invoice

# 📖 Grammar Notes

Please understand these are just a few Grammar tips to refresh your memory. If think you need a little bit more of the grammar to improve your skills, please refer back to **Teach Yourself Haitian Creole** volume one.

**Te :** It is used to make the past of the verbs.
**Te pale** – Spoke or have spoken.

**Te konn :** It is used in Creole to create the sense of a past habit, more known as Used to.
**Te konn pale** – Used to talk. **Te konn bwe** – Used to drink.

**Possessive Adjectives.**

In Creole you just need to place the personal pronoun after the object to be possessed.

**Lakay li** – Her house
**Kay mwen** – My house
Depending on the region of the country there are several variants **"Kay mwen", "Ka mwen" "laka mwen",**
Eg. Pwofesè a mande m pou m al laka mwen.
Kay mwen pa lwen isit la non.
Ka mwen pa lwen isit la tou non

You can also use the word Pa, which means **"for, by"** to make the possessive in Creole.

**Lakay pa m** – My house
**Lakay pa l** – His / Her house
Remarks: When using this form the personal pronouns must always be in their short form with the exception of **"Yo"**, which is never abbreviated in the possessive case.

**Ap** is used to form the Ing.
In regular conversations Haitians tend to use it expressing a closer future as well as the Ing. When using the personal pronouns, they are contracted most of the time, except for **Yo.** You never abbreviate it.
**M ap pale** – I am speaking
**W ap manje** – You are eating

**Fòk** - Have to / Must / Should.
**Fòk ou pale** - You have to speak / you must speak / you should speak

**Sot** : You can use sot plus any verb to indicate something that has passed or has just passed. Recent past.
**M fin sot manje** – I just finished eating.
**Moun ki sot pase** – People that just passed.

**Fin** : The abbreviation of the verb Fini can be used to express a recently past action. **M fin manje** – I just finished eating.
**Mwen fin pale** – I just finished speaking.

**Ale** can be used in many ways, for closer future,

imperative.
**Al manje** - **Ale manje** - Go eat or going to eat.

It can be an imperative or just an affirmation, depending on the context.

**Prale** is used for the future tense.
**Mwen prale etidye** – I am going to study or I will study.
**Kisa ou prale fè?** What are you going to do or what will you do?

**Mèt** - Haitian use the verb mete in its contracted form for allowing or giving permission.

**Ou mèt manje** – You can met
**Ou mèt pale** – You can speak

Once again, please make sure you review all the grammar points in **Teach Yourself Haitian Creole** volume one for better results.

**Abi** – Abuse: Itilize pouvwa fòs sou yon lòt ki pa gen defans. Move aksyon yon patwon sou anplwaye li.

**Abitid**- Habit Yon aksyon ki repete anpil fwa tankou ale dòmi chak swa a dizè.

**Abiye**- dress: Mete yon rad ki diferan de rad moun mete lakay yo chak jou. Aksyon yon moun ki oblije mete yon rad pou li rantre yon kote patisipe nan yon seremoni.

**Achte**- Buy / Purchase : Ale kote moun vann machandiz pran yon bagay epi peye pou li.

**Adapte** - Adapt: Aksyon yon vivan lè li ranje kò li pou viv nan nenpòt zòn avèk nenpòt lòt èt vivan.

**Ak** – With / And : It is the abbreviation form of **Avèk** : Yon prepozisyon yo itilize pou ini de pawòl de lide de bagay.

**Aksidan** – Accident : Yon evènman ki rive san pyès moun pate prepare li pou li te rive nan fason li rive a. Aksyon de chofè ki kite machin yo ap kondi ale frape ansanm.

**Aktivite** – activity : Deplasman. Mouvman. Tout mouvman tout deplasman yon bagay yon moun. Tout travay moun fè.

**Ale** – Go : Deplase kite yon zòn pou rive nan yon lòt zòn.

**Almay** – Germany Yon peyi nan kontinan Ewòp kote moun yo ap pale Alman.

**Alo**Hello – Hi Yon ekspresyon moun itilize pou salye etranje yo rankontre sou wout yo. Premye mo yon moun di lè li reponn yon telefòn ki te ap sonnen lakay li.

**Amerik** – America : Yon nan senk kontinan yo nan monn: Ewòp Azi Afrik Amerik Oseyanik. Kontinan sa a divize an plizyè pati: Amerik Nò kote Kanada Etazini avèk Meksik ye; Amerik Sid kote Ajantin Chili Kolonbi Venezwela e latriye ye; Amerik Santral ki gen Ondiras Beliz e latriye; Amerik Latin nan kote Ayiti Dominikani e latriye ye.

**Ameriken** – American: Non tout moun ki ap viv nan sou kontinan Amerik la. Malgre sa anpil moun panse Ameriken se moun ki ap viv nan peyi Etazini.

**Anba** – Below / Under: Plas tout bagay ki pi ba pase yon lòt bagay

**Andeyò** - Out / Outskirt – **Countryside** : Yon bagay ki pa nan espas yon lòt bagay. Eta yon ti bebe ki soti nan vant manman li apre akouchman. (Yon kote ki pa vil la. Countryside)

**Ane** – Year : Yon konbinezon twa-san-swasant-senk (365) jou twa-san-swasant-sis (366) jou ki divize an douz (12) mwa. Senkant-De (52) semèn. Yuit-mil-sèt-san-swasant (8.760) èdtan. Senk-san-venn-senk-mil-sis-san (525.600) minit. Tranteen-milyon-senk-san-trant-sis-mil (31.536.000) segond.

**Anglè**- English / British: Lang moun pale nan plizyè peyi tankou Etazini, Angletè, Afrik Sid avèk anpil lòt peyi toujou. Non moun ki fèt nan peyi Angletè moun ki pran nasyonalite peyi sa a.

**Anivèsè** - anniversary Jou yon evènman te rive pou premye fwa epi moun kontinye selebre li chak fwa jou sa rive nan yon ane.

**Anpeche** - Prevent/ Hinder / Block : Elimine posiblite pou libète egziste. Bare yon moun pou li pa kapab fè yon bagay li vle fè.

**Anpil** - A lot: Yon kantite ki egzije tan pou konte li. Yon gwo kantite.

**Anplwaye** – Employee : Moun ki ap travay avèk yon biznis yon konpayi yon òganizasyon leta yon peyi. Yon moun ki gen yon anplwa.

**Anrejistre** – Record : Kenbe, konsève yon bagay tankou ekriti son imaj yon kote pou jwenn li lè gen bezwen pou itilize li. Son ki anrejistre sou kasèt-son moun kapab koute li menm apre anpil tan. Imaj ki anrejistre sou yon kasèt-imaj moun kapab gade li nenpòt lè.

**Ansyen** - Old : Eta nenpòt bagay apre plizyè ane fin pase depi li te kòmanse egziste. Tout bagay ki pa kòmanse egziste konnye a jodi a. Yon moun ki pèdi yon tit li te genyen. Yon moun ki la depi lontan nan yon travay, enstitisyon, legliz... yon moun ki k ap pratike yon metye depi lontan.

**Anvan** – before Pran resevwa priyorite sou yon lòt. Tout lòt vini apre sa ki vini anvan tankou en vini anvan de de vini anvan twa e latriye.

**Anvi** - Wish : Moso ki manke pou fè yon lòt rive konplè. Espwa pou jwenn satisfaksyon.

**Anyen-** Nothing : Zewo. San valè. Chif ki lye tout nonb pozitif avèk nonb negatif yo. Pozisyon yon moun ki pa pou ki pa kont yon bagay.

**Ap** - Particle to form the gerund: Yon mo lè li devan yon lòt mo fè konnen devlopman yon aksyon ki apèn kòmanse.

**Apeti** – appetite Espas vid nan lestomak yon moun ki fè li anvi manje. Yon fòs envizib ki fè yon moun anvi fè yon bagay tankou tout jèn gason gen apeti pou bèl fi.

**Apiye** – support Pran fòs sou yon lòt. Resevwa fòs asistans de yon lòt. Espwa pou resevwa sa ki nesesè de yon moun.

**Aplodi** - applaud: Aksyon moun k' ap frape de pla men yo ansanm pou ankouraje aksyon yon lòt moun. Nenpòt aksyon moun pou ankouraje aksyon lòt rekòmanse.

**Aprann** – to learn Pran konesans nan koute li etidye fè eksperyans.

**Apre** – Then/ After / Later : Swiv sa ki nan pozisyon devan an.

**Apre Demen** - After tomorrow: Jou ki sib jou ki ap vini demen an.

**Apre Midi** – Afternoon: Yon minit apre mitan yon jounen pou jis rive sis lè nan aswè.

**Apresye** – appreciate Montre yon bagay yon moun li gen valè.

**Arete** – to arrest Tonbe anba kontwòl militè polis pou ale nan prizon epi tann jijman.

**Asanble** - board – assembly : Anpil moun ki rasanble pou yon menm rezon yon kote. Depite avèk senatè ki rasanble pou diskite e fè lwa pou yon peyi.

**Ase** – enough Kont. Pa mete pa retire nan kantite wotè yon bagay deja ye.

**Asistan** - assistant : Yon moun ki bay yon moun sipò ki pèmèt moun sa kontinye yon bagay li te kòmanse yon bagay li vle fè.

**Asosyasyon**- partnership / association : Gwoupman plizyè moun pou yo sib yon lide ansanm pandan Yon ap ede lòt reyalize lide a. Aksyon de moun pou pi piti ki mete ansanm pou yo reyalize yon lide tankou ouvri yon biznis.

**Atake** – attack Mache rantre sou yon moun avèk fòs gwo pawòl pou entimide li touye li tou si sa posib.

**Atè a** – On the ground: Kole sou fas tè a. Soti anlè epi desann kole sou fas tè a.

**Atis**- Artist : Yon moun ki fè travay literè tankou ekri chante pwezi fè penti e latriye. Yon moun ki konnen kreye imaj nan desen avèk ekriti. Yon atis kapab pran nenpòt imaj ki nan tèt li epi transfòme sou fòm reyalite.

**Atizan** – Craftsman : Yon moun ki kapab fè yon travay prèske menm jan yon pwofesyonèl fè li. Moun ki itilize men li pou fè yon travay ki pa itilize machin pou fè travay li.

**Atizana** – crafts: Travay yon atizan. Travay yon moun ki bay yon rezilta menm jan yon pwofesyonèl te kapab fè li.

**Avril** –April Katriyèm mwa nan yon ane ki gen kat semèn trant jou nan li.

**Ayiti** – Haiti : Yon peyi nan Amerik Latin nan ki sou menm lil avèk Sendomeng: Ayiti okipe zòn lwès lil la e Sendomeng okipe zòn lès la. Premye peyi nan tan kolonizasyon ki te pran endepandans li. Premye repiblik ras nwa fòme nan istwa limanite.

**Bagay** – Thing : San valè. Yon mo ki dekri tout sa moun vle di lè non yo bezwen an pa disponib pa vle soti nan memwa-kout moun.

**Bal** – dance Reyinyon plizyè moun pou selebre yon evènman yon okazyon avèk mizik pandan plizyè èdtan. Yon moso metal ki soti nan bouch yon zam apre yon eksplozyon andedan yon zam.

**Balkon an** – Balcony: Yon galri nan yon kay ki anlè. Yon kay ki gen plis pase de etaj.

**Ban** – Give : Is a form of the verb **Bay** : Transfere yon pwopriyete soti nan men yon moun pou ale nan men yon lòt moun.

**Bank** Bank   Yon enstitisyon ki okipe afè lajan pou yon peyi yon gwoup moun yon gwoup peyi. Bank sèvi tankou medyatè ant moun ki gen lajan pou prete e moun ki bezwen prete lajan. Kote moun ki gen kòb sere kòb yo. Kote moun mete lajan yo posede pou prete moun ki bezwen prete; konsa yo kapab fè benefis sou lajan yo.

**Bannann** banana - plantingGrenn yon pye bannann. Bannann parèt nan pye a apre yon flè plant sa a fini fleri seche epi tonbe atè.

**Baskèt**–basket Yon ti panyen ki fèt avèk latanyen zo palmis ti moso banbou. Kèk fwa yon baskèt gen yon lans.

**Bat** - Hit / Fight : Depase fòs yon lòt nan yon konfwontasyon. Bay kou ak yon bagay takou fwèt, pwen, men, pye elatriye.

**Batay**–battle Rezilta yon diskisyon ki pouse de moun fache ki pouse plizyè moun rantre nan yon konfwontasyon vyolan.

**Bato**– boat Yon gwo konstriksyon ki chita sou lanmè e ki kapab vwayaje sou lanmè tou.

**Batri**– battery / Drums : Yon sous elektrisite ki dire yon kantite tan. Sous elektrisite sa diminye piti piti pou jis li disparèt. Yon pwazon majik ayisyen mete sou wout yon moun pou touye li. Yon enstriman ki gen yon pakèt pati ladan l moun ki nan djaz yo jwe.

**Bay** – Give : Transfere yon pwopriyete soti nan men yon moun pou ale nan men yon lòt moun.

**Bebe** – Baby:Yon timoun piti ki baze nèt ale sou

granmoun li manman li plis pou tout sa li bezwen.

**Bèf**–cow: Yon gwo bèt ki manje zèb e ki kapab rale manje soti nan vant li pou manje lè li grangou. Yon bèf gen de kòn de zòrèy yon gwo tèt yon gwo bouch yon gwo lang kat gwo pye avèk yon ke long. Bèf gen yon son li fè ki sonnen tankou: Mmmmou…

**Beni**–bless : Eta yon moun yon bagay tankou manje moun pwal manje ki resevwa benediksyon.

**Benyen**–bathe : Rantre yon kò nan yon likid ou byen nenpòt lòt bagay. Yon machin kapab pase sou yon wout epi benyen moun avèk pousyè. Lave yon kò avèk dlo.

**Berejèn**–eggplant : Grenn vyolèt yon plant kout bay e li fè bon legim ke anpil ayisyen renmen. Gen anpil ayisyen ki pa manje li tou paske berejèn fè moun sa yo malad.

**Bezwen** – Need : Nenpòt kantite ki manke pou fè yon bagay konplè.

**Bib** - Bible: Premye liv moun ekri pi ansyen liv ki egziste. Gen anpil liv nan Bib la. Prèske chak apot Jezi Kris yo te ekri Yon nan liv sa yo. Kèk nan liv yo se travay plizyè apot ansanm.

**Bibliyotèk** – library : Yon kokennchenn kantite liv ki rasanble ansanm yon sèl kote pou lektè jwenn pou yo li. Lekti nan prèske tout bibliyotèk gratis. Men yon moun oblije gen kat yon bibliyotèk pou li kapab ale lakay li avèk yon liv. Anpil liv yon moun ranje nan yon kwen lakay li.

**Bis** – Bus : Repetisyon yon bagay paske yon odyans mande li yon lòt fwa anplis. Yon gwo machin ki sanble avèk yon kamyon men pasaje kapab rantre andedan li pou vwayaje.

Pasaje yon bis kapab evite chanjmann nan tanperati a tankou lapli avèk solèy cho.

**Biwo** – office: Yon tab ki gen tiwa pou mete plim papye kreyon e latriye. Yon chanm yon kay moun ki ap fè biznis itilize pou resevwa kliyan yo. Yon chanm andedan yon biznis kote responsab biznis la fè tout travay li.

**Biznis** – Business : Vann machandiz sèvis pwofesyonèl. Yon kay ki gen moun k ap fè biznis vann machandiz , vann pwofesyonèl sèvis andedan li.

**Blag** – Joke : Yon konvèzasyon sou anpil bagay san konsantre sou yon sijè an patikilye. Moun bay blag avèk moun ki nan menm jenerasyon avèk yo ou byen anviwon menm laj avèk yo. Yon diskou ki fè odyans la ri.

**Blagè** – Joker : Yon moun ki konn bay blag. Yon blagè konnen tout ti aranjman pou li fè nan yon blag pou moun chita tande e pou moun ri tou.

**Ble** – blue : Yon koulè ki sanble avèk koulè syèl la koulè yon basen dlo. ~ maren Yon koulè ble ki prèske nwa. Yon vejetab fèmye kiltive nan peyi Etazini e yo fè farin avèk li.

**Bon** – Okay / Good: Tout bagay ki ale egzateman jan sosyete a espere li te dwe ale. Tout bagay moun renmen gen nan bouch yo. Yon nouriti moun renmen. Nenpòt sa ki fè yon moun santi li byen.

**Bonbon** – Chocolate : Yon bagay ki tèlman bon yon sèl mo bon pa kont pou di li bon. Nenpòt pat farin melanje avèk dlo sik e latriye epi ki ale nan fou.

**Bondye** – God : Espri diven tout relijye kwè ki kreye

syèl la avèk tè a. Gran frè Satan ki te chase Satan epi voye li sou tè a paske Satan te vle pran monn nan men li. Yon sèl espri tout relijye ap sèvi. Yon espri ki toujou prezan.

**Bonjou** – Good Morning : Yon mo moun nan ti kiminote yo itilize pou salye lòt moun yo rankontre nan maten. Swè yon moun fè yon lòt pou jounen moun sa pase byen

**Bonswa** – good evening : Yon mo moun nan ti kominote yo itilize pou salye yon lòt moun lè yo rankontre li aswè apre mitan jounen an. Swè yon moun fè yon lòt avèk espwa sware moun nan ap ale pase byen.

**Bouch**- mouth: Yon tou kote yon bagay kapab antre andedan yon lòt. Yon tou nan figi moun e anba nen moun. Moun itilize li pou manje bwè pale chante e latriye.

**Boulvèse**– blush – anger/Toumante. Eta yon moun ki pa kapab reflechi nòmalman ki anvi vomi kèk. Eta yon moun ki pa janm kontinye yon travay yon konvèsasyon anyen ditou lè li kòmanse li.

**Bourik** – Donkey: Yon bèt kout ki kapab pote anpil chay. Yon bèt ki nan menm fanmi avèk cheval men li pi piti pase yon cheval e li gen zòrèy long. Papa yon milèt. Yon moun ki gen reyaksyon vyolan menmsi yon lòt moun byen dous avèk li. Yon moun ki pa konn jwe men ki konn goumen byen.

**Bous** – Purse / Handbag : Yon ti sak fi kenbe nan men lè yo soti lakay yo e ki kapab genyen kòb fa e latriye andedan li. Yon ti sak ki vlope an de pou gason mete tout enfòmasyon enpòtan yo bezwen kenbe nan pòch yo avèk lajan pou yo depanse.

**Boutèy** – Bottle : Yon resipyan bouch li kapab gen lajè kont pou yon dwèt pous rantre men anba li kapab kenbe anpil likid.

**Bouton** – Button : Yon ti moso zo metal avèk de ou byen kat ti tou nan li ki pèmèt moun fèmen rad sou yo. Yon ti boul maladi ki grandi soti nan kò yon èt vivan. Yon ti moso plastik metal teknisyen mete sou deyò yon aparèy pou pèmèt moun ki ap itilize aparèy la kontwole pyès andedan aparèy sa a.

**Bwa** – Wood / Tree: Moso yon plant tout kò plant lan menm. Anpil peyizan ayisyen di bwa mango fè bon planch. Pati entim nan kò yon gason. Ponyèt yon moun.

**Bwat** – Box : Yon bagay ki gen sis fas.

**Bwè** – Drink : Mete yon likid nan bouch pou li glise desann nan vant. Fè likid rantre nan yon lòt kò.

**Bwi** – noise: Nenpòt son ki an dezòd. Yon son ki pi wo pase sa ki te egziste anvan li.

**Byè** – beer: Yon bwason ki gen alkòl nan li. Moun ki fè byè yo itilize dlo kann pou fè li.

**Byen** - All right / Well / Very : Tout sa ki bon ki fèt jan sosyete a espere li te sipoze fèt. Bondye.

**Chache** - Search / Find out: Fouye nan mitan plizyè bagay pou rive jwenn yon bagay. Gade plizyè bagay byen pou rive jwenn Yon pou pi piti nan li.

**Chak** - Each: Yon pa Yon. Yon nan yon pozisyon pou kont li.

**Chalè**- heat : Yon wotè tanperati a monte ki fè moun santi lè a cho. Chalè fè moun swe esoufle e malad. Nan peyi Etazini chalè konn touye moun ki gen pwoblèm sante.

**Chanje** – Change :Mete yon bagay nan plas yon lòt. Bay resevwa yon bagay nan plas yon lòt. Retire fòm koulè yon bagay te genyen pou ba li lòt fòm lòt koulè.

**Chanjman** – change: Travay moun ki chanje yon bagay. Travay ki fèt nan yon bagay ki chanje

**Chanm** - Room / Bedroom: Yon kote tout senatè oubyen depite yon peyi reyini pou yo travay. Yon nan plizyè gwo divizyon andedan yon kay.

**Chanm Kouche** - Bedroom: Yon chanm nan yon kay ki fèt sèlman pou kouche. Li gen yon kabann yon amwa yon pandri e kèk fwa menm yon twalèt e latriye.

**Chans**- Chance : Avantaj opòtinite moun benefisye jwenn san yo pa ranpli kondisyon nesesè pou yo te benefisye jwenn avantaj opòtinite sa yo. Yon rezilta moun jwenn san konnen mwayen li pase pou rive jwenn rezilta a.

**Chantè** – Singer: Sanba. Moun ki fè chante ki konnen kijan pou li chante nenpòt chante epi fè moun renmen chante a. Moun ki toujou anvi chante li.

**Chante** – sing : Yon tèks ki ekri yon fason pou moun kapab li avèk yon vitès pi dousman pase jan moun pale e anpil moun kapab pran plezi lè yo ap koute li. Pase anpil tan pou di yon mo e kontinye fè menm jan pou tout ou byen plizyè gwoup mo nan yon tèks pou jis rive nan

**Chèk** check : Yon moso papye yon bank bay yon kliyan li pou fè konnen moun sa a te fè yon biznis avèk bank la pou kenbe lajan pou li epi peye nenpòt moun ki parèt devan bank la avèk moso papye sa a ki gen non moun nan yon kantite kòb la an chif e an lèt dat jou a ou

**Chemiz** – Shirt : Yon rad gason mete sou yo pou kouvri kò yo soti nan kou yo pou rive nan senti yo. Yon chemiz gen yon kòlèt de manch kout ou byen long yon pòch (pou pi piti) sou bò goch la e sou lestomak gason a. Yon chemiz fann sou devan epi li gen bouton pou fèmen l.

**Cheri** – dear : Yon non yon moun bay yon lòt moun ki enpòtan nan lavi li tankou mennaj mari madanm frè sè e latriye. Nan anpil sosyete se moun ki gen sèks opoze yo ki di lòt la cheri.

**Cheve** – Hair : Plim ki grandi nan tèt anba zèsèl moun toupre koko fi zozo gason e sou kò anpil bèt tankou poul chwal e latriye.

**Chèz** - Chair: Yon moso planch ou byen yon kadran ki trese avèk kòd palmis latanyen e latriye e ki gen kat pye avèk yon dosye pou moun chita.

**Chimik** - Chemical: Yon materyèl ki gen pou pi piti Youn nan eleman chimi yo nan li.

**Chita** – Sit down: Eta yon moun ki plwaye kò li yon fason pou li kapab fè dèyè li rive sou yon bagay tankou yon chèz kote li kapab lage tout rès kò li desann.

**Cho** - Hot / Warm : Eta yon bagay ki resevwa chalè. Pèfòmans yon moun yon atis tankou yon chantè. Aksyon yon moun ki ap chache montre sa li genyen kò li yon bagay li posede.

**Chofè a** – The driver :Moun ki chofè yon bagay. Yon moun ki konnen kondi yon machin tankou yon kamyon.

**Chwa** – election : Libète yon moun genyen pou li

kapab chwazi. Plizyè bagay ki disponib pou yon moun pran nenpòt nan yo li vle.

**Chwal** – Horse : Yon gwo bèt ki gen ke long kat pye gwo tèt. Moun fè cheval rale, pote chay e moun monte li tou. Cheval kapab kouri vit anpil; se sa ki fè gen anpil teren kote moun prepare pou fè kous chwal. Yon femèl chwal kapab fè yon pitit ki rele milèt lè li kwaze ak bourik.

**Chwazi** - Choose / select : Travay yon moun ki itilize libète li genyen pou pran nenpòt nan plizyè bagay ki disponib.

**Danse** – Dance : Yon fason moun souke kò yo nan ton yon mizik. Souke kò pandan mizik ap jwe. Souke kò tankou lè mizik ap jwe menmsi pa gen mizik k'ap jwe.

**Demwazèl** – Miss : Another spelling for Madmwazèl : Yon fi ki sanble avèk Youn ki gen tout kalite yon fi bezwen pou li genyen mennaj epi marye. Yon laj lè yon jèn fi rive nan li moun kwè li kapab gen mennaj marye. Madmwazèl.

**Depatman** – Department: Yon seksyon yon pati nan yon bagay ki diferan de rès bagay la lòt pati nan bagay la. ~ Grandans Yon nan dis depatman peyi Ayiti yo. Li sitiye an fas Gòlf Lagonav la e nan sid-wès peyi a. ~ Latibonit Youn nan dis depatman peyi Ayiti yo e Youn nan twa depatman ki nan mitan peyi a tou. Se la ayisyen kiltive plis diri e gen anpil zòn istorik nan depatman sa a. ~ Lwès Youn nan dis depatman peyi Ayiti e youn lòt nan twa depatman ki nan mitan peyi a. Se la kapital Ayiti a Pòtoprens ye. ~Nò Youn nan dis depatman peyi a kote dezyèm vil peyi a Kap-Ayisyen ye. Se la pi gwo moniman peyi a Sitadèl-

Laferyè ye. ~ Nòd-wès Youn nan dis depatman peyi Ayiti yo ki sou kote lwès Depatman Nò a. Pòdepè capital depatman sa a se Youn nan pi ansyen vil nan peyi a. ~ Sant Youn nan dis depatman nan peyi Ayiti yo e se Youn tou nan twa depatman ki nan mitan peyi a. Se la baraj flèv Latibonit la ye yon baraj ki bay kapital peyi a elektrisite. Kèk vil ki sou wout kote fil kouran yo pase benefisye ti kras nan elektrisite baraj sa a bay la tou. ~ Sid Youn nan dis depatman peyi Ayiti yo ki sou yon prèskil nan sid peyi a. Gen anpil bèl plaj nan zòn sa a. ~ Sidwès Youn nan dis depatman Peyi Ayiti yo e se Youn nan twa depatman ki fòme prèskil kote Depatman Grandans avèk Depatman Sid la ye a. Li kole avèk Repiblik Dominikèn e li gen anpil bèl plaj tankou tout lòt depatman nan peyi a ki sou kote lanmè.

**Desann** - Descend: Soti nan yon pozisyon ki pi wo pou rive nan yon pozisyon ki pi ba. Soti anlè pou rive anba.

**Desizyon** – decisión: Dènye analiz yon moun fè anvan li jwenn yon konklizyon. Jan yon moun deside.

**Devan** – forward - in front of: Fasad ki pi bèl la epi se li moun toujou wè anvan. Fasad nan yon kay ki toujou sou bò lari a. Direksyon moun mache a. Fasad nan kò moun kote je nen bouch e latriye ye

**Devine** – guess : Itilize konesans pèsonèl pou jwenn repons yon kesyon solisyon yon pwoblèm e latriye san konnen si se vrè repons la vrè solisyon an davans. Lè yon moun fini devine li bezwen yon konfimasyon pou konnen si repons la bon.

**Devlope**– develop : Retire yon kouvèti ki te vlope yon bagay. Grandi. Gwosi. Pran negatif yon film epi enprime rezilta li sou papye. Desine pwograme epi pibliye yon pwogram pou itilize sou òdinatè. itilize.

**Devwa** – duty : Responsablite ki tonbe sou do yon moun san pa gen yon fòs ki ap pouse li akonpli tach la men si li pa akonpli tach la kapab gen pinisyon pou sa. Si li akonpli tach la li pa oblije jwenn yon kado pou pèfòmans sa a.

**Dèyè** – Behind : Fasad ki pi lèd la epi se li moun toujou wè apre yo fini wè devan an. Fasad nan yon kay ki toujou sou bò lakou a. Fasad nan kò moun kote tou yo itilize pou poupou a.

**Deyò a** - Out / Outside: Yon lòt kote. Deyò yon kay vle di espas nan lakou li nan lari a nan vwazinay la e latriye.

Dife – fire: Rezilta limyè avèk chalè ki kole sou yon bagay sèch flamab (ki ka pran dife).

**Diferan** – Different : Bagay ki fè yon bagay pa menm avèk yon lòt bagay.

**Dimanch** – Sunday : Premye jou nan yon semèn. Jou nan yon semèn moun legliz Katolik avèk anpil legliz pwotestan chwazi pou yo fè yon gwo seremoni nan legliz yo pou bay Bondye glwa remèsye li pou sa li fè pou yo. Se jou sa jou Pak la Jezi Kris te resisite soti nan lanmò.

**Dire** – last : Kite anpil tan pase. Kantite tan ki pase pou yon bagay rive fèt. Eta yon moun ki kapab kontinye yon konvèsasyon pandan anpil tan. Eta yon gason ki bezwen anpil tan anvan li voye.

**Dirèk** – direct – straight: Eta yon kontak ant de moun de bagay kote pa gen itilizasyon yon twazyèm moun bagay pou fè kontak la. Yon wout dwat yon moun ap swiv tankou wout yon avyon pou ale nan yon lòt peyi san rete nan yon twazyèm peyi anvan rive li nan destinasyon an.

**Direksyon** - Direction : Liy chemen pou swiv pou jwenn yon destinasyon. Non yon biwo nan yon enstitisyon ki la pou gide moun ki bezwen jwenn yon depatman nan enstitisyon sa a.

**Diri** – Rice : Grenn yon plant ki bay yon farin lè li kraze. Repa ki pi enpòtan pou ayisyen nan yon jounen. Plant ki bay grenn diri a.

**Dirijan** – leader: Moun ki ap dirije yon enstitisyon yon gwoup moun yon biznis.

**Dirije**- Govern / Reign / Lead : Pase lòd. Distribye responsablite. Gide. Kòmande.

**Diskou** – speech: Kanpe devan yon gwoup moun yon odyans pou bay yon mesaj ki kapab pèsonèl ou byen de yon lòt moun.

**Djòb** – job work: Responsablite yon moun aksepte pran pou li fè yon travay pou yon lòt moun yon konpayi. Yon devwa.

**Dlo** - Water : Yon likid ki okipe twa ka fas tè a sou de fòm: dous e sale. Pati sale (lanmè) a pi plis pase pati dous (sous avèk rivyè) la. Moun bwè dlo dous men yo pa bwè dlo sale. Yon likid ki gen de eleman chimik ki rantre nan konpozisyon li: oksijèn avèk idwojèn. Djo.

**Dlo Dous** – Drinking water / Sweet water : Dlo ki gen bon gou nan bouch e ki menm avèk dlo ravin rivyè sous sou tè a.

**Dlo Sale** – Salty water : Dlo lanmè. Li sale anpil.

**Do** - Back : Fas dèyè ki opoze ak devan yon bagay. Kote tout zo kòt yon èt vivan tankou moun kole ansanm.

**Doktè** – doctor : Yon pwofesyonèl ki etidye kèk pati tout kò moun yon fason pou li kapab rekonèt nenpòt pati ki pa fonksyone byen e preskri medikaman pou ede òganis sa a rekòmanse fonksyone nòmal. Yon nivo etid yon moun fè nan yon branch tankou teoloji medsin filozofi e latriye.

**Dola** – dollar: Senk goud. Senk-san kòb. San santim nan lajan peyi Etazini. Moun toujou di dola menm lè yo vle di yon dola. Nan anpil peyi nan monn siy ki reprezante dola ($) ranplase kantite nan kòb peyi sa yo moun peyi a panse ki egal a yon dola. Konsa dola ameriken reprezante yon lidè pou tout kòb nan monn; se sou l'anpil peyi chita pou yo evalye kòb yo.

**Dòmi** – Sleep : Yon repo moun pran kote tout kò moun nan ap repoze menmsi espri li pa ap repoze. Nan moman repo sa a je moun nan fèmen li pa konnen anyen ki ap pase sou kote li e li kapab reve. Yon ti frè lanmò. Somèy. Repo.

**Domine** - Master / Control: Kontwole lespri ekonomi e fizik lòt moun peyi avèk fòs ki disponib pou fè moun sa yo peyi sa yo obeyi.

**Doulè** – Pain : Nenpòt bagay ki te fè ki ap fè mal. Yon doulè kapab fizik ou byen mantal.

**Dous** – Sweet : Yon bagay ki gen gou sik siwo. Yon bagay ki fè yon moun santi li byen. Yon bagay moun renmen ki atire repetisyon. Yon bagay moun pran plezi nan fè li koute li e latriye.

**Drapo** - Flag: Yon moso twal avèk senbòl e lejand ki reprezante yon peyi e entensyon fondatè yo pou konstriksyon peyi a. Premye etap nan konstriksyon yon peyi sou kote konstitisyon li.

**Dwa** – duty - law – rights : Otorite libète yon moun pran li resevwa nan men yon lòt moun ou byen lwa sosyete kote l'ap viv la bay.

**E -** And : Yon mo ki sèvi pou lyezon adisyon ant de lòt mo tankou en de e twa se chif.

**Èd** – Help / Assistance :Yon fòs yon konesans an plis yon moun pa genyen e li bezwen li pou defann tèt li oubyen mete plis fòs plis konesans sou sa li deja genyen. Sekou ki nesesè pou yon moun jwenn pou li kontrekare yon obstak. Wòl yon moun ki pote sekou jwe pou yon moun ki bezwen sekou.

**Ede** – Help / Assist : Pote sekou, èd bay yon moun ki nan bezwen èd, sekou.

**Edmi** – middle – half: Yon pati nan yon bagay lè bagay la divize an de pati. Mwatye nan yon bagay.

**Egzamen** – Exam : Yon tès pou wè kisa yon moun aprann nan yon etid li te fè. Yon analiz pou wè kijan eta yon bagay sante yon moun ye. Yon obsèvasyon ki ekzije anpil konsantrasyon.

**Egzanp** – example: Yon nan plizyè bagay ki pa gen diferans ant yo tout la.

**Ekip**- team : Yon gwoup moun ki reyini ansanm pou yo jwe kont yon lòt gwoup moun. Yon gwoup moun ki toujou ansanm.

**Ekri** – Write : Mete plizyè lèt ansanm pou fòme mo. Mete plizyè mo ansanm pou fòme fraz. Mete plizyè fraz ansanm pou fè paragraf. Kreye yon sijè ki gen entwodiksyon devlopman konklizyon.

**Ekselans** - excellence: Gwo chèf nan yon peyi tankou

yon prezidan. Non yon moun bay yon lòt pou montre respè li gen pou moun sa a.

**Ekspoze** – explode : Mete yon bagay yon kadav travay yon pent yon kote pou moun kapab vini vizite li.

**Elikoptè**–helicopter : Yon aparèy elektwo-mekanik ki gen yon zèl nan tèt li ki pèmèt li vole kanpe nan espas. Li kapab monte desann nan direksyon vètikal e li kapab deplase nan direksyon orizontal tou.

**Endepandans** – Independence : Kapasite pou fè nenpòt bagay nan libète san asistans oubyen oblije pote rapò bay lòt moun. Ayiti pran endepandans li nan men peyi Lafrans depi ane 1804.

**Enfòmasyon**- Information : Nenpòt ransèyman sou papye nan bouch ki disponib pou bay moun konesans.

**Enjenyè** –engineer : Yon moun ki etidye jeni nan yon disiplin tankou mizik elektwonik sivil e latriye.

**Enpe**a bit – little: Yon divizyon yon pati nan yon bagay ki kapab reprezante bagay la. Yon kantite nan yon bagay moun kapab konte ou byen moun pa kapab konte.

**Enprimant** – Printer: Yon nan senk pati nan yon òdinatè ki pèmèt operatè a enprime dokiman sou papye. Enprimè a gen yon pwogram ki enstale sou òdinatè pou pèmèt de machin yo kominike. Lè òdinatè a resevwa lòd nan men operatè a li transmèt menm lòd sa yo bay enprimè a.

**Entènèt** – internet : Yon mwayen kominikasyon ki pèmèt tout moun ki posede yon òdinatè avèk yon liy telefòn kominike ant yo ansanm. Pou kominike nan fason sa a moun ablije achte sèvis nan men yon konpayi ki vann sèvis sa a e yo kapab kominike avèk nenpòt moun nan nenpòt peyi.

**Enterese** – interest : Panchan enterè yon moun montre li genyen nan yon bagay.

**Epi** – Then / From / Since: Yon mo lè li nan mitan de lòt mo fè konprann gen de aksyon ki ap egzekite Yon apre lòt la. Yon moun ap manje epi grangou li ap pase.

**Esklav** - Slave : Moun nan ras nwa **ak** moun nan ras blan yo te konn ale chache sou kontinan afriken an pou fè yo vini travay di e gratis sou plantasyon nan koloni yo. Kèk **santèn** ane anvan blan yo te rantre nan tranzaksyon esklavaj sa a, nwa nan yo te konnen gen esklav blan tou.

**Espas** - Space: Distans ki ant planèt yo : Jipitè Venis Pito Tè e latriye. Distans ant de bagay. Nenpòt kote ki gen lè e yon bagay kapab jwenn plas.

**Estasyon**– station: Plas kote yon bagay ye. Kote bagay tankou yon machin yon tren kanpe pou pran pasaje pou moun jwenn yo lè gen bezwen.

**Eta** – state: Yon peyi endepan ki gen yon gouvènman avèk chèf tankou yon prezidan ap dirije li. Jan yon bagay ye: sante karaktè kalite li. Leta.

**Etazini**– United States: Peyi sa a nan Amerik Nò a e li ant Kanada avèk Meksik. Li gen senkant eta nan li; se sa ki fè li rele Eta-z-ini. Lang ofisyèl peyi sa se anglè men kantite imigrant ki ap viv nan peyi a fè gen diferan moun ki pale tout lang ki gen nan monn nan. Pi gwo peyi pi gwo fòs politik ekonomik e komèsyal nan monn. Kapital peyi sa rele Wachington pou pote non fondatè li: George Wachington.

**Etid** – study : Rechèch pou mete konesans nan yon sèvo. Chache konnen yon bagay konstitisyon yon bagay. Konesans nan yon disiplin yon syans.

**Etidyan** – student : Moun ki fè rechèch pou mete konesans nan sèvo yo. Moun ki chache konnen yon bagay konstitisyon yon bagay konesans nan yon disiplin.

**Etidye** – Study : Mete konesans nan yon sèvo. Aksyon yon moun ki ap chache konnen yon bagay yon disiplin konstitisyon yon bagay konesans nan yon disiplin.

**Evolye** – evolve : Pase soti nan yon etap pou rive nan yon lòt etap moun konsidere ki pi bon pi rafine. Kite yon pèsonalite karaktè ki sanble avèk eta bèt ap viv.

**Ewòp** – Europe : Yon nan senk kontinan yo ki gen peyi tankou Almay Frans Bèljik Angletè nan li. Kontinan sa a kole avèk kontinan Azi a; sa fè kèk moun di pa gen yon kontinan ki rele Ewòp tout bon vre.

**Fache**-Angry : Move. Eta yon moun ki pa kontan. Eta yon moun ki pa kapab jwenn bagay li bezwen e ki pa vle satisfè avèk sa li genyen.ou gen rezon

**Fanm** – woman: Femèl e manman. Depre Bib la fanm se yon moun Bondye te fè avèk yon zo kòt Adan pou kapab kenbe gason konpayen. Yon fanm fèt pou li toujou gen cheve long gwo ou byen tete long gwo dèyè avèk koko nan fant janb li. Yon fi kapab mete zanno nan zòrèy li wòb sou li e latriye. Li gen règ chak mwa.

**Farin**- Flour - Powder : Yon poud ki soti nan fri kèk pye bwa tankou bannann manyòk. Poud ble. ~ frans Yon farin blan ayisyen itilize pou fè anpil manje tankou labouyi bòy e latriye.

**Fatra** – Garbage : Bagay ki san valè. Tout bagay

moun pa gen bezwen.

**Fè** – Iron / Metal: Yon eleman chimik. Yon metal ki di anpil. Yon aparèy chofaj moun itilize pou repare retire pi sou rad.

**Fè Limyè** ~ Clear one's thoughts : Ede yon moun konprann yon bagay yon lide.

**Fèmen** – Close : Elimine yon ouvèti. Anpeche yon machin kontinye fonksyone. Etèn.

**Fènwa**- darkness: Absans limyè. Eta yon nwit. Moman lè lannwit kòmanse.

**Fèt** – Be born : Jou yon moun te soti andedan vant manman li.

**Fèt** - Birthday : Selebrasyon yon evènman ki te pase nan menm jou sa pou pi piti yon ane anvan dat sa.

**Fèt** – Party : Kote yon gwoup moun reyini pou yo pran plezi yo pou selebre yon okazyon. Yon moman kote tout moun byen abiye mizik ap jwe yo ap bwè yo ap danse.

**Fete** – partying: Patisipe nan yon fèt. Selebre yon evènman ki te pase nan menm jou sa pou pi piti yon ane anvan dat sa a. Selebre jou yon moun te soti nan vant manman li.

**Fevriye** - February: Dezyèm mwa nan yon ane. Sèl mwa nan yon ane ki pote ventwit ou byen ventnèf jou.

**Fèy** – Sheet / Leaf : Pati nan yon pye bwa ki parèt apre yon boujon fini soti nan yon pwent nan yon pye bwa. Fèy chak pye bwa gen yon fòm diferan ki depann de pye bwa.

**Fèy papye** - Page : Yon moso papye ki kapab mezire 8 ½ pous nan lajè avèk 11 pous nan longè konsa. Gen anpil lòt dimansyon fèy.

**Fi** – girl : Yon femèl moun yon fanm yon manman yon madanm yon sè yon kouzin yon bèlsè. Yon moun ki gen yon koko nan fant janb li.

**Fiksye** – Arrange: Mete yon bagay nan plas li. Ranje yon bagay jan li dwe ye a jan li sipoze ye a.

**Fin** – Finish / End up : It is the abbreviation for the verb **Fini** :Eta yon bagay ki rive nan bout li. Fè tout sa ki te gen pou fèt nan yon travay ki te kòmanse.

**Flè** – flower : Yon bèl boujon ki soti nan kèk pye bwa nan kèk zèb. Yon flè kapab gen yon sèl koulè ou byen plizyè koulè. Yon bagay ki bèl. ~ Disè Yon zèb nan galèt larivyè ki kapab santi lè yon bagay touche li epi tout fèy li kouche pandan yon bon bout tan. Ouvè-fèmen. Wonte.

**Fòm** – shape : Premye imaj ki vini nan tèt yon moun lè li tande deskripsyon yon bagay. Yon imaj moun kapab itilize pou fè rekonèt yon bagay. Lè yon gason panse a bèl fanm li wè fòm Koka-Kola.

**Fòme** – form – shape: Lè yon fi gen règ li pou premye fwa. Mete plizyè bagay ansanm pou jwenn yon rezilta. Ranje plizyè bagay nenpòt fason pou jwenn yon rezilta.

**Foutbòl** – Football : Yon jwèt ki gen onz jwè nan chak ekip sou yon teren ki kapab gen san mèt pou longè. Gen yon boul sou teren an chak moun ap eseye mennen nan kan ekip opozan an. Kèk moun kwè jwèt sa a soti nan peyi Angletè.

**Fransè** - French : Lang moun pale nan peyi Frans avèk anpil peyi Frans te kolonize tankou Ayiti. Moun ki fèt nan peyi Frans. Lang sa itilize aksan apostwòf atik.

**Frape**- Touch / Hit : Leve yon bagay epi lage li sou

yon lòt avèk fòs. Dirije yon kò nan direksyon yon lòt avèk fòs jis yo rankontre.

**Frè** – Brother : Yon pitit gason ki gen menm manman ou byen papa avèk yon lòt piti menm moun sa yo.

**Fwomaj** - Cheese : Yon preparasyon lèt ki fè li vini di. Moun manje fwomaj tankou anpil manje solid. Gen kèk fwomaj ki solid anpil gen kèk ki mou tou e tout soti nan lèt.

**Gade** - Look / See / Watch: Fikse je sou yon bagay san pyès entansyon. Obsève

**Galri** – gallery: Yon espas nan yon kay kote moun k'ap viv nan kay la kapab chita pou pran bon van e respire bon lè. Espas sa a toujou bay sou lari.

**Gason**- Young man / Boy : Premye moun Bondye te mete sou tè a anvan li te fè fi. Yon moun ki gen yon zozo nan fant janb li. Mari yon fi papa yon moun e latriye. Yon mal moun.

**Gaz** – gas: Yon pwodwi chimik moun ki oblije fèmen andedan yon tank pou li pa evapore nan lè. Yon likid ki kapab vini envizib menm jan avèk oksijèn. Moun itilize gaz nan machin avyon fou e latriye.

**Gen** - Have – Possess : Sitiyasyon yon moun ki vini mèt, ki gen yon bagay. Pran premye plas nan yon jwèt yon kous elatriye.

**Gita** – guitar: Yon enstriman mizikal ki gen sis kòd e mizisyen jwe li avèk prèske tout dis dwèt yo

**Glas** – ice: Yon moso materyèl lè moun gade li moun nan kapab wè figi li avèk tout bagay ki an fas materyèl sa. Yon dlo moun mete nan frizè yon refrijeratè epi ki vini di tankou yon wòch. Glas gen yon koulè gri ou byen blan. Chalè kapab fonn glas.

**Glase** – Freeze / Frozen :Eta yon bagay ki gen

glas nan li. Yon bagay ki frèt anpil tankou glas.

**Gou** – Taste : Opinyon yon moun genyen de yon bagay ki andedan bouch li.

**Goud**- Haitian currency :San santim , san kòb nan lajan ayisyen an. Senk goud fè yon dola.

**Gout** – Drop : Yon ti pati nan yon likid ki ap soti anlè pou tonbe anba. Lapli tonbe pa gout sou tè a.

**Gouvènman** - Government: Yon prezidan avèk tout moun ki ap ede li gouvène you peyi. Yon gwoup moun ki gen pouvwa pou gouvène. Yon moun gwoup moun ki ap gouvène yon teritwa

**Gradye** – Graduate : Patisipe nan yon seremoni gradyasyon.

**Gran** – big: Yon bagay yon moun ki gen anpil ane depi li te kòmanse egziste. Yon bagay ki laj ki wo ki aje. ~ Papa Papa manman ou byen papa papa yon lòt moun. Mari yon grann. Gran papa yo toujou gran.

**Grandi**– grow: Eta yon bagay yon moun ki ap pase etap li gen pou li pase pou li vini wo.

**Grangou** – hungry : Eta yon moun santi lè li anvi manje. Egzitans yon vid nan lestomak yon èt vivan. Jan yon moun santi li chak twa èd tan apre li fini manje.

**Granmoun** - Adult : Nenpòt moun ki fè pitit rive nan laj lè li te dwe deja fè pitit. Yon moun ki gen anpil ane an plis yon lòt.

**Grenadya** – granadillo – grenadilla: Yon lyann ki kapab pase plizyè ane ap grandi pandan li ap donnen anpil grenn prèske chak jou. Fwi grenadya a sanble avèk yon ti boul. Li gen yon ji andedan li ki si anpil avèk kèk ti grenn tou. Li fè bon ji e ayisyen renmen bwè ji sa a anpil.

**Gwo** – Big : Yon dimansyon laj. Eta yon moun ki gen anpil popilarite. Anpil. Yon fason machann vann machandiz yo genyen pou fè pri inite yo vini pi piti.

**Gwosè** – Pregnancy (gwos**ès**) / Fatness / Size : Nan tèks la, li moutre jan moun nan sezi wè jan lòt la grandi, gwosi : Moman lè yon fi ap pote yon pitit andedan vant li. Yon fi pote yon pitit andedan vant li pandan nèf mwa. Plenn

**Gwoup**–group :Plizyè an menm tan. Rasanbleman reyinyon plizyè moun.

**Idantifikasyon** – Identification : Yon mwayen pou rekonèt yon bagay yon moun. Yon ti kat ki gen non yon moun avèk foto moun nan sou li pou lye non an avèk foto a.

**Imajine** – Imagine: Kreye imaj yon bagay yon lide nan tèt anvan li vini egziste nan reyalite

**Inifòm** – uniform : Plizyè bagay ki gen menm fòm nan. Yon rad menm koulè menm fòm nan plizyè moun nan yon gwoup tankou yon enstitisyon yon ekip mete sou yo.

**Inivèsite** - College / University : Yon gwoup enstitisyon apre lekòl segondè ki prepare pwofesyonèl.

**Istwa**- History / Story: Nenpòt bagay ki pase deja e moun kontinye ap pale ou byen ekri sou li. Moun ki ap rakonte yon istwa kòmanse avèk yon entwodiksyon yon devlopman e fini avèk yon konklizyon.

**Itilize** – Use : Pran yon bagay an chaj epi kontwole. Pran avantaj sou yon bagay yon moun.

**Jaden**- garden: Yon moso tè Youn ou byen plizyè

kawo tè kote yon jadinye plante sekle rekòlte.

**Janm** – leg : Tout longè pye yon moun depi soti bò senti li pou jis rive anba plat pye

**Janvye** – January : Premye mwa nan yon ane ki pote trante-en jou. Yon ane chanje lè premye jou nan mwa janvye a rive.

**Je** - Eyes : Pati nan kò moun nan tèt moun ki pèmèt moun wè. Yon mesaje ki pote rapò bay chèf li se je chèf la paske li pèmèt chèf la wè sa ki ap pase. Yon kamera se je moun tou.

**Jedi** – Thursday : Senkyèm jou nan yon senmèn. Katriyèm jou biznis nan yon senmèn.

**Jeneral** – General : Pi gwo grad yon moun kapab genyen nan yon kò militè. **An Jeneral** – General speaking: Pale de yon bagay tout antye san panse a eksepsyon li.

**Jeni** – genius : Lespri moun genyen pou kreye bagay. Nan tan lontan moun te panse jeni se te yon fòs djab ki te ap ede moun. Konnye a moun ale lekòl pou yo kapab kreye bagay.

**Jenou**- knees : Espas ant pye avèk kwis moun ki gen yon ti boul nan li pou pèmèt janb nan apiye sou dèyè.

**Jezi Kris** - Jesus Christ : Pitit Bondye ki te vini sou tè a pou mouri nan plas tout lòt moun sou tè a pou efase peche yo. Li te viv pandan trant-twa ane sou tè a. Tout kretyen kwè li nan syèl la konnye a e li chita sou bò dwat papa a Bondye.

**Ji** – juice: Yon bwason ki fèt avèk fri yon pye bwa. Pou fè yon ji moun pran fri a epi yo kraze ou byen peze li pou likid soti andedan li epi yo mete dlo sou likid sa anvan yo sikre li.

**Jij** – judge: Chèf yon tribinal ki la pou koute de kan

nan yon jijman e kontwole tout sa ki ap pase nan yon tribinal.

**Jiyè** – July: Setyèm mwa nan yon ane. Yon nan de mwa ki fè plis chalè nan yon ane sou kote mwa Out la.

**Jodia** - Today : Konnye a menm nan menm jou sa a. Nan moman sa a menm

**Jou** - day : Klète. Moman pandan solèy la klere sou tè a.

**Jounal**- Newspaper: Yon papye moun ekri chak jou pou enfòme lòt moun e konsève nouvèl ki pase. Nòt moun pran chak jou pou konsève istwa tranzaksyon gwo biznis ki pase chak jou. Yon ti liv pou yon moun konsève bagay ki pase nan lavi li chak jou.

**Jounen** - Diurnal (daytime) : Kantite tan ki ant moman solèy leve a pou jis rive nan moman li kouche li disparèt.

**Jwe** - Play: Pran plezi. Fè son soti nan yon enstriman mizikal. Jwe wòl yon moun nan yon film yon teyat.

**Jwèt**- Game: Bagay ki fèt pou moun pran plezi yo. Lòt moun pa pran li menm menm sa ki soti nan bouch li pou bagay serye.

**Jwi** – enjoy : Eta yon moun kap fè yon bagay ki bay anpil plezi.

**Kach** – cash: Kòb. Lajan. Lajan kòb moun kapab itilize pou achte e nenpòt moun ap aksepte resevwa li. Kach diferan de chèk kat kredi nòt e latriye paske tout moun pa aksepte bagay sa yo.

**Kache**- hide: Sitiyasyon yon moun ki rete andedan yon bagay avèk espwa li ap enposib pou moun wè li. Sere.

**Kaka** – caca - shit – poo: Bagay ki soti nan tout dèyè

yon moun yon bèt. Yon fason pou di yon moun li pèdi yon avantaj. De lèt sa yo Yon apre lòt KK.

**Kamyon** – truck : Yon gwo machin ki lou anpil e ki gen anpil fòs. Li fèt pou pote anpil chay. Nan peyi pòv yo kamyon pote moun sou chay yo.

**Kamyonèt** - Pickup truck : Yon ti machin ki gen Yon ou byen de plas sou kote chofè a e ki kapab pote soti sèz pou rive a ven moun nan espas dèyè li. Yon ti kamyon.

**Kanpe** – Stand / Stop : Pran yon direksyon vètikal. Sispan avanse nan yon direksyon.

**Kantite** – quantity – amount: Yon ou byen plizyè nan yon bagay. Plizyè bagay ansanm.

**Kapab**- Able: Abilite potansyalite pou fè yon bagay. Fòs entelijans ki disponib nan yon bagay.

**Kapasite** – Capacity : Mwayen ki disponib pou fè nenpòt bagay

**Kapital** – Capital: Vil ki pi enpòtan nan yon zòn yon peyi. Vil yon peyi kote prezidan yon peyi ap viv pandan prezidans li e se la li gen biwo li. Yon gwo bagay tankou vil ki pi enpòtan nan yon peyi.

**Kasav** – Cassava: Yon manje peyizan ayisyen prepare avèk manyòk lè yo fini retire lanmidon an nan manyòk la. Si kasav seche nan solèy li kapab pran anpil mwa anvan li gate. Li gen bon gou lè li gen manba sou li.

**Kat** - Four / Letter / Card : Senkyèm chif nan nonb pozitif yo. De plis de twa plis en de miltipiye pa de e latriye. Yon moso katon plastik moun sèvi pou yo jwe anpil jwèt tankou twasèt bezig viv-damou solitè pokè e latriye. Yon ti moso plastik ki gen longè twa pous avèk de pous pou lajè e ki gen anpil enfòmasyon sou li kèk machin kapab li.

**Kat Kredi** – Credit Card : Yon kat ki gen enfòmasyon nan li moun pa kapab li men yon machin kapab li tout enfòmasyon sa yo pou pèmèt yon moun pran lajan nan anpil bank achte bagay nan anpil boutik **magazen.**

**Kay** - Home / House : Kote moun rete pou pwoteje yo kont chanjman tanperati e pou pwoteje bagay yo posede. Kay kote yon moun ap toujou retounen menm lè li ale byen lwen. Peyi kote yon moun te fèt.

**Kaye** – Notebook: Yon ti liv san ekriti nan paj li yo ki fèt pou moun ekri.

**Kèk**any - someYon pati nan yon bagay men li pa tout kantite ki egziste nan bagay sa a. Pati sa pa menm plis pase mwatye nan bagay sa a.

**Kenbe**- Grab / Hold/ Keep : Travay yon moun ki pase dwèt men li sou kote yon bagay chak dwèt nan yon kwen diferan epi pese dwèt yo tankou yo ap ale kraze bagay la pou yo rankontre.

**Kès** – safe - deposit box : Yon bwat yon tiwa kote moun mete lajan pou pran lè yo bezwen li. Yon tiwa nan yon boutik. youn nan pati ki gen nan enstriman ki rele batri a. Yo konn itilize l poukont li lè se nan fanfa oswa nan bann rara.

**Kesyon** - Question : Jan yon moun mande pou sa li bezwen. Yon entèwogasyon pou chache yon repons.

**Kisa** – What : Yon mo entèwogatwa moun itilize pou idantifye yon bagay nan yon gwoup lè moun konnen li pa ap chache idantifye yon lòt moun. Yon mo moun itilize pou ranplase yon lòt mo.

**Kite** - Remove / Leave : Vire do bay yon bagay epi ale. Yon mo moun itilize pou mande yon moun pou vire do bay li. Sispann. Pati ale lwen yon moun yon bagay.

**Kiyès** – Who / Whom / **Whose** : Yon mo entèwogatwa moun mete devan yon mo pou idantifye yon moun yon bagay nan yon gwoup. Moun toujou itilize kiyès lè yo konnen yo ap chache idantifye yon moun nan yon gwoup moun. Yon fanmiy mo Ki pou idantifye yon bagay nan yon gwoup

**Kizin** – kitchen: Yon chanm nan yon kay kote kizinyè fè manje. Chanm sa gen tout sa ki gen rapò avèk fè manje nan li tankou yon fou chodyè asyèt e latriye. Nan ti vil yo yon ti kay ki gen Yon ou byen plizyè chanm kote kizinyè fè manje. Ti kay sa gen yon recho Yon ou plizyè twa-pye-dife e plizyè lòt bagay ki gen rapò avèk manje fè manje.

**Klasik** – classical: Bagay ki gen rapò avèk klas wotè moun ki pase lekòl okipe nan yon sosyete. Yon epòk nan tan lontan lè te gen anpil règleman yon ekriven te oblije obeyi pou yo ekri yon tèks.

**kle a** – Key / Wrench :Yon moso materyèl ki gen menm fòm avèk yon tou kote li kapab rantre pou pouse oubyen rale lang sekirite yon pòt.

**Klere** - Illuminate / Light up / Shine on : Eta yon bagay ki anvayi avèk limyè. Travay yon bagay ki anvayi yon lòt bagay avèk limyè. Eta yon anpoul ki gen kouran ap pase nan li.

**Kleren** – Alcoholic Drink "clerén": Yon bwason koulè gri ki gen anpil alkòl nan li. Kann se Yon nan pi gwo fabrikasyon kleren. Genyen anpil kote nan peyi Ayiti ki fè kleren. Anpil moun nan peyi a renmen bwè bwason sa tou e li fè yo sou tou.

**Kò** – Body : Pati enpòtan nan yon bagay. Yon pati ou byen tout pati ki rantre nan konstitisyon yon bagay yon èt vivan.

**Kòb**- Money : Lajan. Lò lajan e anpil lòt metal leta prepare yon fason moun nan yon peyi yon sosyete kapab achte chanje li pou bagay yo bezwen. Nenpòt moso papye leta yon peyi mete an sikilasyon pou moun chanje kont sa yo bezwen.

**Kòd** – rope / string : Plizyè bout nan yon bagay ki vlope ansanm yon fason chak fwa dènye bout la pwal fini yon lòt pwent te gentan kòmanse vlope. Lè pa gen lòt bout ki ogmante sou dènye bout la kòd la fini rive nan bout li.

**Koloni** - Colony : Yon peyi ki sou depandans yon lòt peyi. Tout lwa koloni a se lwa ki soti nan lòt peyi a e koloni a peye lòt peyi a enpo. Pandan evolisyon tout sosyete nan monn lòt dominasyon tankou kapitalis sosyalis te vini ranplase koloni ; kidonk pa gen koloni konsa ankò. Anpil moun, bèt ki reyini ansanm.

**Kòmann** (*Se lè yon moun voye achte yon bagay nan yon magazen ki pa pre oswa ki sitiye nan yon lòt peyi*) – **kòmande** –mandate – order: Lòd yon kòmandè pase lòt moun. Di lòt moun kisa yo dwe fè.

**Komès** –trade – commerce : Chanjman machandiz avèk moun pou lajan lè chanjman sa a bay yon pwofi.

**Komèsan** – Dealer : Yon pwofesyonèl ki fè lajan li nan fè komès.

**Kominikasyon** - communication : Chanjman pawòl jès ant de ou byen plis èt vivan lè Yon konprann lòt la. Mwayen moun itilize pou yo fè yon mesaj rive jwenn yon lòt moun. Gen anpil mwayen kominikasyon tankou ekri pale telefòn radyo entènèt telegraf satelit e latriye.

**Kondi** – drive : Mennen yon bagay yon moun nan yon direksyon epi ede moun nan bagay la rete sou bon direksyon an. Kenbe volan yon machin pandan motè l'ap mache e woul ap woule sou tè a. Kenbe men yon avèg pou mennen li kote li pwale.

**Kondisyon** – Condition : Rezon ki fè yon bagay egziste. Yon rezon ki anpeche yon prensip yon règ rete jeneral inivèsèl. Eksepsyon.

**Konesans** – knowledge: Sa ki rete nan tèt yon moun lè li fin bliye tout sa li te aprann. Nivo ki pi wo nan devlopman entelijans moun. Premye rankont de plizyè moun.

**Konfyans** – confidence – trust: Kwayans yon moun gen nan yon lòt moun nan Bondye ki fè li kapab di moun nan Bondye tout sekrè li.

**Konkou** - competition / contest: Yon seremoni kote plizyè moun ap eseye montre yo kapab fè yon bagay pi byen kijan yo kapab fè yon bagay epi plizyè jij ap evalye patisipan yo.

**Konnen** - Know / Meet : Egzistans yon lyen ant de ou byen plizyè moun. Yon moun ki konprann tout sa yon moun di tout sa moun nan fè. Konprann yon bagay nèt ale. Posede yon konesans san limit sou yon bagay yon moun.

**Konpay** - Partner : Another spelling for **Konpanyon** : Yon moun yon bèt ki akonpaye yon moun pou rete ale yon kote.

**Konprann** – Understand : Abilite pou rekonèt entèprete yon bagay moun ou byen aksyon moun.

Rekonèt. Entèprete.

**Konsa - So** / Thus / Thereby - Just like that : Yon fason pou moun di : tankou sa a menm jan avèk sa a. Lè yon moun di konsa li lonje men li sou yon bagay pou montre yon moun yon bagay.

**Konsèy** - advise : Pawòl yon moun di yon lòt moun pou montre moun nan kisa ki pi bon pou li kapab fè. Moun nan pa oblije aksepte konsèy la men moun ki nayif pran tout konsèy yon moun pou yon lòd.

**Konseye** –advise - counsel – suggest : Pale avèk yon moun pou montre li sa ki pi bon pou li kapab fè. Bay yon moun konsèy.

**Konstriksyon** – construction : Tout etap yon konstriktè pase pou li konstwi yon bagay tankou yon kay yon bato. Yon kay. Yon bato.

**Konstwi** - Build / Construct : Ranje plizyè moso ansanm pou reyalize yon imaj nenpòt moun kapab gade e rekonèt kisa li ye. Moun ki ap fè bagay tankou kay bato e latriye.

**Konsyans** –conscience :Yon jij andedan tout moun ki fè moun nan santi li byen lè li fè yon bon bagay e ki fè moun nan santi li mal lè li fè yon move bagay. Konesans sou ki byen avèk sa ki mal.

**Kontan** – happy : Ekspresyon satisfaksyon andedan yon moun ki parèt sou vizaj moun nan lè li ri.

**Kontinye** - Continue : Ale san kanpe nan wout avèk yon bagay ki te kòmanse.

**Kontra** - Contract: Yon moso papye lalwa pèmèt de moun ou byen plis moun siyen pou yo respekte tout sa ki ekri sou papye a. Yon angajman de ou byen plizyè moun pran ansanm.

**Kontwòl** – Control : Pouvwa yon moun gen pou

kontwole pou aplike lwa. Yon òdinatè ki ap kòmande yo lòt machin.

**Kontwolè** – controller – supervisor : Moun ki gen kontwòl nan men li pou fè respekte aplike lwa.

**Kopye**- Copy/ Imitate : Kreye imaj yon bagay yon fason pou li difisil pou moun konnen kiyès ki orijinal la e kiyès ki kopi a. Gade jan yon moun fè yon bagay pou fè bagay la menm jan tou.

**Kote** – Side / Place : Yon plas pou jwenn yon bagay. Yon kwen.

**Kou** - Neck: Pati ki lye tèt yon moun avèk epòl moun nan. Frape yon bagay sou yon lòt bagay.

**Kouche** – Sleep / Lie down / Lie / Go to bed : Pran yon pozisyon vètikal tankou yon matla sou yon kabann.

**Kouche** – Sunset: Eta solèy lè li sispann klere tè a.

**Kouche** Fi – Have sex with a girl: Mete yon fi sou kabann epi rantre zozo andedan koko li.

**Koulèv** - Snake /Serpent : Yon bèt long kò glise e ki mache pandan li ap trennen sou vant li. Gen plizyè diferan koulèv. Gen koulèv ki kapab peze 400 liv.

**Kouman w ye pitit?** – How are you boy? Gason pa sanse itilize tèm sa a non. Lè yo itilize l se pou yo chare madàm yo oswa pou imite yo. Si gason itilize l, yo ka gade w pou masisi. Gason an t ap di: "Kouman ye nèg/patnè m/ man".

**Koupe**- Cut : Frape yon bagay file tankou yon manchèt sou yon lòt bagay pou jis li kase an de moso. Kopye tèks sou yon òdinatè soti nan yon dokiman pou ale nan yon lòt e nan menm moman sa a efase dokiman an kote li te soti a. Anpeche yon moun fini yon pawòl li te kòmanse epi foure yon lide diferan nan konvèsasyon an. Rantre zozo (yon gason) nan koko (yon fi).

**Kouran** - Electricity / Current: Mouvman elektrisite ki ap pase nan fil kouran. Yon branch likid ki ap soti sou yon nivo ki pi wo pou tonbe nan yon nivo pi ba avèk vitès. Yon bagay ki ap pase nan yon konnye a nan epòk sa ane sa moman sa.

**Kouri**- Run: Travay yon moun ki leve chak pye li epi mete yo atè byen vit pou avanse soti yon kote pou rive yon lòt kote byen vit.

**Kouròn** – Crown : Another spelling for Kouwòn : Yon siy pou montre grandè yon moun tankou yon wa yon rèn. Flè ki ranje an won pou mete sou kavo tonm kadav.

**Kout** – short - small – little: Pase dwa bay yon moun pou li kontinye yon bagay. Yon moun ki pa gen wotè nòmal yon moun genyen. Yon moun ki gen mwens ke senk pye pou wotè.

**Koutim** - Custom / Habit : Bagay yon moun toujou fè e refè chak fwa li gen chans pou fè li. Abitid yon moun genyen. Yon evènman yon sosyete fete chak ane.

**Kouto** – knife: Yon moso metal ki gen yon manch bwa ou byen plastik epi yon bò nan kò li plati yon fason lè li touche yon lòt bagay li ap kapab rantre andedan bagay la li ap kapab koupe bagay la.

**Kouvri** – Cover :Mete yon bagay laj sou yon lòt epi bagay laj la anpeche li rete vizib. Bouche yon tou.

**Kouzen** – Cousin : Pitit gason yon sè oubyen/oswa yon frè papa ou byen manman yon lòt moun.

**Kouzin** – cousin : Pitit fi yon sè ou byen yon frè papa ou byen manman yon lòt moun.

**Koze**- Chatter – Chat : Pale avèk yon zanmi de plizyè bagay ki pase san rete sou yon sèl sijè. Konvèsasyon abityèl ant plizyè zanmi chak fwa yo rankontre. Pale avèk yon zanmi de yon bon ou byen yon move eksperyans. Travay de moun k'ap pale.

**Kraze**- Break: Monte sou yon bagay epi fè li pèdi fòm orijinal li te genyen an. Sa depan de materyèl ki antre nan konstitisyon yon bagay lè li kraze moso yo kapab separe ou byen rete ansanm. Mete yon bagay lou sou yon bagay ki pi fay.

**Krèm** – Cream: Kèk medikaman mou pwodiktè yo mete nan yon bwat mou pou moun kapab peze bwat la lè yo bezwen yon ti kras nan medikaman an soti nan bwat la. Yon desè ki fèt avèk lèt e plizyè fri.

**Kretyen** – Christian: Moun. Tout moun nan yon sosyete. Tout èt vivan ki gen entelijans ki kapab devlope entelijans li e ki kapab reflechi. Moun ki swiv tout prensip Jesi Kris yo.

**Kreye** – Create :Fè yon bagay vini egziste pou premye fwa. Envante yon bagay

**Kreyòl** – Creole: Moun ki fèt e grandi nan yon peyi. Plizyè lang moun pale nan plizyè peyi ki te pase anba esklavaj nan ansyen koloni yo. Esklav yo pate kapab konprann lang mèt yo kolon yo te ap pale; konsa yo di mo yo nan fason pa yo e tout esklav parèy yo entèprete mo yo menm jan moun ki di mo a te konprann li. Yon konprann lòt yo kontinye pale konsa. ~ Ayisyen Yon lang ki soti nan defòmasyon mo twa lòt lang: Anglè Espanyòl Fransè. Prèske chak santèn moun nan popilasyon peyi Ayiti a pale Kreyòl men lang sa a se Yo nan de lang ofisyèl peyi a sou kote Fransè.

**Kriye** – Cry : Moman yon moun gen dlo ki ap soti nan je li. Gen anpil reson ki fè yon moun kriye tankou lapenn doulè kontantman e latriye

**Kwabosal** – Market Kwabosal: Se youn nan mache pi ansyen ki gen nan peyi Ayiti. La se yon kote yo te konn vann esklav sou tan lakoloni.

**Lafyèv** – Fever : Yon gwo ogmantasyon nan wotè tanperati kò yon èt vivan. Lafyèv pa yon maladi pou kont li men se siy pou fè konnen gen yon lòt maladi ki bezwen trete.

**Lage** – release - let go: Retire yon kòd ki te mare yon bagay pou kite bagay la ale. Travay yon moun ki kite yon kote pakse kantite tan pou li te pase kote a fini pase. Retire yon moun nan prizon pou li kapab vini lib. Kite yon bagay ki te pandye anlè tonbe sou tè a.

**Laj** – age : Kantite tan yon bagay yon moun gen depi li egziste. Kantite tan yon bagay gen depi li te fèt yon moun te kreye li te envante li.

**Lajan** – Money: Kòb. Lò lajan e anpil lòt metal leta prepare yon fason pou moun nan yon peyi yon sosyete kapab achte chanje li kont sa yo bezwen. Nenpòt moso papye leta yon peyi mete an sikilasyon pou moun sèvi pou chanje kont sa yo bezwen.

**Lalwa** – Law : Lwa. Prensip. Prensip ki gouvène yon peyi yon sosyete e tout moun fèt pou obeyi li. Yon plant ki gen yon fèy vè avèk nannan li blan e anmè.

**Lanfè**- Hell : Yon plas kote moun panse ki gen anpil tribilasyon e se Satan ki ap gouvène kote sa a. Yon plas tout moun relijye yo kwè ki egziste e se la tout moun ki pa swiv prensip Bondye yo prale pou yo kapab pase penitans epi boule. Kwayans kèk moun genyen de lavi kèk moun ap viv sou tè a.

**Lang**- Language/ Tongue : Yon konbinezon ant lèt mo e son tout moun nan yon kominote yon peyi konprann e yo itilize li pou kominike ant yo. Yon moso vyann ki nan mitan bouch anpil èt vivan tankou moun. Lang ede moun pwononse mo ki ap soti nan bouch li e li kondi manje ale anba ranje dan moun. Yon pati nan kle yon pòt ki rantre yon kote pou kenbe pòt la fèmen. Yon ti lang.

**Lanmè** - Sea / Ocean : Yon kantite likid ki anpil e ki okipe plis espas pase tout espas tè tout peyi nan monn okipe. Likid sa sale e li gen anpil bèt gwo tankou piti ki ap viv nan li. Bato kapab soti de yon peyi a yon lòt pandan li ap deplase sou lanmè. Dlo lanmè nan kèk zòn tèlman sale pyès bagay pa kapab koule nan li si bagay sa pa lou anpil.

**Lapli** – Rain : Yon kantite gout dlo ki soti nan espas e ki tonbe nenpòt kote sou fas tè a. Lapli kapab tonbe pandan yon ti tan kout ; konsa li kapab tonbe pandan plizyè jou.

**Laten**- Latin: Yon lang moun pa pale ankò pou lang ofisyèl peyi yo men se li ki manman anpil lang nan anpil peyi e legliz katolik nan tout peyi kontinye itilize lang sa nan kèk seremoni. Anpil mo nan prèske tout lang kapab jwenn rasin yo nan laten.

**Latriye :** etc. : Anpil lòt bagay ki vini ki kapab vini apre san bay non yo. Bagay ki sib lòt bagay ki devan yo.

**Lave** – wash : Mete pase dlo sou yon bagay pou retire salte sou li. Mete rad nan machin avèk dlo e savon pou yo vini pwòp. Mete rad nan dlo fwote savon sou yo epi fwote yo pou jis yo vini pwòp.

**Lavi** – life : Pati ki pi enpòtan nan egzistans yon èt

vivan. Li se orijin tout èt vivan li grandi avèk kò a epi li kite kò a pandan lanmò a vini.

**Lavil** - Neighborhood / Town / City. You can also say **Vil.** : Yon vil ki pi enpòtan pou moun ki ap viv nan antouraj vil sa. Yon zòn nan yon vil kote ki gen tout gwo boutik magazen avèk mache kote machann vann machandiz yo e achtè ale chache sa yo bezwen achte.

**Lè** - hour - time – when : Yon konpozisyon plizyè eleman men majorite kantite a se oksijèn ki nan lanati e ki pèmèt moun viv. Oksijèn pou kont li nesesè pou moun rete nan lavi. Yon nan 24 inite yon jounen. Pou moun di yon Lè li pa bezwen itilize lèt L la devan è. Men tout lè nan yon jounen: Inè pou 1 lè Dezè pou 2 lè Twazè pou 3 lè Katrè pou 4 lè Senkè pou 5 lè Sizè pou 6 lè Setè pou 7 lè Ywitè (uitè) pou 8 lè Nevè pou 9 lè Dizè pou 10 lè Onzè pou 11 lè Douzè (midi) pou 12 lè Trèzè pou 13 lè Katòzè pou 14 lè Kenzè pou 15 lè Sèzè pou 16 lè Disetè pou 17 lè Dizywitè (dizuitè) pou 18 lè Diznevè pou 19 lè Ventè pou 20 lè Venteinè pou 21 lè Venndezè pou 22 lè Venntwazè pou 23 lè e Vennkatrè pou 24 lè. Yon poud pwazon énmi yon ayisyen mete yon kote énmi an ap ale pase pou touye li.

**Legliz**- church : Kote yon pè ou byen yon pastè avèk anpil moun ki nan yon menm relijyon rankontre pou yo priye chante bay Bondye glwa. Yon kay kote yon pè ou byen yon pastè avèk anpil fidèl konnen rankontre pou yo chante priye bay Bondye glwa. Yon òganizasyon relijye tankou legliz katolik legliz pwotestan e latriye.

**Lekti** – reading: Travay yon moun ki ap li yon ekriti tankou yon tèks yon liv.

**Lendi**- Monday : Dezyèm jou nan yon semèn e premye jou travay nan semèn nan.

**Lespri** - spirit: Yon fòs envizib ki kapab aji sou bagay ki vizib. Espri. Yon degre entelijans yon moun fèt avèk li e ki bezwen devlope pandan moun nan ap grandi. Lwa.

**Lespri-sen**. ~ sen - Holy Spirit: Lespri ki pran nesans li nan Bondye. Yon nan twa pèsonalite Bondye yo: Papa a Pitit la Lesprisen an.

**Lèt** – Letter – milk : Yon nan chak inite ki fòme alfabèt yon lang. Senbòl ekriven itilize pou ekri tèks. Yon mwayen moun itilize pou kominike sou papye san yo pa rankontre. Yon likid blan ki soti nan tete kèk femèl bèt e tout moun ki nouris. ~ elektwonik Yon mwayen moun itilize pou yo ekri nan òdinatè epi voye ekriti a bay destinatè li nan òdinatè li nenpòt ki kote nan monn òdinatè lòt moun nan ye a.

**Leta** – State : Yon sistèm envizib nan yon peyi ki regle tout afè peyi a. Nan anpil peyi gouvènman avèk leta peyi a fè yon sèl kò. Konfizyon sa a anpeche peyi konsa pwogrese paske moun nan peyi sa a pa kwè nan melanj de kò sa yo (leta avèk gouvènman).

**Leve**- Load / Lift/ Rise: Kite yon pozisyon kouche pou pran pozisyon chita ou byen kanpe. Soti anba pou monte anwo. Eta solèy la lè li kòmanse klere tè a. Soti nan yon pozisyon orizontal pou pran yon pozisyon vètikal.

**Li** - He / She / Read: Yon pwonon moun itilize lè yo ap pale avèk yon moun de yon lòt moun pou evite repete non lòt moun nan plizyè fwa. Pase je sou yon tèks pou konprann sans li.

**Lib** – free : Endepandan. Eta peyi yo ki te soti anba

esklavaj peyi kolonizatè yo. Eta yon moun ki posede pouvwa pou pran desizyon sou bagay ki ap pase nan lavi li. Eta moun ki kapab fè sa yo vle avèk lavi yo.

**Libète** – Freedom : Eta yon moun yon peyi ki lib. Endepandans. Aspirasyon tout pèp pou yo patisipe nan desizyon peyi yo. Anpil moun kwè libète se yon bagay moun pran se pa yon bagay moun bay moun.

**Limyè**- Light : Klète ki diminye ou byen elimine fènwa. Rezilta klète yon anpoul elektrik bay lè elektrisite pase nan filaman li. Klate solèy la voye sou tè a.

**Lisans**- license : Pèmisyon yon moun resevwa pou fè Yon ou byen plizyè bagay ki pa kapab fèt san otorizasyon. Libète pou aji pran desizyon. Pou yon moun kondi yon machin li bezwen yon lisans.

**Liv** – Book / Pound : Anpil fèy papye avèk tèks sou yo ki kole ansanm nan yon fason byen òdone. Lektè kapab soti sou premye paj la pou ale sou dènye a. Moun ki ap li yon liv gen pou yo pase nan paj a goch yo anvan paj a dwat yo. Yon inite nan lajan peyi Angletè. Inite pou eksprime pwa moun.

**Livrezon** – Delivery / release / liberation : Aksyon moun ki delivre yon bagay.

**Liy** – line: Yon direksyon dwat. Plizyè bagay ki kanpe Yon dèyè lòt. Yon tras ki fèt avèk yon règ

**Loray** – Ray – **Loraj**. Yon bri ki fèt pandan yo tonnè ap tonbe e li kapab lage anpil elektrisite nan yon zòn. Moun kapab tande loray anvan lapli tonbe lè lapli ap tonbe e apre lapli tou. Yon ti kras nan elektrisite yon loray kapab fè anpil dega tankou touye moun. Tonnè.

**Lwe** - Lend / Borrow / Rent: Itilize sa yon lòt moun

posede epi peye moun nan pou itilizasyon bagay la.

**Lwen** – far: Anpil distans ki separe de kote.

**M kontan pitit !** – I am happy : Ekspresyon satisfaksyon andedan yon moun ki parèt sou vizaj moun nan lè li ri.

**Machandiz** - Merchandize: Bagay yon machann achte pou li revann.

**Machann** - Merchant : Moun ki gen machandiz pou vann

**Mache Nwa** - Black Market: Yon moman lè machann ki gen yon machandiz pwofite monte pri machandiz la nenpòt wotè yo vle paske pa gen anpil nan machandiz sa a e anpil moun bezwen achte li.

**Mache** - Market: Yon plas kote machann mete machandiz yo pou yo vann e achtè ale la pou yo achte.

**Mache** - Walk: Leve pye goch e pye dwat **youn** apre lòt epi depoze li pi devan pou deplase yon kò. Avanse nan menm direksyon **kote** je ap gade.

**Machin** – Car / Machine : Nenpòt aparèy mekanik elektwonik ki kapab fè yon travay tankou kraze kann kraze mayi woule yon kasèt e latriye. Yon aparèy ki sèvi pou transpòtasyon moun e ki kapab genyen kat sis dis menm dizwit woul.

**Madanm** – Mrs. : Yon fi ki gen ven ane konsa. Yon fi ki marye avèk yon gason. Yon fi ki posede pouvwa avèk respè. Yon fi ki marye.

**Madi** – Tuesday: Twazyèm jou nan yon semèn e dezyèm jou travay nan yon semèn.

**Madmwazèl** – miss: Yon fi ki prèske vini yon madanm; li gen anviwon kenz a ven ane konsa. Yon fi ki pwofesè lekòl. Yon fi ki pa janm marye nan lavi li.

Demwazèl.

**Mal** – evil: Nenpòt bagay ki pa fèt byen ou byen jan sosyete a espere li te sipoze fèt. Satan.

**Malè** – Mishap: Yon move bagay ki rive san moun ki koz li a pate planifye li.

**Manchèt – machete** : Yon ti manch. Yon kouto laj long ki fèt pou koupe gwo bagay yon ti kouto pa kapab koupe.

**Mande** - Ask / Claim : Reklame yon bagay nan men moun pou kado san moun nan pate pran desizyon anvan pou bay bagay la. Pran desizyon pou resevwa yon bagay.

**Mango** mango - HandleFri yon pye bwa ki gen yon gwo grenn ji kèk fwa fil tou e ki gen menm non avèk pye bwa ki donnen li. Gen anpil mango tankou blan doudous janmari miska grennsi fil fransik e latriye.

**Manje** – eat: Mete yon bagay nan bouch mastike li epi vale.

**Manke** - Fail/ Miss : Pèdi yon chans yon benefis. Rate. Anvi pou wè yon moun.

**Manman** – Mom / Mother :Yon fi yon femèl bèt ki fè piti. Lanati. Yon peyi. Yon fi ki adopte yon timoun.

**Manti**- Lie : Bagay moun di moun pou verite men ki pa vrè.

**Manyen** - Touch up / Handle : Touche yon bagay avèk men. Touche. Travay yon doktè fèy lè li ap pase men li sou tout kò yon malad pou jwenn ki kote yon maladi ye pou preskri tretman pou maladi a.

**Mare** – tie: Vlope yon kòd byen di sou kò yon moun yon bèt yon bagay avèk espwa moun nan bèt la bagay la p'ap kapab demare tèt li.

**Maryaj** – marriage: Yon desizyon yon gason avèk yon

fi pran anba lalwa pou yo viv ansanm e pou yo chak pran tout responsablite pou lòt la. Yon desizyon yon gason avèk yon fi pran devan Bondye pou yo pase tout lavi yo ansanm nan nenpòt ki kondisyon. De bagay de moun de bèt ki mare ansanm.

**Marye** – Marry : Pran yon angajman devan lalwa e devan Bondye pou viv avèk yon madanm ou byen yon mari pandan tout lavi madanm nan ou byen mari a. Pran yon angajman.

**Mayi** – corn: Yon grenn jón wouj yon plant donnen e moun manje li. Moun fè yon poud avèk mayi (mayi-mounlen). Lè grenn mayi a kraze li bay yon poud ki gen de poud diferan nan li: farin mayi a mayi-moulen an.

**Medam yo** - Ladies: Plizyè fi an gwoup ou byen ki reyini ansanm.

**Men** - But : Apre yon vigil nan yon fraz Men vle di : Poze aksyon sa a e evite yon lòt aksyon.

**Men** - Hand : Dènye pwent nan de manm yon moun ki kole nan zepòl yo kote senk dwèt yo ye a. Pati nan kò yon moun li itilize pou kenbe tout sa li bezwen. Pran sa a.

**Menm** – Same : De ou byen plis bagay ki pa gen diferans ant yo. Men'm Men ki nan kò kò yon moun ki ap pale.

**Mennen** - Bring out / Bring : Kontwole yon moun yon bèt yon bagay ki soti yon kote pou jis li rive yon lòt kote.

**Mèsi** - Thank you / Thanks: Mo moun di moun pou montre yo renmen yon bagay yon moun fè yon bagay moun nan bay.

**Mesye**- Mr / Sir:Mo moun itilize pou montre respè

devan yon gason ki pi gran pase yo. Yon gwoup gason plizyè gason ansanm.

**Mèt** - Meter / Owner: Yon inite pou mezire distans ki pa twò long. Yon mèt gen twa pye ventwit trant-nèf pous trant-sèt nan li. Moun ki posede yon bagay yon bèt yon moun.

**Mete** - Put / Enter : Depoze rantre yon bagay yon moun yon kote.

**Meteyoloji** – meteorology: Syans ki etidye tan avèk chanjman nan tan an.

**Minit** – minute: Yon nan swasant minit yo ki gen yon lè.

**Mitan**- half / middle: Yon pwen ki divize yon bagay an de pati egal. Yon lide imajinè pou di: lwen andedan yon bagay tankou mitan lanmè.

**Mizik** – music: Rezilta travay plizyè enstriman mizikal ki ap jwe ansanm pandan yo ap swiv prensip do re mi fa sòl la si a.

**Mizisyen** - Musician: Moun ki konnen jwe yon enstriman mizikal. Yon pwofesyonèl ki konnen jwe mizik.

**Mòd** – fashion: Yon bagay tout moun ap fè nan yon epòk. Yon fòm rad tout moun mete sou yo nan yon epòk. Jan yon moun chwazi pou li fè yon bagay.

**Monnen** – Coin / Change : Lajan ki fèt avèk metal tankou lajan avèk kwiv. Lajan yo remèt ou lè w achete nan yon biyè ki gwo. Change

**Monnen** – Coin / Change : Lajan ki fèt avèk metal tankou lajan avèk kwiv.

**Montre** – show: Mete dwèt endèks la nan direksyon yon bagay pou yon moun kapab wè li. Mete yon bagay kote pou moun wè li.

**Motosiklèt**– motorcycle: Yon machin ki gen de woul avèk yon motè. Chofè yon motosiklèt chanje vitès avèk pye li e li bay gaz avèk men dwat li.

**Moun** - People – Person : Yon èt vivan ki kòmanse viv sou tè a depi plizyè milye ane ki gen de men de pye e ki mache sou de pye yo. Yon moun kapab pale reflechi li ekri e viv nan sosyete.

**Mouri**- Die : Eta yon èt vivan yon moun ki sispann respire sispann viv.

**Moute** – Go up / Climb : It is another form of the verb

**Monte** : Soti anba pou ale anwo. Travay yon avyon ki kòmanse vwayaje. Pase pye sou yon chwal, yon bisiklèt yon motosiklèt.

**Mouye** - Wet : Eta yon bagay ki gen yon likid tankou dlo sou li andedan li.

**Move**- evil – bad : Fache. Yon moun ki gen plis nan mitan fon li ki pa kontan e ki p'ap ri pou pyès rezon.

**Mwa** - month: Yon nan douz pati nan yon ane. Gen sèt mwa nan yon ane ki gen tranteen jou nan yo: Janvye Mas Me Jiyè Out Oktòb Desanm. Gen yon sèl mwa Fevriye ki gen 28 ou byen 29 jou nan yon ane. Gen 4 mwa ki gen trant jou: Avril Jyen Septanm Novanm.

**Mwayen** - Way / Manner / Means: Posiblite ki gen disponib pou itilize. Lajan moun posede pou li depanse nan sa li vle.

**Mwen**- I : Yon pwonon ki ranplase moun ki ap pale a.

**Naje** – Swim : Fè mouvman nan dlo pou rete sou dlo a san plonje.

**Nasyon** – Nation : Yon peyi endepandan ki gen fontyè li e ki gen pwòp leta li avèk gouvènman li. Tout bagay ki rantre nan konstitisyon yon peyi.

**Nasyonal** - National: Tout bagay ki gen rapò avèk yon nasyon. Rekonesans pitit yon peyi genyen pou li tankou ale nan lagè. Patriyotism. Tout bagay ki andedan yon nasyon tout bagay ki fèt nan yon peyi.

**Natirèl** - natural: Eta yon bagay ki rete tankou lè li te apèn parèt nan la nati. Bagay ki gen rapò avèk nati a lanati.

**Nèg** – Black: Tout moun koulè nwa yo. Moun sa yo te premye parèt sou kontinan afriken an gen moun nwa nan tout peyi sou tè a kounnye a.

**Nèj** – snow: Yon poud blan ki soti nan espas e ki tonbe sou tè a nan peyi ki fè frèt anpil yo. Pou nèj tonbe, tanperati a oblije rete pi wo ke zewo degre Celcius (0°C) ou byen trant-de degre Fareinheit (32°F). Lè nèj tonbe sou yon bagay tanperati li pi wo pase 0°C, li fonn pou bay dlo; kidonk anpil nèj kapab bay anpil dlo. Dlo nèj la ap transfòme an glas si wotè tanperati nan zòn nan pa janm monte. Se sa ki fè moun nan peyi fredi yo konnen oblije mache sou glas nan sezon ivè.

**Nesesite** - Need / Necessity: Eta yon bagay ki nesesè. Eta yon bagay ki oblije egziste pou yon lòt bagay kapab egziste pase rive pou yon kondisyon akonpli. Eta yon bagay ki gen anpil enpòtans.

**Netwaye** – clean: Fè yon kote vini pwòp. Retire tout bagay ki sal ki fè yon kote sanble avèk bagay sal. Mete pwòpte nan yon bagay yon kote.

**Nimewo** – Number : Chif. Yon eleman matematik ki pèmèt moun fè diferans ant plizyè bagay tankou yon kantite paj nan yon jounal ki soti chak jou.

**Nò** – North : Yon nan kat direksyon kadinal yon ki pèpandikilè a lès avèk lwès. Si yon moun ap ale nan direksyon nò lès sou bò dwat li e lwès sou bò goch li; konsa sid dèyè li.

**Nòmal** – normal: Jan tout moun espere yon bagay yon moun dwe ye.

**Non** – Name : Yon mo oubyen plizyè mo ansanm ki ede moun idantifye yon moun.

**Non** – Negative statement: Yon repons negatif pou yon kesyon ki te merite Yon nan de repons sa yo. Yon mo moun itilize pou fè yon lòt moun konnen yon bagay pa posib pou li reyalize pou rive pou regle e latriye.

**Nou** - We / You (pural) : Yon pwonon ki ranplase yon gwoup moun. Plizyè moun ansanm. Moun ki di Nou rantre nan gwoup moun nan tou.

**Nouvèl** – news: Yon emisyon nan radyo televizyon ki pale de tout sa ki ap pase nan yon peyi nan monn. Enfòmasyon sou yon bagay yon moun. ~ Jenerasyon Yon tip mizik ayisyen ki parèt nan ane katreven yo. Gwoup ki fè mizik sa yo chante an Kreyòl yon fason pou separe nouvo stil mizik yo a avèk ansyen mzik yo chantè te konnen chante nan lang Fransè.

**Nwa** - Black/ Dark : Yon koulè ki idantifye moun ki soti sou kontinan afriken an. Yon koulè ki sanble avèk koulè lannwit. Yon koulè ki kòmanse idantifye tout bagay ki negatif avèk eksperyans esklavaj la. Nwa te reprezante yon koulè gwo notab tankou wa yo bondye nan antikite yo te konnen mete sou yo pou rad.

**Nyaj** – cloud: Yon gwo kantite lè moun sou tè a kapab gade nan lespas e ki sanble yo toujou ap deplase.

**Òdinatè** –Computer: Yon machin entelijan anpil ki fè yon revolisyon nan fason moun kominike avèk lòt moun avèk lòt machin e konsève tèks yo ekri. Gen anpil diferans nan òdinatè men se de diferans ki pi enpòtan: Sèvitè avèk Pèsonèl. Malgre diferans sa yo tout òdinatè gen senk pati sa yo: klavye monitè sourit òdinatè a menm avèk enprimè a. Moun rele tout senk pati sa yo òdinatè men òdinatè a se kote ki resevwa kòmand klavye a avèk sourit la epi voye kòmand sa yo nan yon diskèt yon enprimè oubyen nenpòt lòt machin byen lwen pandan l'ap itilize yon liy telefòn. Machin sa pèmèt moun ekri nenpòt longè donkiman soti nan yon lèt pou rive nan plizyè milye fraz tankou yon liv. Yon moun ki itilize òdinatè pou ekri kapab mete nenpòt imaj nan tèks la e li kapab fè lèt yo nenpòt gwosè. Bagay yon moun ekri sou òdinatè kapab enprime sou papye ou byen konsève sou yon diskèt pou itilize yon lòt lè. Nenpòt tèks moun ekri sou òdinatè machin nan kapab faks li voye li sou fòm lèt-eletwonik bay yon lòt òdinatè e latriye. Moun kapab itilize òdinatè nan plas televizyon faks machin aparèy telefòn repondè telefòn e anpil lòt bagay toujou.

**Ofri** – Offer: Lonje yon bagay bay yon moun san li pa mande bagay la. Pwomèt yon moun yon bagay sèvis san li pa mande.

**Ogmante** – increase: Mete yon bagay sou yon lòt pou fè li vini pi plis pi gwo.

**Ou** - You : Yon pwonon. Moun itilize li pou pale dirèkteman avèk yon moun.

**Oubyen / oswa / osinon** - Or : De mo moun itilize ansanm pou di si se pa yon bagay se yon lòt bagay.

**Oumenm** - Your / Yourself : Mo moun ki ap kominike avèk lòt moun itilize pou mete plis fòs nan sa yo ap di a epi fè moun yo ap eseye kominike avèk li a santi sa a.

**Ouvri**- open : Retire yon kouvèti yon pòt ki te bare fèmen yon kote. Devlope yon bagay ki te vlope fèmen. Fè yon bagay tankou bouch yon moun vini laj.

**Pak** – Easter / park : Yon fèt pou selebre Jezi Kris ki leve soti nan lanmò apre li te mouri jou Vandredi-Sen an. Kretyen yo selebre fèt sa a jou dimanch apre Vandredi-Sen an. Kote moun bare bèt pou yo pa ale flannen. Kote ki gen anpil frechè pye bwa bèl zèb pou moun chita

**Pale** - Speak / Talk : Ouvri bouch epi kite mo moun kapab konprann soti nan bouch la. Bay yon mesaj di yon moun sa li bezwen tande. Bay yon odyans yon diskou.

**Pale Anpil** – Speak a lot : Pale san rete san rezon. Di pawòl ki pa gen sans. Pran anpil tan pou fini yon konvèsasyon yon diskou.

**Panse** - Think : Abilite moun genyen pou yo wè yon bagay nan lespri yo jan bagay la pwal sou papye nan reyalite. Enstriksyon yon moun swiv pou li fè yon bagay e enstriksyon sa soti nan lespri yon lòt moun.

**Panyòl** – Spanish: Espanyòl. Yon lang moun nan peyi Espay pale. Yon lang ki itilize tout mo ki nan lang moun nan peyi Espay yo epi ki gen kèk lòt mo ogmante sou li. Lang moun pale nan peyi tankou Dominikani Venezwela Ajantin Meksik Ondiras e latriye.

**Papa** - Dad / Father : Yon gason ki te ansent yon fi epi fi a fè piti la. Yon mari ki gen yon pitit menmsi se nan adopsyon li vini gen pitit la.

**Papay** – papaya : Yon fri ki gen koulè vè lè li vèt e ayisyen fè legim avèk li. Li gen koulè jón lè li mi e ayisyen fè bon ji avèk li. Moun oblije bwè ji a apèn yo fini fè li paske li ap gate si li rete pou anpil tan. Gen yon ti grenn nwa andedan fri sa a ki gen yon ti likid andedan.

**Papye** – paper: Yon fèy plat ki fèt avèk moso bwa moun prepare nan izin pou ekri vlope kèk bagay kouvri mi kay nan peyi frèt.

**Parapli** – Umbrella :Onbwèl. Yon bagay ki fèt pou moun mete sou tèt yo pou pare solèy. Yon bagay ki fèt avèk saten e tou won tankou yon moso boul. Moun itilize li pou bare solèy e pare lapli tou. Dlo lapli a tonbe sou onbwèl la epi li swiv fòm won an pou ale tonbe atè.

**Parasol** – umbrella: Onbwèl. Yon bagay ki fèt pou moun mete sou tèt yo pou pare solèy. Yon bagay ki fèt avèk saten e tou won tankou yon moso boul. Moun itilize li pou bare solèy e pare lapli tou. Dlo lapli a tonbe sou onbwèl la epi li swiv fòm won an pou ale tonbe atè.

**Parese**- Laggard / Lagger / Lazy :Yon moun ki toujou panse li gen twòp tan devan li pou fè nenpòt travay li gen pou li fè. Moun ki pa renmen travay ditou.

**Parèt** – Appear / Show up : Soti nan yon eta envizib pou vini nan yon eta vizib. Eta yon bagay yon moun tout moun ap pale de li san rete nan radyo nan televizyon; tout kote.

**Pase** - Pass / Past : Soti lwen pou rive yon kote epi kontinye sou wout la san rete. Fè mwayèn ki nesesè pou kite yon klas nan lekòl. Yon mòd rad ki pa egziste ankò.

**Pasyon** – Passion : Bagay yon moun vle fè san reflechi sou konsekans bagay sa, move kote bagay sa a. Foli ki pouse moun reyalize bagay yo pa t ap janm kapab reyalize si pa te gen anvi sa pou reyalize bagay sa a. Yon maladi anpil moun soufri ki kapab fè yo itil soyete ou byen detwi sosyete.

**Pati** – party: Yon bò yon kantite yon kwen nan yon bagay. Chak fwa jwè yon jwèt kat tankou pokè rekòmanse jwe. Yon men kat.

**Patisipe** – Participate : Bay kontribisyon patisipasyon pou yon bagay kapab rive fèt. Chak moun ki ale nan yon maryaj patisipe nan maryaj la.

**Patriyotik** – patriotic: Tout aksyon yon patriyòt pou peyi li. Nenpòt aksyon patriyotism pou yon peyi. Aksyon yon sitwayen pou defann peyi li.

**Pawòl** – word: Nenpòt mo ki soti nan bouch yon moun ki ap pale. Pwomès yon moun bay yon lòt moun kenbe.

**Pè** – fear – priest: Yon nonb lè li divize pa de li ap bay yon rezilta ki pa gen pyès vigil. Moun nan yon òganizasyon gason ki sakrifye tèt yo pou sèvi moun avèk Bondye e yo pa kache aksyon yo. Yon reprezantan Bondye nan legliz katolik. De bagay ki pa gen pyès diferans ant

**Pen** - Bread: Yon manje sèch pat li fèt avèk farin dlo sèl bè ou byen mantèg anvan li pase nan fou. Kay kote pen an fèt la rele boulanje.

**Penpan** - **An penpan** means beautiful/ stunning. Yo itilize ekspresyon sa a pou di jan yon bagay vin bèl apre li fin repare, oswa lè yo dekore l. li pale sou jan yon fanm bèl byen abiye epi l atire moun.

**Pentire** – painting: Itilize yon penso woulo pou pase

penti sou fas yon bagay yon mi yon tablo yon desen.

**Pèp la** - Country / The people : Yon kantite moun ki ap viv nan yon zòn tankou yon vil yon peyi. Tout moun ki ap viv nan peyi Ayiti se pèp ayisyen an.

**Peye** - Pay : Bay lajan pou yon bagay. Bay yon konpayi, yon moun lajan pou sèvis li rann. ~ Dèt Remèt yon moun yon lajan ki te soti nan men li pou ale nan men yon lòt moun paske moun sa te pwomèt li ap remèt lajan an. Travay yon moun ki rann yon sevis pou yon sèvis

**Peyi** – Country : Yon moso tè avèk fontyè kote ki gen yon prezidan yon leta yon gouvènman. Yon nasyon endepandan kote moun kapab retounen chak fwa yo ale yon lòt kote.

**Peyizan** – peasant: Moun ki ap viv nan yon peyi. Moun nan yon peyi ki ap viv kote ki gen plantasyon jaden lwen kapital peyi a vil peyi a. Moun nan yon peyi ki manke mwayen kominikasyon pou benefisye tout bote sivilizasyon.

**Piblik** – public: Bagay ki fèt pou tout moun tout moun gen dwa patisipe nan li jwi avantaj li itilize li tankou yon legliz yon plas yon pak.

**Pil** - Battery : Anpil bagay moun ki rasanble ansanm. Batri pou mete nan radyo

**Pini** – Punish : Fè yon moun soufri pou yon move bagay li fè tankou vyole lalwa fè yon krim e latriye. Mete yon moun nan prizon.

**Pitit** – Son / Boy : Yon moun manman li avèk papa li te mete ansanm pou fè li nan moman manman an te ap ovile. ~ **Fèy** Nenpòt moun lwa ki monte yon bòkò te trete maladi li te touye yon moun pou li e moun oblije patisipe nan seremoni vodou bòkò a chak ane pou peye yon pati nan dèt li.

**Plak** – plate: Yon moso materyèl ki sanble avèk jansiv moun ki gen dan nan li e ki kapab chita sou jansiv yon moun pou ranplase jansiv avèk dan moun. Yon moso plastik tout won avèk ti tras sou ki gen mizik anrejistre sou li. Nan ane 1980 yo konpakdis vini epi li ranplase l.

**Planifye** – Plan / Planify: Prepare yon bagay pou li rive menm jan yon moun vle li rive. Fè yon plan.

**Plante** – plant: Mete grenn yon plant nan tè pou li gèmen epi grandi. Mete yon ti plant nan tè pou li kontinye grandi.

**Plen**- Fill / Full : Mete bagay andedan yon lòt bagay pou jis anyen pa kapab antre andedan li ankò.

**Plenyen** - complain: Travay yon moun ki ap rakonte mizè li tribilasyon li bay yon moun avèk espwa moun sa a ap ede li rezoud pwoblèm sa yo. Lamante. Fè yon bri ki soti nan gòj san kite yon vrè mo soti. Plenyen egzije anpil enèji.

**Plis** – More: Diferans pi wo ant kantite yon bagay te dwe ye e kantite li ye a. Kantite ki ogmante sou yon bagay. Ogmante de kantite de nonb yon sou lòt.

**Plizyè**- Several : Anpil bagay ansanm e ki kapab menm bagay la ou byen diferan ant yo.

**Pòch** – Pocket: Yon tou yon koutiryè yon tayè fè nan yon rad pou moun ki mete rad la kapab mete sa yo bezwen itilize vit tankou yon kle kay yon bous lajan

**Poko** - Still / Yet : Eta yon bagay ki bezwen plis tan pou li rive. Yon mo ki ale devan lòt mo pou esplike yon bagay yon chanjman ki pwal fèt rive regle e latriye.

**Polis** - police: Yon òganizasyon militè ki gen nan chak vil pou kenbe mete lòd sekirite nan vil peyi a. Militè sa yo pa antrene pou ale nan lagè.

**Popilè** – Famous/ Popular: Eta yon moun ki posede yon popilarite. Yon bagay ki gen rapò avèk pèp tankou yon moun anpil moun konnen yon pèp konnen

**Posib** - possibleEta yon bagay ki kapab pase vini rive e latriye e chans sa yo piti.

**Posiblite** – possibility: Opòtinite okazyon ki egziste pou yon bagay vini posib.

**Pot** – Carry : It is the abbrreviation of the verb **Pote** : Deplase yon bagay soti nan yon plas pou ale nan yon lòt san bagay la pa touche tè depi kote li soti pou jis kote li gen pou li rive a.

**Pote** – carry: Deplase yon bagay soti nan yon plas pou ale nan yon lòt san bagay la pa touche tè depi kote li soti pou jis kote li gen pou li rive a.

**Pou** – by – for: Lè mo sa kanpe devan yon lòt mo li vle di yon moun posede sa mo ki vini apre li a vle di.

**Pousyè** – dust: Ti moso tè ki vini tèlman piti e fay yo kapab vole e van kapab pote yo ale tonbe sou lòt bagay. Salte ki poze sou yon kò pwòp e ki chanje koulè kò sa a. Krabinay tè ki kapab vole.

**Pozisyon** – position: Kote yon bagay ye. Travay yon moun ap fè nan yon biznis. Opinyon yon moun sou yon bagay.

**Pran** - Take / Catch: Itilize fòs pou retire yon bagay nan men yon moun ki te posede. Akepte resevwa yon bagay nan men yon lòt moun.

**Premye** – First : Bagay ki vini rive anvan an. Yon moun yon bagay ki gen nimewo en ki menm avèk nimewo en. Pozisyon yon moun ki rive anvan an kote yon kous fini.

**Prepare** – Prepare : Fè tout sa ki nesesè pou kòmanse fè yon lòt bagay ki bezwen fèt.

**Prese**- hurry: Fè yon bagay ki dwe fèt pi vit pase jan li te dwe fèt la. Mete yon rad anba yon machin ki rele près pou retire plis nan rad la.

**Prete** – lend – borrow: Aksepte yon bagay lajan nan men yon moun epi bay moun nan pwomès pou remèt li bagay la lajan an.

**Prevwa** – forecast: Wè yon bagay anvan li egziste nan reyalite.

**Prezidan** - President: Pi gwo chèf premye moun nan yon peyi ki gen yon gouvènman.

**Pri** – price : Kantite kòb yon machann mande pou machandiz li ap vann. Yon bagay lajan yon moun resevwa avèk konpliman pou yon bagay li fè byen.

**Prive** – private : Eta yon bagay yon moun posede e se moun sa a ki gen dwa fè sa li vle avèk li. Sektè ~ Nenpòt biznis nan yon peyi ki pa nan gwoup biznis gwoup òganizasyon leta yo.

**Prizon**- Prison : Yon kay kote yon jij voye yon moun apre jijman li pou pini li pou krim li fè paske li vyole lalwa. Yon plas sosyete konstwi pou mete tout kriminèl moun ki pèdi dwa yo te genyen pou viv lib nan sosyete. Yon mwayen sosyete itilize pou retire libète nan men moun.

**Pwason** – fish : Anpil bèt ki viv nan dlo e moun manje anpil nan yo. Anpil pwason gen fòm oval avèk yon pwent kote bouch yo je yo avèk zòrèy yo ye. Lòt pwent la se kote ke yo ye.

**Pwoblèm** – Problem / Trouble: Yon bagay yon

sitiyasyon yon moun pa kapab konprann. Yon bagay ki twouble lespri moun. Nenpòt bagay ki bezwen yon solisyon.

**Pwodiksyon** – production: Etap mwayen moun itilize pou fè yon bagay pou vann pou moun itilize.

**Pwodwi** – Product : Tout bagay moun fè. Tout bagay yon konpayi fè nan izin li pou vann pou moun itilize. Tout machandiz ki nan magazen boutik mache pou vann.

**Pwofesè** – professor : Moun ki kapab pwofese. Moun ki gen konesans e ki gen djòb pou separe konesans yo avèk elèv nan lekòl.

**Pwogram** – program: Planifikasyon. Jan yon moun prevwa li pwal fè yon bagay. Jan yon bagay ekri sou papye pou li kapab vini fèt nan reyalite. Yon rasanbleman anpil desen lòd entriksyon mesaj ki fèt pou enstale nan òdinatè; konsa moun avèk òdinatè a kapab konprann sa ki

**Pwograme** – program: Ekri liy pwogramè avèk òdinatè kapab konprann pou pase òdinatè lòd kominike avèk òdinatè e moun ki ap ale itilize yon pwogram.

**Pwòp**- Clean / Self: Eta yon bagay ki pa gen pyès salte sou li. Bagay ki pou yon moun.

**Pwoteje** – Protect : Anpeche bagay mal rive. Bay sekirite. Kache yon bagay pou vòlè pa jwenn li.

**Pye** – Foot / Feet: Pati anba nan kò yon moun ki kole avèk jenou an e ki touche tè a lè yon moun ap mache. Yon bagay ki touche tè a e ki pèmèt yon bagay kanpe anlè tè a. Yon kantite douz pous.

**Radyo** – radio: Yon mwayen kominikasyon ki egziste ant yon gwo aparèy elektwo-mayetik ki voye son nan lespas e yon ti aparèy elektwo-mayetik ki ap resevwa son sa yo. Kantite ti aparèy ki kapab resevwa son sa yo pa gen limit. De ti aparèy de moun, pou pi piti, kapab ititlize pou yo pale, kominike ant yo de a.

**Rakonte** – tell - recount / count: Pale de yon bagay ki pase. Bay yon kont tankou istwa Bouki avèk Timalis.

**Randevou** - appointment : Yon lè de oubyen plis moun antann yo pou rankontre yon kote pou pale de yon bagay.

**Ranje** - Fix / Organize : Mete plizyè bagay nan yon pozisyon ki ede jwenn yo lè gen bezwen pou yo. Bay yon bagay yon fòm li te pèdi. Plizyè bagay ki nan yon pozisyon. Ranje nan fraz sa a vle di : « mete sou li ». Se yon koutim moun Ayiti genyen lè yo al achte pou mande machann yo pou « ranje » yo. Sa vle di mete sou kantite y ap ba yo pou lajan yo a. Men yo p ap met anpil. Se yon fason pou fè discount men olye se nan pri li yo retire, se mete yo mete yon tikras sou kantite ki pou lajan an.

**Rankontre** – find: Soti nan yon pozisyon yondireksyon pou ale menm kote avèk lòt moun ki pa soti menm kote a.

**Rate** – Fail: Synonym of Manke : Pèdi chans ki te egziste pou reyalize benefisye yon bagay. Aksyon yon pèlen ki kite pozisyon yon moun te ranje li pou kenbe yon bèt.

**Règ** – Ruler:Yon moso materyèl ki ede moun trase yon liy dwat. Prensip moun fèt pou yo respekte. San ki soti nan koko yon fi chak ventwit jou nan yon mwa pou avèti fi a li ap ale ovile nan katòz jou. Gen kèk fi ki gen gwo doulè nan vant yo lè yo gen règ yo.

**Regrèt** - Regret / sorry : Eta yon moun ki gen lapenn

pou yon bagay ki te fèt mal. Yon moun ki regrèt yon bagay y'ap chache ranje li depi li kapab. Gen bagay tankou lanmò moun regrèt lè li rive menm jan avèk lanmò tou gen bagay moun pa kapab chanje.

**Rekonesans** - Recognition: Konesans ki retounen nan tèt yon moun apre anpil tan te pase depi moun nan te pèdi konesans la. Apresyasyon yon moun montre pou yon bagay yon lòt moun fè. Konpliman yon moun resevwa pou yon bon bagay li fè.

**Rekonèt** - Recognize / Know / Meet : Itilizasyon ansyen konesans pou sonje yon bagay. Sonje resanblans yon bagay. Rakontre yon moun pou premye fwa.

**Relasyon** – Relationship : Lyen yon bagay yon moun gen avèk yon lòt bagay yon lòt moun. Rezon ki fè de moun toujou rankontre. ~ Entim Relasyon yon fi avèk yon gason genyen kote Yon konnen anpil sekrè nan lavi lòt la yo chak konn wè e manyen tout pati nan kò lòt la.

**Rele** – Call : Travay yon moun ki kite non yon moun soti nan bouch li yon fason pou moun nan vini jwenn li. Gwo bri moun fè lè yo ap kriye.

**Rèn** - Queen: Yon fi ki ap gouvène nan plas yon wa. Madanm yon wa. Yon fi ki gen anpil pouvwa ki gen moun anba li li gouvène yo.

**Renmen** - Love / Like : Posede lanmou nan kè pou yon lòt moun. Aksepte rantre nan yon relasyon entim avèk yon moun.

**Repo** - Repose / Rest: Yon pozisyon kote pa gen pyès kontraksyon sou gwo manb nan kò yon moun. Eta yon moun k'ap dòmi.

**Resevwa** – receive : Aksepte pran yon bagay nan men

yon moun. Travay yon moun ki kite yon moun rantre lakay li.

**Resi** – Receipt / invoice: Yon moso papye yon moun bay yon lòt moun pou fè lòt moun konnen li te resevwa yon bagay nan men moun sa. Yon machann bay yon achtè yon resi pou fè konnen li te resevwa lajan nan men achtè a.

**Responsabilite** – responsibility: Eta yon moun ki aksepte vini responsab yon chay ki vin tonbe sou do li. Responsablite ki tonbe dirèkteman sou do yon moun tankou yon papa ki responsab piti li.

**Restoran** – restaurant : Yon biznis kote se manje yo fè sèlman pou moun ale chita manje epi peye pou bagay sa yo. Kote machann prepare manje pou moun ale e jwenn lòt moun pou sèvi yo byen pou lajan.

**Rete** - Stay / Remain : Sispann mache kanpe yon kote pou pran repo. Viv yon kote nan yon kay.

**Retire** – remove: Pran yon bagay nan mitan yon lòt bagay epi mete li yon lòt kote. Chanje yon bagay plas

**Retounen** – return: Pran yon bagay ki te soti nan yon pozisyon epi ale mete li nan menm pozisyon an. Bay yon moun yon bagay ki te soti nan men li deja tankou lajan e latriye. Aksyon yon moun ki ale nan yon zòn kote li te ye deja.

**Rèv** - Dream: Imaj lavi reyèl. Yon lavi moun viv sèlman lè yo ap dòmi: moun nan wè e fè tout sa li ta kapab fè si li pa t'ap dòmi. Moun ki nan yon rèv kapab wè yon bagay ki te nan lespri yo anvan yo te ale dòmi. Kèk fwa tou yon rèv anonse yon moun bagay ki gen pou pase nan lavi reyèl li. Espri sinatirèl yo itilize rèv pou kominike avèk moun. Bondye itilize rèv tou pou kominike avèk relijye yo.

**Rezon**- Reason : Bon fason moun panse. Abilite pou yon moun panse byen. Travay yon moun ki fè moun konprann e aksepte pozisyon pa li pou bon pozisyon an. Kapasite abilite pou itilize entelijans pou pran desizyon men pa sansiblite.

**Rezoud** - resolution / resolved: Jwenn bay solisyon yon pwoblèm

**Ri** - Laugh / Smile: Travay moun ki leve po bouch yo pou mete dan yo deyò epi eksprime kè kontan yo.

**Ri** – Street: Yon espas nan yon vil kote nenpòt moun gen dwa pase. Yon zòn piblik nan yon vil.

**Rive** – Arrive : Finisman dènye bout yon vwayaj. Ale jis nan yon destinasyon. Travay yon moun ki rantre yon kote lòt moun t'ap tan li.

**Rivyè** – river: Yon kouran dlo dous ki soti nan yon sous epi ki swiv tout nivo tè ki pi ba pase nivo kote li soti a pou jis li rive nan lanmè. Larivyè.

**Ryen** – Nothing: Synonym of **Anyen**: Zewo. San valè. Chif ki lye tout nonb pozitif avèk nonb negatif yo. Pozisyon yon moun ki pa pou ki pa kont yon bagay.

**Sab** – sand: Anpil poud kraze ti wòch ki sou kote lanmè larivyè e mason itilize yo pou fè mòtye pou kontriksyon.

**Sak** - bag – wallet : Nenpòt bagay fon avèk lans ki fèt pou moun pote bagay yo pa vle pote nan men yo.

**Sal – Dirty:** Eta yon bagay ki gen malpwoprete sou li tankou pousyè. Eta yon rad ki gen kras swè moun labou pousyè kole sou li.

**Sal la** – Room: Yon gwo chanm kote moun nan yon kominote selebre gwo okazyon evènman avèk fèt.

**Salon** – salon: Yon chanm nan yon kay ki pote menm non avèk yon gwoup mèb andedan li. Nan kèk kay chanm sa sèvi pou resevwa moun ki pa rete nan kay la. Moun ki rete nan kay la itilize li pou divètisman tankou gade televizyon.

**Salte** – Dirty : Bagay ki fè yon lòt bagay sal. Malpwoprete. Pousyè ki rasanble tonbe sou yon kò fas yon bagay.

**Samdi** – Saturday: Setyèm e dènye jou nan yon semèn. Apre jounen samdi a yon lòt semèn kòmanse. Se jou sa tout moun nan legliz Advantis yo ale legliz pou priye e bay Bondye glwa.

**San** – blood: Yon likid ki toujou ap sikile nan venn moun avèk èd kè moun ki sèvi tankou yon ponp pou rale e pouse san an nan tout venn yo. San an vrèman divize an de pati: san wouj avèk san blan an. 100. Yon kantite ki gen san inite nan li. Senkant miltipiye pa

**Santi** - Feel : Eta yon bagay ki bay yon sant moun pa renmen yon sant ki move. Eta yon move kominikasyon ant plizyè manb nan kò yon moun. Si yon bagay touche yon moun pati sa a nan kò a ap kominike enfòmasyon an bay yon lòt pati nan kò a; konsa moun nan ap konnen gen

**Se** - Be : Men kisa yon bagay ye. Mo moun mete devan yon lòt mo pou di kisa mo a vle di.

**Sè** - Sister: Yon fi ki gen menm papa menm manman avèk yon lòt moun. Yon fi ki gen menm parenn menm marenn avèk yon moun. Yon mè. Yon fi ki pa janm fè piti. Yon fi ki se fidèl nan yon legliz.

**Segondè** – Highschool / Secondary : Yon bagay ki vini apre ki gen priyorite an dezyèm pozisyon. Yon nivo lekòl nan peyi Ayiti ki vini apre lekòl primè.

**Sèl** – salt: Yon materyèl ki gen nan lanmè e moun retire li nan lanmè, netwaye li pou yo kapab itilize nan preparasyon manje, fonn nèj avèk glas nan peyi ki fè frèt yo. Sèl gen yon eleman chimik ki rele sodyòm nan li. Yon bagay ki gen fòm do bèt tankou cheval e ki pèmèt moun, ki antrene pou sa, chita sou do yon bèt san li pa tonbe.

**Sen** – saint: Moun ki te sakrifye tout lavi yo ap sèvi moun sou tè a e legliz katolik bay yo glwa, kèk tan apre lanmò yo. Yon moun ki pa fè pyès peche. Yon bagay ki pa gen pyès pati nan kò li ki gate. ~ **Domeng**, Ansyen non tout il kote peyi Ayiti avèk Dominikani an ye a. Lè peyi Espay te vini pran pati lès il la, li te bay pati sa yon non espanyòl (Santo Domingo) e Ayiti pote yon non fransè paske peyi Frans te kontinye kolonize li pou jis rive nan ane 1803 yo. ~ **Espri**, Yon nan twa pati Bondye yo sou kote papa a avèk piti. Yon espri ki monte moun nan kèk legliz e fidèl legliz sa yo kwè se lespri Bondye ki monte moun sa yo. Yon espri ki sen, ki soti nan Bondye. ~ **Mak**, Yon vil nan Depatman Latibonit la kote Wout Nasyonal Nimewo En an pase pou ale nan nò peyi Ayiti. Saint Marc. Non yon pwofètè. ~ **Michèl**, Yon vil nan vil Latibonit la ki tou pre Gonayiv. Non yon pwofèt.

**Sètifika** - certificate: Yon moso papye avèk ekriti sou li ki montre yon moun te etidye nan yon lekòl e li te fini etid la pou kantite tan nesesè a. Dènye klas nan lekòl primè nan peyi Ayiti.

**Sèvis**- service: Aksyon yon moun ki sèvi yon lòt

moun. Aksyon yon moun ki fè yon travay yon lòt moun te gen pou li fè san li pa touche pou sa.

**Sik** – sugar : Yon preparasyon konsantrasyon ji kann ki fè likid sa a vini fè yon poud tankou sab men li dous e li fonn nan likid. Nenpòt poud dous.

**Silvouplè** – Please : Ekspresyon nan bouch yon moun ki vle montre li pa merite yon sèvis li ap mande. Mo moun itilize pou sipiye/soupriye yon lòt moun pou rann li yon sèvis. Yon moun ki vle mande yon asasen pou li pa touye li kapab di asasen an: silvouplè pa touye mwen.

**Simante** - Cement: Mete mòtye ki gen siman nan li sou yon moso tè andedan chanm yon kay.

**Sispann** – suspend : Moman kote yon bagay kanpe pou rekòmanse ankò yon lòt lè. Kanpe.

**Sitwayen** – citizen : Moun ki pote nasyonalite yon peyi. Moun ki te fèt nan yon peyi e ki rete kenbe nasyonalite li te genyen nan menm peyi sa.

**Sitwon** lemon: Grenn yon pye bwa ki gen anpil asid nan li. Yon grenn sitwon gen prèske menm fòm avèk yon ze poul. Sitwon gen koulè vè anvan li mi e apre sa li vini gen koulè jón. Yon pye sitwon gen anpil pikan sou li e li pa grandi tou dwa apre li fini rive yon wotè.

**Sivik** – civic: Nenpòt bagay ki gen rapò avèk yon sitwayen yon peyi tankou vote ale nan lagè patisipe nan jiri e latriye.

**Son** – sound: Nenpòt bagay zòrèy kapab tande.

**Sonnen** – Sound / Ring : Eta yon bagay ki fè yon gwo son ki twò fò pou moun koute. Son yon klòch fè.

**Sòs** – sauceManje likid moun fè pou yo mete sou lòt

397

manje ki di pou ede manje di sa yo desann pi fasil nan gòj. Sòs ogmante gou manje di yo ki pa kapab kenbe bon gou pou anpil tan menm jan avèk sòs.

**Sosyete** – Society : Gwoup moun ki antann yo pou yo viv ansanm; konsa yo fè lwa pou esplike dwa avèk devwa chak moun. Chak moun fèt pou konnen kijan pou yo konpòte yo pou pyès moun pa annwiye moun ki ap viv sou kote yo. Kapab gen plizyè sosyete nan yon peyi, men nòmalman yon peyi se yon sosyete.

**Sot** – Leave / Depart : It is the abbreviated form of the verb **Soti** : Kite andedan yon bagay epi ale. Swiv chemen pou ale deyò yon bagay tankou yon kay. Aksyon yon moun ki pran wout ale kite yon espas fèmen andedan yon bagay kote li te ye tankou dlo.

**Soti** – leave – depart: Kite andedan yon bagay epi ale. Swiv chemen pou ale deyò yon bagay tankou yon kay. Aksyon yon moun ki pran wout ale kite yon espas fèmen andedan yon bagay kote li te ye tankou dlo.

**Sou** – On / About : Okipe pozisyon anlè yon bagay men toupre bagay la e kèk fwa kole anlè bagay la. Bwè bwason ki gen alkòl nan li e ki fè moun nan pèdi ekilib mache li. Yon moun ki sou pa gen bon konsyans e li pale anpil.

**Sou Do** - Carry something / Have the responsibility of someone or something : Yon langaj moun itilize pou di yo ap pote yon bagay, yon responsablite sou do yo.

**Souf** – breath: Sous lavi. Yon bagay envizib nan kò moun ki kenbe li nan lavi. Yon pwodwi chimik lè li boule ki disparèt e ki pa men kite sann. Yon pati andedan kèk bèt. Souf kapab evapore nan dife.

**Sousi** – Eyebrows : Yon ti liy cheve ki anlè je moun men li pa cheve. Chak moun gen sousi sou tou de je li. Eta yon moun ki santi li gen yon responsablite sou do li.

**Souvan** - frequently: Eta yon bagay repetisyon li fèt avèk rapidite. Mè yo priye pi souvan pase tout relijye.

**Spò** – sport: Anpil disiplin kote moun swiv kèk prensip pandan y'ap fè egzèsis pou ogmante enèji nan manm kò yo. Moun fè spò anpil pou ede yo kontinye jwe anpil jwèt tankou foubòl volebòl bizbòl e latriye.

**Stil** – style: Jan yon moun ye jan li abiye jan li fè tout bagay li konn fè. Mwayen yon moun itilize pou li fè yon bagay. (Gen kèk moun ki di *estil* tou)

**Syans** - Science: Konesans ki chita sou reyalite. Yon branch konesans byen defini. Konesans sou lwa lanati. Tout kò ki pre fas tè a ap toujou tonbe sou li; sa a se yon lwa lanati ki rele gravite

**Syèl** – heaven : Espas vid moun kapab wè anlè a kote zetwal lalin avèk tout lòt planèt yo ye.

**Tab – Table** : Youn moso planch rektang kare oubyen kèk lòt materyèl ki kanpe sou plizyè pye kote moun manje jwe kat elatriye. Yon fason pou di de ou plis moun pa depase lòt la nan nivo wotè.

**Taksi** – Taxi : Yon vwati piblik ki pran pasaje yon kote epi ale depoze yo yon lòt kote epi yo peye chofè a kòb. Gen de gwoup taksi: yon gwoup pote yon sèl moun ou byen plizyè moun ki konnen Youn avèk lòt e lòt gwoup la pote plizyè moun menmsi Youn pa konnen lòt. Premye

**Tan** – Time :Lè. Yon kantite lè jou mwa ane **elatriye** ki pase. Yon epòk ki pase. Eta tanperati ye.

**Tan Lontan** – Long time ago : Yon kantite tan ki te

pase men gen anpil tan depi tan sa a te pase.

**Tanbou** – drum: Yon enstriman mizikal ki fèt avèk yon moso bwa tankou yon mamit, yon twons bwa. Li kouvri avèk yon moso po bèt ou byen yon materyèl ki kapab tranble menm jan avèk po bèt nan yon pwent. Lòt pwent la rete san kouvri pou kite son pase. Mizisyen, gwoup mizikal nan tout peyi itilize tanbou nan mizik yo. Fòm tanbou a kapab chanje soti nan yon peyi pou ale nan yon lòt, men tout jwe menm wòl la.

**Tande**- Hear / Listen : Pati andedan zòrèy yon moun ki ede li idantifye son. Tande son san bay son sa enpòtans ou byen kenbe li nan Yon nan twa memwa yo.

**Tank** – tank : Yon machin gèrye itilize pou ale nan lagè e machin sa a itilize chèn pou li deplase. Li pote kanno li tire kanno e bal ti zam pa kapab rantre andedan li pou touye moun li ap pote yo. Yon bwat an metal ki kenbe gaz pou motè yon machin brile rezèvwa.

**Tant** – Aunt/ Tend: Sè manman sè papa yon lòt moun. Yon ti kay moun fè pou pase yon ti tan kout nan yon zòn. Se yon ti kay demontab ki fèt ak twal yo mare nan pikèt moun itilize pou yo rete pou yon ti tan.

**Tchoule** -? It is an idiom : « **kò a tchoule** : means getting old » Se yon fason pou di ke yon moun granmoun epi kò li lou, li pa ka fè gwo efò tankou mache anpil, lave…) kò a koumanse tchoule : lè sa m sot eksplike la a yo fèk koumanse.

**Tè** – Earth : Planèt kote tout peyi nan monn ye kote tout moun nan monn ap viv. Pati sou planèt Tè a ki pa gen dlo kouvri li.

**Te** - Tea : Fèy bouyi nan dlo epi ki sikre ou byen sale pou moun bwè.

**Te kwè** – I thought / Believed : Ou itilize ekpresyon sa a lè w te konn yon enfòmasyon epi yo vin di w yon lòt bagay. Ou itilize l pou w di se pat sa w te konnen. Egzanp: Lazard mande Yeral ki kote Vorb ye koulye a. Yeral di: "Li Ayiti" epi Lazard di: "te kwè m te kite l Sendomeng". Sa vle di li te konnen se Sendomeng Vorb te ye. Li pa wè kilè li gentan Ayiti la a.

**Telefòn** – Phone / Telephone : Yon mwayen kominikasyon ki pèmèt de ou plis moun kominike de lwen depi yo gen yon aparèy telefòn ki lye avèk Yon nan santral telefonik yon konpayi ki bay sèvis telefonik. Nan kòmansman evolisyon telefòn konpayi yo te konn itilize fil sèlman pou lye chak aparèy nan yon kay avèk santral la. Nan dezyèm pati ventyèm syèk la, te vin gen aparèy telefòn san fil ki sèvi tankou jan gwo santral yo te konnen pèmèt moun nan yon peyi kominike avèk lòt moun nan lòt peyi.

**Televizyon** – Television : Yon ti aparèy moun gen andedan kay ki bay son ansanm avèk imaj; konsa moun kapab wè moun sou ekran ti aparèy la. Yon gwo aparèy ki voye imaj avèk son nan yon ti aparèy; konsa moun ki ap travay kote gwo aparèy sa yo ye a kapab voye nenpòt imaj tankou sinema nan ti aparèy yo, nan kay moun. Tout sa ki fèt nan radyo kapab fèt nan televizyon, men nan televizyon moun pa tande sèlman; yo kapab wè sa yo tande a. Gwo aparèy televizyon yo itilize ond ki bezwen antèn pou kominike avèk ti aparèy ki resevwa son avèk imaj yo. Gwo aparèy yo itilize kamera pou sous son avèk imaj.

Kamera kapab pran son avèk imaj yo nenpòt kote epi ale transmèt yo bay gwo aparèy la ki ap ale itilize antèn pou voye son ansanm avèk imaj nan lespas kote ti aparèy yo jwenn son avèk imaj sa yo pou mete sou ekran yo.

**Tèlman –** So : Yo itilze mo sa a pou di jan yon bagay anpil. Eg. M tèlman grangou la a – I'm so hungry. M tèlman bezwen lajan la a - I need money so much.

**Temwen –** witness : Yon moun ki te wè lè yon bagay te ap pase. Yon moun yon bagay te pase devan li e li kapab ede mete yon kriminèl nan prizon paske li se pi bon moun ki kapab pale de sa ki te pase a.

**Tèt –** Head: Pati ki pi wo nan yon bagay. Pati kote bouch je nen e zòrèy yon èt vivan tankou moun ye. Premye gwoup moun ki kanpe nan yon liy moun.

**Tèt Anba** - Head down: Pran yon moun yon bagay epi mete pati anlè a anba epi mete pati anba anlè.

**Tèt Kale** - Bald: Eta tèt yon moun ki koupe tout cheve nan tèt li. Eta yon moun tout cheve nan tèt li rache lè li soufri yon maladi tankou kansè. Eta yon gason ki pèdi tout cheve nan tèt li paske li ap rantre nan laj.

**Kale Tèt** Eksplwate. Pran tout sa yon moun genyen pandan w fè tankou w se zanmi l. Eg. Ana kale tèt Juno nèt. Tifi sa a se yon kale tèt = se zafè/lajan/byen moun li vin pran = se moun li vin eksplwate.

**Ti -** Short / Diminutive : Eta yon bagay kantite li pa anpil gwosè li pa gwo anpil yon bagay ki poko grandi pou rive nan wotè nòmal li. Se yon diminitif yo mete devan mo pou ba li yon sans pwòp oubyen sans figire.

**Tikal-** Tikras slightly : Yon kantite bagay yon moun ap mande ou byen li ap bay men li pa vle resevwa bay yon gwo kantite nan li.

**Timid** – shy : Tanperaman yon moun ki renmen rete pou kont li paske li pa renmen rete menm kote avèk lòt moun. Eta yon moun ki pa kapab gade moun nan je, menm lè li ap pale avèk yon moun. Timoun ki grandi avèk granmoun ki toujou ap entimide yo kapab grandi timid e mwens entelijan tou.

**Timoun** - Boy / Girl / Child: Yon moun ki ap viv lakay manman li avèk papa li paske li poko kapab responsab tèt li. Yon moun ki poko gen dizwit ane ki pa kapab vote nan yon eleksyon ki poko fè pitit e sosyete a ap difisil pou aksepte li deja fè pitit. Moun ki sou responsablite paran yo.

**Tonbe**- Fall: Soti anlè pou rive atè avèk libète. Lè yon bagay ap tonbe gravite rale li desann vit. Trip bèt moun manje yo ayisyen fè bouyon avèk li.

**Tonèl** – Porch : se yon espas vid ki kouvri ak tòl oubyen lòt bagay epi ke ben poto ki kenbe sa ki kouvri la a.

**Tonton** – Uncle : Frè manman frè papa yon moun. Mo anpil jèn ayisyen itilize pou rele yon moun ki pi gran pase yo ; konsa yo kwè yo bay moun nan anpil respè pou moun sa. Moun sa a pa frè manman yo ou byen papa yo.

**Touche** – Touch / EarnResevwa lajan pou yon travay apre kontra, kòmansman, finisman yon travay. Kole yon pati nan yon kò sou menm kò a, sou yon lòt kò. Travay yon doktè fèy lè li ap pase men li sou tout kò yon malad pou jwenn kote yon maladi ye, pou preskri medikaman pou maladi a. Manyen.

**Tout** – All / Everything : Kantite yon bagay yon gwoup san retire nan bagay la, gwoup la.

**Touye** - Kill : Retire lavi nan yon èt vivan. Fè bagay ki kòz yon moun nenpòt lòt bagay mouri.

**Trafik**- Traffic : Eta bagay ki ap avanse nan yon direksyon plizyè direksyon tankou anpil moun nan yon ri machin sou yon wout.

**Tranble** – tremble / shake: Eta yon bagay ki ap souke tankou gen yon gwo van ki ap souke li. Eta yon moun ki pè yon bagay yon moun.

**Transfere** – Transfer : Fòse pran yon bagay epi mete li yon lòt kote nan yon lòt pozisyon. Fòse fè yon moun ale yon lòt kote. Retire yon moun nan yon djòb yon travay epi mete li nan yon lòt travay pandan li toujou ap travay pou menm patwon an.

**Travay** – Work : Nenpòt bagay yon moun fè ki itil nenpòt sosyete sou tè a. Kontribisyon yon moun bay pou yon bagay rive fèt nan yon biznis yon òganizasyon e nenpòt lòt kote moun nan ye.

**Tribinal** – Court : Yon kay leta kote jijman fèt. Kote yon jij yon jiri de avoka ou plis avèk yon gwoup moun reyini pou fè yon jijman. Tout moun sa yo pa oblije patisipe nan yon jijman men lè yo tout la gen mwens chans pou gen magouy fèt nan jijman an.

**Vag** – Vague / Wave: Eta yon bagay ki pa fasil pou konpran paske chak moun kapab konprann li nan fason pa yo e fason yon moun konprann li a pa menm jan yon lòt moun konprann li. Eta yon moun ki pa bay pyès bagay valè menm lavi. Pati nan yon kantite dlo tankou lanmè, rivyè ki chita yon kote epi van ap pouse li ale sou tè ki sou kote dlo sa a.

**Vandredi** - FridaySizyèm jou nan yon semèn senkyèm e dènye jou travay nan yon semèn. ~ Sen Yon jou tout relijye kwè Jezi Kris te mouri apre anpil tribilasyon anba men Jwif yo. Jou moun nan legliz katolik yo selebre lanmò Jezi Kris pandan yo ap rekreye moman tribilasyon

**Vann** – Sell : Aksyon yon moun ki kite lòt moun pran sa li posede depi moun nan bay kòb pou bagay li pran an. Travay machann ki **anndedan** yon mache. Travay yon fi ki kite gason kouche li pou kòb.

**Vant** – belly : Pati nan kò tout èt vivan kote manje li manje ale rete anvan yo ale nan kèk lòt pati kò a ou byen anvan yo ale nan poupou. Nenpòt bagay ki gen fòm yon bagay plat epi de pwent li wo, men mitan li desann pi ba. ~ **Mennen,** Yon poupou likid ki soti nan dèyè moun lè yo manje yon manje kò yo pa renmen. Eta yon moun ki pran yon mestin.

**Vante**- Blow: Travay van fè lè vitès li plis pase zewo. Pawòl ki soti nan bouch yon moun pou montre li gen plis valè pase valè li genyen tout bon vre.

**Vantilatè** – Fan : Yon aparèy elektwo-mayetik ki gen yon mannivèl ki bay van e van sa kapab cho ou byen frèt paske aparèy sa a bay van nan wotè tanperati toupre kote li ye a.

**Vè** - Green – Glass : It is a another spelling for the color **vèt** :Tout bagay ki gen menm koulè ou byen prèske menm koulè avèk koulè fèy vèt yon pye bwa. Yon nan sèt koulè yo ki gen nan yon lakansyèl. Eta yon fwi ki gen koulè vè e ki gen move gou paske li pa mi.

**Verite**- truth: Yon pawòl ki vrè ki gen fondman ki reyèl. Yon pawòl moun kapab verifye sous li ki kote li soti.

**Vid** – empty: Eta nenpòt bagay ki pa gen anyen andedan li. Eta yon moun ki sòt yon fason pou di moun nan pa gen anyen nan tèt li. Eta yon wout ki pa gen pyès trafik sou li.

**Vil** – villa – city: Lavil. Yon kote nan yon peyi ki gen anpil kay rasanble nan yon sèl zòn e gen anpil moun ki ap viv nan zòn sa a.

**Vin** – Come : It is the abbreviated form of the verb

**Vini** : Soti nan yon distans epi mache nan direksyon pou diminye distans ki te genyen an.

**Vini**comeSoti nan yon distans epi mache nan direksyon pou diminye distans ki te genyen an.

**Viv** – Live : Eta yon èt vivan ki kontinye egziste paske li gen souf, sous lavi.

**Vle** – Want : Anvi obeyisans moun genyen pou fè yon bagay. Volonte.

**Vòlè** – Rob / Steal. Another spelling of vòlò. :Pran bagay ki te pou yon lòt moun san otorizasyon pèmisyon moun nan. Renmen pran bagay lòt moun posede pou yo kapab vini posede anpil bagay.

**Volebòl** - volleyball: Yon jwèt jwè yo jwe avèk yon boul yo ap voye pase anlè yon filè. Chak nan de ekip ki ap jwe yo kanpe nan yon bò filè a pou tann lè lòt ekip la voye boul la sou bò pa li a. Yon ekip fè gòl lè lòt ekip la kite boul la tonbe sou bò pa li a de fwa.

**Volim** – volume: Yon kantite nan yon bagay. Wotè yon son moun ap koute. Yon bouton nan yon aparèy tankou radyo televizyon ki kontwole wotè son aparèy la ap bay

**Voye**- Ejaculate : Aksyon yon gason ki santi li tèlman byen lè zozo li andedan koko yon fi epi li lage dechay andedan koko fi a. Ejakile.

**Voye**- Send: Pouse yon bagay nan direksyon anlè pou

li ale tonbe yon lòt kote.

**Vwayaje**travel - tripKite yon zòn yon plas pou ale nan yon lòt zòn yon lòt plas. Kite tè a pou ale yon lòt kote. Mouri. Aksyon yon moun ki kite peyi li e ki ale nan yon lòt peyi.

**Vwazen** - Neighbour: Yon gason ki ap viv sou kote kay yon lòt moun

**Vwazin** – neighbor: Yon fi ki ap viv sou kote kay yon lòt moun

**Vyann** - meatPati mou nan kò yon èt vivan tankou yon kochon ki kouvri zo yo e ki ant po avèk zo yo.

**Vye** – old: Eta yon bagay yon moun ki egziste depi anpil ane. Bagay ki pa bon ankò ki pa gen valè ki pa vo anyen. Yon bagay menmsi li te nan mache ou byen pou vann moun p'ap ofri lajan pou li.

**Wa** - King : Chèf yon peyi nan tan lontan moun te panse ki reprezante Bondye sou tè a. Nan anpil wayòm premye pitit gason wa ranplase li lè li mouri.

**Wòb** – dress: Rad koutiryè fè pou fi mete sou yo. Yon rad ki gen yon kòsaj avèk yon jip ki kole ansanm. Yon rad pè yo avèk kèk pastè mete sou yo pou fè seremoni nan legliz yo

**Womans** – Romance: Aksyon de moun ki gen relasyon entim. De moun sa yo kapab ale mache nan yon plas pandan yo kenbe men yo ap bo tanzantan. Yo kapab ale nan bal ale nan sinema. Viv yon lavi ki sanble avèk lavi womantik yo espike nan liv yo.

**Wouj** – red: Yon koulè ki menm koulè avèk pati nan san yon èt vivan

**Wout** - Street / Route : Chemen. Tras sou tè a moun kapab itilize pou yo ale kote yo bezwen ale. Nenpòt mwayen yon moun yon bèt itilize pou rive yon kote.

**Wouze** – Spray / Water: Lage/voye dlo sou yon bagay tankou lapli pou li kapab mouye. Kiltivatè wouze plantasyon yo pou ranplase travay lapli nòmalman fè pou jaden

**Woy ! Gad Jezila !** - Espresyon sa a moutre jan moun nan sezi wè Jezila. Ayisyen itilize la anpil lè yo gen lontan yo pat wè yon moun epi yo sezi wè l / rankontre ak li.

**Yè** – Yesterday : Yon jou ki te deja pase men gen sèlman vennkat èdtan yon jou depi jou sa te pase. Yon jou ki pase anvan dènye jou a te pase.

**Yo** – They : Yon pwonon moun ki ap ekri ou byen moun ki ap pale itilize pou yo pale de aksyon plizyè lòt moun lè ni moun ki ap pale oubyen ki ap ekri a pa patisipe nan aksyon an.

**Yon** - A / An / One : Mo moun ki ap pale ou byen ekri mete devan lòt mo pou fè konnen yo ap pale de Yon nan gwoup bagay sa a. Yon.

**Yon tablo** – Picture / Paint / Board : Yon moso materyèl ki kole nan yon mi oubyen mi an menm ki prepare yon fason pou lakrè kapab ekri sou li. Yon desen ki fèt sou yon materyèl di tankou yon mi e desinatè a fè li avèk penti. Penti.

**Zàm**- Weapon : Yon bagay moun itilize pou atake oubyen pou defann tèt yo. Yon aparèy ki kapab touye moun.

**Zanmi** – Friend : Yon moun ki reprezante sous enfòmasyon avèk konsèy pou yon lòt moun. Yon zanmi rakonte zanmi li tout bèl move eksperyans nan lavi li. Yon moun yon lòt moun fè anpil konfyans e moun sa toujou toupre pou sipòte li nan bon e nan move moman.

**Zansèt** – Ancestor : Jenerasyon nan yon fanmi ki mouri depi lontan. Premye jenerasyon yo nan yon fanmiy yon peyi.

**Zepòl** – Shoulders : Pati nan kò moun kote de ponyèt yo pandye. Pati nan kò moun ki gen kou a nan mitan li. Kout ~ Èd yon moun bay yon lòt.

**Zonbi** - zombie: Yon espri ki pote mesaj e ale fè nenpòt travay yon bòkò voye li fè. Zonbi kapab fè nenpòt bagay paske bòkò voye li fè paske li pa vizib. Yon moun ki sispann grandi twò bonè nan lavi.

**Zoranj** – Orange: Yon grenn yon pye bwa donnen e grenn sa tou won li gen plizyè tranch nannan avèk ji. Gen anpil varyete zoranj men de pi gran kategori yo se zoranj-si avèk zoranj dous. ~ Dous Yon zoranj ki dous e moun itilize li pou fè ji ou byen pou manje lè yo fini retire po a. ~ **Si**, Yon zoranj ki prèske gen asid menm jan avèk sitwon e moun itilize li pou lave vyann. ~ **Sirèt**, Yon zoranj ki pa janm dous tankou sik, men li pa janm twò si tou. Ayisyen itilize li pou fè konfiti, tizàn e latriye. Peyizan ayisyen kwè zoranj sa bay moun apeti.

**Zouti** – tools : Bagay moun itilize pou ede li fè yon travay. Gen kèk travay moun pa kapab fè san zouti paske zouti a nesesè. Yon /youn nan liy sèvis yon pwogramè itilize pou li mete tout kòmand ki sanble avèk zouti moun ki ap itilize pwogram nan bezwen pou yo fè travay yo.

**Zwazo** - Bird: Yon bèt ki gen anpil plim sou prèske tout kò li, ki gen yon bèk avèk zèl li kapab itilize pou li vole. Gen zwazo ki piti anpil e gen zwazo ki gwo anpil. Zwazo pa pouse pitit yo tou vivan, men ponn ze epi yo kouve ze yo. Moun manje vyann, prèske, tout zwazo. Yon ekspresyon moun itilize pou di yon moun sanble avèk yon ti zwazo ki ap vole e nenpòt moun ki vle kapab tire sou li pou touye li. Yon inosan.

## BONUS PAGE For Volume Two

Dear Reader,

You need to download the MP3 Audio files to follow this unique method gradually. Please visit our website at: http://aprendeis.com/audio-conversation/
The username is "**creolec**"
The password is "**c-conversation2016**"
Just download the Zip File and you are ready to start your learning experience.

If you want to share your experience, comments or possible question, you may always reach me at info@aprendeis.com

*Remember:*

*Reviews can be tough to come by these days, and you, the reader, have the power to make or break a book. If you have the time, share your review or comments with me.*

Thank you so much for reading *Teach Yourself Haitian Creole* Conversation and for spending time with me.

In gratitude,
Dr. Yeral E. Ogando

Other books written by Yeral E. Ogando

Teach Yourself Hatian Creole August 2015
Teach Yourself Italian July 2016
Teach Yourself Spanish Aug 2016

Fiction:
The Hero Within: Awareness March 2016
The Hero Within: Awareness-Spanish Version June 2016
The Hero Within: Power  October 2016

## AUTHOR BIOGRAPHY

Yeral E. Ogando del Rosario, was born on May 18th, 1977 in Las Matas de Farfán, Dominican Republic. He is the son of Ubersindo Ogando Ogando and father of Yeiris & Tiffany Ogando.

Yeral is polyglot. (For those of us who don't have all the degrees Dr. Ogando has earned, this means he is multilingual.)

At the age of seventeen he finished studying English. He learned French and Creole when he was eighteen. His nineteenty year he studied Italian and Portuguese. German his twentieth, and from age Twenty-one through twenty-three he learned Russian, Greek and basic Japanese. The next language he took on was Biblical Hebrew.

Throughout the years Yeral E. Ogando studied the drills on learning a new language; mastering any language in a very short time. Searching through many different methods, he came up with his very special technique for "Teaching Yourself" a new language. With this book the experiences and skills he acquired are at your hand.

This proven technique for "Self Learning"has been tested for several years in the Dominican Republic, selling thousands of books in major libraries. You have the perfect combination of experience, skills and proven techniques at your disposal with this incredible method.

Yeral E. Ogando's personal testimony follows:
GOD LOVES ME SO MUCH

On January 11th, 2010, I arrived at Port-au-Prince with a delegation of four people. We were in a mission trip, and our goal was to meet eighteen pastors and churches the following day.

The following people formed the delegation:

Andrés Serrano, D.M., pastor of Church La Senda (The Path) in Corona, California. He is also the owner of three radio stations, including Radio Impactante, in The Dominican Republic.

Brigido Cabrera, D.M., coordinator for the Hispanic Ministry Reformed Church in America.

Doctor James Seawood, President of The Reformed Church in America, at that time. Sadly he recently passed away.

Mrs. Emra Seawood, wife of the president of the Reformed Church in America.

And myself, Dr. Yeral E. Ogando, coordinator, interpreter, and group guide.

When we arrived, some members did not like the hotel Plaza that had been reserved in Chandmas, so they suggested moving to another one.

They were interested in Hotel Montana; however, the president of the RCA was comfortable in the hotel Plaza so we decided to stay there.

On January 12th, 2010, we went out to visit some churches outside of Port-au-Prince in the morning.

We had a meeting with Mr. Edwin Paraison, minister of Haitians that live abroad. We arrived at 3:45 for the meeting and left at 4:15.

We came to the home of Pastor Yvon Joseph to grab a quick bite, since we had a meeting at his church, then we would go to see Pastor Clerziu's church.

At 4:45, pastor Yvon and myself told the delegation to hurry up, since we were late and were expected at the church.

We were in the middle of traffic on La Lune Street when we suddenly felt that the car started turning around, as if it was sliding.

We saw how the building behind us collapsed, falling on the people inside and on the street. Ahead of us people were running and screaming "Mesi Jezi –

Glwa a Dye", "they are hurt".

We had to get out of the car, and pastor Yvon, along with the delegation of Haitian pastors that were with us, decided to surround us so that no one would touch us and escort us to the hotel, which was about seven minutes away.

We were five minutes from meeting the brothers and sisters in the church. They decided to protect us instead of going to look after their own; that is "God's love."

When we arrived we prayed over pastor Yvon's family, especially his daughter Faran, a four year old, who was singing in Creole, French and English twenty-five minutes prior to the earthquake. Pastor Yvon said, now we will go see what has happened to our own and no matter the result, I will be here tomorrow at 8:00 a.m

We spent the night in the balcony because of the great vibrations every fifteen to twenty minutes, all we could hear were the cries and wails on the street. People were looking for their family. Children had died, buried by the earthquake, some were able to escape, and some could not.

At 6 a.m. we went out to the Chandmas square. It was full of people, wounded and dead. There was a big crowd coming down in stampede, since it was an open area. The white house collapsed with many workers inside.

We saw things that are unforgettable.

At 7 a.m., pastor Yvon and Kenken arrived, and informed us that everything was destroyed. Pastor Yvon's home, where we had eaten, had collapsed burying seven people.

His daughter was saved because when a wall fell down on her, it covered her, so she only suffered some wounds.

The church where we would meet also collapsed. The pastors and leaders were able to escape, and many were wounded.

Pastor Clerzius's church collapsed too, burying the assistant pastor and a sister from the church. He told us that streets were closed because of the rubble. Buildings had collapsed, cars were abandoned and crushed.

We needed to leave Port-au-Prince. We agreed, then, to walk to the airport to see if we could leave from there.

The aftershocks were very strong, the vibrations continued. Pastor Yvon and Kenken guided us, we walked for about an hour and a half from Chandmas to La Rue de L'aeroport. During this walk I saw people outside their homes, crying and calling out to see if a member of their family would answer from the rubble. There were bodies on the streets, wounded, cries, wailing.

When we arrived to La Rue de l'aereoport, we did not find any means of transportation. We were then forced to pay a driver 500 goud each, so that he would take us to the Toussaint Louverture airport.

When we arrived it was closed. Part of it had collapsed. The agencies were closed. There were many people there, and they all said "no flights."

We spoke to a guide at the airport and agreed to pay him US$150 to take us to the Dominican border, Jimani.

During the entire trip we saw the great destruction

and ruins caused by the earthquake. Thank God we arrived at the Dominican border, around 2:00 p.m., when we were able to cross it.

Every one said "We are safe now!"

We took a taxi at the stop at Jimani, and from there to Santo Domingo. God loves us so much. He delivered us, protected us, saved us and brought us all back and well.

In the house where we ate, seven people died, the church where we would meet collapsed, and many were wounded; in the next church two people died, the Montana Hotel collapsed. Our families, friends and people who knew us were all praying for us, in the Dominican Republic, in the U.S. and in Canada they thought us dead. What a tragedy...but God had protected us.

When we were able to cross the border, I called my wife and she was speechless.

I spoke to my sister Leris Yakelin Ogando, and she could only cry and say "chamo, chamo."

I talked to my daughters, who had not been able to sleep, and they could only say "I do not want you to die, daddy, do not die."

I called my dad, whom I had never seen cry, and on the other end of the line I could feel the tears, he could just barely say "I thought I had lost you."

My little niece, Ruth, four years old, was crying and telling me "Uncle, are you going to die? Do not die..."

Why did God save me? I will never be able to answer that question; I could only say that He has a big mission for me, as I tell my brothers and friends, "There is somebody up there who still loves me"...

GOD LOVES ME SO MUCH, GLORY TO GOD IN THE HEIGHTS, THANK YOU MY LORD FOR SAVING ME; I HAVE BEEN BORN A THIRD TIME...ALL I CAN SAY IS "YOUR LOVE IS INMENSE." LET ME FIND GRACE BEFORE YOU, I DO NOT DESERVE YOUR GREAT LOVE, THANK YOU, THANK YOU FOR BEING MY GOD.

Fluent in several languages Dr. Yeral E. Ogando is the Creator and owner of an Online Translation Ministry operating since 2007; with Native Christian translators in more than 25 countries.
(www.christian-translation.com),

The most exciting thing about his Translation Ministry is that thousands of people are receiving the Word of God in their native language on a daily basis and hundreds of ministries are able to reach the world through the work of Christian-Translation.com along with his translation network of 17 websites in different languages related to Christian Translation.